2013년 한국 영화산업 실태조사와
한국영화 투자 수익성 분석

2013년 한국 영화산업 실태조사와
한국영화 투자 수익성 분석

2015. 6.

영화진흥위원회

2013년 한국 영화산업 실태조사와
한국영화 투자 수익성 분석

2013년 한국 영화산업 실태조사
총괄책임 김현수(영화진흥위원회 정책연구부장)
책임연구 박주영(영화진흥위원회 정책연구부 연구원)
조사대행 (주)비욘드리서치

2013년 한국영화 투자 수익성 분석
총괄책임 김현수(영화진흥위원회 정책연구부장)
책임연구 윤 하(영화진흥위원회 정책연구부 산업정보팀장)
공동연구 최경진(영화진흥위원회 국내진흥부 과장)
보조연구 김다정

발행인 김세훈
발행일 2015년 6월 15일 초판 제1쇄 발행

영화진흥위원회
부산시 해운대구 센텀중앙로 55
경남정보대 센텀산학캠퍼스 13층, 14층
전화 (051)720-4700 팩스 (051)720-4849
홈페이지 www.kofic.or.kr

산지니 / 제작·유통 대행
부산광역시 연제구 법원남로15번길 26 위너스빌딩 203호
전화 (051)504-7070 팩스 (051)507-7543
홈페이지 www.sanzinibook.com

ISBN 978-89-6545-297-3 93680

책값은 뒤표지에 있습니다.

| 목 차 |

2013년 한국 영화산업 실태조사

2013년 한국영화 투자 수익성 분석

| 표 목 차 |

2013년 한국 영화산업 실태조사

2013년 한국영화 투자 수익성 분석

| 그림목차 |

2013년 한국 영화산업 실태조사

2013년 한국영화 투자 수익성 분석

2013년
한국 영화산업 실태조사

연구기획 : 김현수(영화진흥위원회 정책연구부 부장)

책임연구 : 박주영(영화진흥위원회 정책연구부 연구원)

조사대행 : 주식회사 비욘드리서치

요약문

▶ 조사 개요

본 조사에서는 극장 개봉을 목적으로 하는 영화의 제작 및 유통, 상영 등에 관련된 사업(기업)체들을 중심으로 한국 영화산업의 실태를 파악하고자 하였다. 이를 위해 영화산업 내의 다양한 분야들 즉, 영화 기획 및 제작, 영화 수입, 영화 제작 지원, 영화 배급, 극장 상영, 영화 홍보 및 마케팅, DVD/블루레이 제작 및 유통, 온라인 상영 분야 업체들의 기초 정보와 일반 현황, 종사자 현황, 재무 상황 등의 내용을 통계화하여 한국 영화산업의 업종별 현황 및 이들 업종들을 아우르는 한국 영화산업의 전체 상황 등을 분석하였다.

▶ 조사 대상 및 조사 방법

2012년 실태조사에서 조사 대상에 포함되었던 '영화 투자 조합'은 업종 특성상 회계 기준이 타 분야의 기업회계 기준과 상이하여 2013년부터는 조사 대상에서 제외하였다. 또한, 최근 DVD/블루레이 업종의 변화에 따라 과거 'DVD/VHS 제작, 도매, 소매, 대여, 상영' 등으로 분류하여 조사하던 부분을 2013년부터는 'DVD/블루레이 제작 및 유통'으로 통합하였다. 한편 '영화 제작 지원' 부문은 2013년 국내 기술서비스산업 실태조사 결과를 활용하여 작성하였기 때문에, 일부 보고서에 적용 가능한 결과만을 기술하였다. 과거 '영화 제작, 지원 및 유통업'으로 분류했던 것은 2013년 조사에서 '영화 기획 및 제작', '영화 수입', '영화 제작 지원', '영화 배급', '극장 상영', '영화 홍보 마케팅' 등으로 재분류하였다. 또 '디지털 온라인 유통업'은 'DVD/블루레이 제작 및 유통업'과 '온라인 상영'으로 분류했다. 그러나 조사모집단 선정을 위한 사전 조사는 영화진흥위원회가 확보하고 있는 리스트에서 유효한 표본추출틀을 구성하기 위해 기존의 방식을 적용하였다.

전수 접촉을 진행한 총 5,002개 업체들 중에서 번호 누락 업체, 중복 업체, 결번/번호 틀림 업체, 해당 없음 업체들을 제거하여 최종적으로 1,427개의 조사모집단을 확정하였다. '영화 제작, 지원 및 유통업' 시장은 확보된 모집단을 검토하여 상대적으로 규모가 큰 업체를 대상으로 한 전수조사층과 규모가 작은 업체를 대상으로 한 표본조사층으로 층화하여 표본을 할당하고 조사를 진행하였다. '디지털 온라인 유통업' 시장은 모집단 자체가 작아 전수조사를 실시하였다.

〈표 1〉 업종별 조사 방법 및 표본 크기

대분류	중분류	조사방법	표본 크기	
영화 제작, 지원 및 유통업	영화 기획 및 제작	표본조사	전수층	40
			표본층	166
			합계	206
	영화 수입	표본조사	전수층	15
			표본층	31
			합계	46
	영화 제작 지원	전수조사	339	
	영화 배급	표본 조사	전수층	12
			표본층	19
			합계	31
	극장 상영	표본조시	전수층	157
			표본층	107
			합계	264
	영화 홍보 및 마케팅	표본조사	전수층	4
			표본층	24
			합계	28
디지털 온라인 유통업	DVD/블루레이 제작 및 유통업	전수조시	4	
	온라인 상영	전수조사	33	

표본설계로 확정된 표본 크기는 총 951개로 1차 조사를 통하여 661개 조사가 진행되어 1차 응답률은 69.5%였으며, 추가적으로 전자 공시 자료를 통해 데이터를 취합

한 13개 업체를 합하면 총 674개 업체에 대한 정보를 확보하였다(최종 응답률 70.9%).

본 보고서에는 결과값에 대한 응답 비중을 소수점 첫째자리로 표기하였으며, 그 이하의 값은 반올림하여 표기하였다. 또한 반올림 등을 통한 세부 비중의 합계가 100.0% 되지 않을 경우에는 세부 비중의 소수점 첫째자리 값을 임의로 증가 또는 감소시켜 합계가 100.0%가 되도록 조정하여 표기하였다.

〈표 2〉 모집단 업체 및 응답률 현황

(단위 : 개)

	영화 제작, 지원 및 유통업							디지털 온라인 유통업			합계
	영화 기획 및 제작	영화 수입	영화 제작 지원	영화 배급	극장 상영	영화 홍보 및 마케팅	소계	DVD/블루레이 제작 및 유통	온라인 상영	소계	
(A) 업체 리스트 개수(번호누락/중복 제거 후)	2,625	585	690	511	333	210	4,954	6	42	48	5,002
(B) 결번/번호 틀림 업체	1,871	289	-	328	-	36	2,524	-	5	5	2,529
(C) 해당 없음	326	165	351	112	-	86	1,040	2	4	6	1,046
(D) 모집단 개수 〈A-(B+C)〉	428	131	339	71	333	88	1,390	4	33	37	1,427
(E) 조사대상 (*조사모집단)	206	46	339	31	264	28	914	4	33	37	951
(F) 전수조사층	40	15	339	12	157	4	567	4	33	37	604
(G) 표본조사층	166	31	-	19	107	24	347	-	-	-	347
(H) 응답 거부 업체	24	8	220	6	13	2	273	-	17	17	290
(I) 조사 응답 업체(E-H)	182	38	119	25	251	26	641	4	16	20	661
1차 응답률 (I/E)(%)	88.3	82.6	35.1	80.6	95.1	92.9	70.1	100.0	48.5	54.1	69.5
(J) 2차 조사로 보완한 업체	1	5	-	4	-	1	11	-	2	2	13
(K) 조사된 총 업체	183	43	119	29	251	27	652	4	18	22	674
2차 응답률 (I/D)(%)	88.8	93.5	35.1	93.5	95.1	96.4	71.3	100.0	54.5	59.5	70.9

주1 : '영화투자 조합'은 업종 특성상 회계 기준이 타 분야의 기업회계 기준과 상이하여 2013년부터는 영화산업 부문 조사대상에서 제외함

주2 : 'DVD/블루레이 제작 및 유통'은 과거 DVD/VHS 제작, 도매, 소매, 대여, 상영 등으로 분류하여 조사하던 부분을 2013년부터는 'DVD/블루레이 제작 및 유통'으로 통합하여 조사를 실시함. 단 업종의 특성상 'DVD/블루레이 제작 및 유통'으로 통합하여 조사하면서 기존의 DVD/VHS 도매, 소매, 상영 업종으로 분류되었던 군소업체들이 2013년부터는 조사대상에서 다수 제외됨으로써, 2012년 결과와 비교 시 절대적인 비교가 불가능하기 때문에 참고치로만 활용할 수 있음

주3 : 극장 상영의 경우 3대 프랜차이즈 극장(CGV, 롯데시네마, 메가박스)의 직영점(157개)은 본사를 통한 기업체 단위로 조사한 후 세부 직영점별로 매출 및 종사자 등을 배분하여 분석함

▶ 전체 조사 결과

2013년 영화산업 실태조사에서는 2012년에 'DVD/VHS 제작, 도매, 소매, 대여, 상영' 업종으로 분류했던 것과는 달리 'DVD/블루레이 제작 및 유통업'으로 통합하여 조사하였고, '영화투자 조합'은 업종 특성상 회계 기준이 타 분야의 기업회계 기준과 상이하여 2013년부터는 영화산업 부문 조사대상에서 제외되었다. 이에 전년 대비 사업체수 및 종사자 수, 매출 규모를 비교함에 있어 유의할 필요가 있다.

조사자료를 활용하여 추정된 2013년 전체 한국 영화산업 종사자 수는 30,238명으로 2012년과 비교하여 537명이 감소한 것으로 나타났다(2012년 투자조합을 제외한 총 종사자 수 30,775명). 그러나 이는 앞서 언급한 것처럼 2012년도의 'DVD/VHS 제작, 도매, 소매, 대여, 상영' 업종을 'DVD/블루레이 제작 및 유통업'으로 통합하여 조사하였기 때문이다. 해당 업종을 제외하고는 실제로 증가하였다. 한국 영화산업의 추정 매출 규모는 4조 6,647억 원이며, 전년도 대비 3,001억 원이 증가한 것으로 조사되었다(2012년 투자조합을 제외한 한국 영화산업 매출액은 4조 3,646억 원임). 평균 매출액 경상 이익(률)과 평균 매출액 당기 순이익(률)은 DVD/블루레이 제작 및 유통업 업종을 제외한 나머지 업종에서는 모두 증가한 것으로 나타났다.

〈표 3〉 한국 영화산업 전체 조사 결과

	영화 제작, 지원 및 유통업						디지털 온라인 유통업		합계
	영화 기획 및 제작	영화 수입	영화 제작 지원	영화 배급	극장 상영	영화 홍보 및 마케팅	DVD/블루레이 제작 및 유통	온라인 상영	
종사자 수(명)	3,250	819	2,951	1,360	20,001	1,123	86	648	30,238
매출액(백만 원)	619,372	278,434	268,792	803,916	2,178,244	190,148	25,997	299,845	4,664,748
경상이익(백만 원)	40,794	45,642	15,733	63,906	240,149	19,653	-2,992	12,525	435,410
당기순이익(백만 원)	30,899	35,720	12,204	44,515	213,151	17,188	-2,198	11,479	362,958
평균 매출액 경상이익률(%)	6.6	16.4	5.9	7.9	11.0	10.3	-11.5	4.2	9.3
평균 매출액 당기순이익률(%)	5.0	12.8	4.5	5.5	9.8	9.0	-8.5	3.8	7.8

▶ 2009년/2010년/2011년/2012년/2013년 전체 조사 결과 비교

〈표 4〉 2009년/2010년/2011년/2012년/2013년 전체 조사 결과 비교

	2009년	2010년	2011년	2012년	2013년	전년도와의 증감 비교
종사자 수(명)	28,041	30,561	29,493	30,775	30,238	537명 감소
매출액 (백만 원)	3,362,815	3,577,948	3,833,659	4,364,639	4,664,748	300,109백만 원 증가
경상이익 (백만 원)	58,570	78,132	225,412	305,123	435,410	130,287백만 원 증가
당기순이익 (백만 원)	49,984	62,840	202,554	285,277	362,958	777백만 원 증가
평균 매출액 경상이익률 (%)	1.7	2.2	5.9	7.0	9.3	2.3% 증가
평균 매출액 당기순이익률 (%)	1.5	1.8	5.3	6.5	7.8	1.3% 증가

주 : '영화투자 조합'은 업종 특성상 회계 기준이 타 분야의 기업회계 기준과 상이하여 2013년부터는 영화산업 부문 조사대상에서 제외함. 이에 따라 2011년, 2012년, 2013년의 수치는 투자조합을 제외한 수치로 재계산하여 기입함

▶ 한국 영화산업 업종별 매출 규모

2013년 한국 영화산업의 추정된 업종별 매출 규모를 살펴보면, 영화 제작, 지원 및 유통업 시장의 2013년 한국 영화산업 내 매출 규모는 4조 3,389억 원이며, 이는 영화산업 내 총 매출 규모의 93.0%에 이른다. 세부 업종별로는 극장 상영업의 매출 규모가 2조 1,782억 원으로, 전체 영화산업 내 가장 큰 비율인 46.7%의 매출 규모를 보이고 있으며, 그 다음으로는 영화 배급업이 8,039억 원(17.2%), 영화 기획 및 제작업이 6,194억 원(13.3%)을 기록했다.

한편, 디지털 온라인 유통업 시장은 영화 제작, 지원 및 유통업 시장 대비 매출 규모에 비해 큰 차이를 보이고 있으며, 디지털 온라인 유통업 시장 내에서는 온라인 상영의 매출액이 2,998억으로 디지털 온라인 유통업 시장 전체 매출 중 가장 높은 매출 비중(92.0%)을 기록한 것으로 나타났다.

〈표 5〉 한국 영화산업 매출 규모(업종별)

	영화 제작, 지원 및 유통업							디지털 온라인 유통업			합계
	영화 기획 및 제작	영화 수입	영화 제작 지원	영화 배급	극장 상영	영화 홍보 및 마케팅	소계	DVD/블루레이 제작 및 유통	온라인 상영	소계	
매출규모 (백만 원)	619,372	278,434	268,792	803,916	2,178,244	190,148	4,338,906	25,997	299,845	325,842	4,664,748
비중(%) (시장별)	14.3	6.4	6.2	18.5	50.2	4.4	100.0	8.0	92.0	100.0	-
비중(%) (전체대비)	13.3	6.0	5.7	17.2	46.7	4.1	93.0	0.6	6.4	7.0	100.0

▶ 한국 영화산업 업종별 수익성 현황

각 업종별로 수익성 현황을 살펴보면 다음과 같다. 영화산업의 추정 매출액 총합계는 4조 6,647억 원으로 나타났으며, 매출 총이익은 1조 9,999억 원으로 나타났다. 업종별로는 극장 상영업의 매출 총이익이 1조 1,897억 원으로 가장 많게 나타났다. 영화산업의 영업이익은 3,998억 원으로 조사되었으며, 업종별로 가장 큰 영업이익을 기록한 업종은 극장 상영업(2,386억 원), 영화 배급업(670억 원), 영화 기획 및 제작업(359억 원) 순으로 조사되었다. 디지털 온라인 유통업 시장에서는 온라인 상영업이 164억 원을 기록했지만, DVD/블루레이 제작 및 유통업은 -8억 원을 기록했다. 한편, 평균 매출액 총이익률은 42.9%로 나타났으며, 평균 매출액 영업 이익률은 8.6%, 평균 매출액 경상이익률은 9.3%, 평균 매출액 당기순이익률은 7.8%로 조사되었다.

〈표 6〉 업종별 수익성 현황 1

(단위 : 백만 원)

	영화 제작, 지원 및 유통업						디지털 온라인 유통업		합계
	영화 기획 및 제작	영화 수입	영화 제작 지원	영화 배급	극장 상영	영화 홍보 및 마케팅	DVD/블루레이 제작 및 유통	온라인 상영	
매출액	619,372	278,434	268,792	803,916	2,178,244	190,148	25,997	299,845	4,664,748
매출총이익	206,353	120,223	129,759	193,046	1,189,664	92,641	6,805	61,368	1,999,859
영업이익	35,871	10,095	14,871	67,036	238,586	17,725	-774	16,358	399,768
경상이익	40,794	45,642	15,733	63,906	240,149	19,653	-2,992	12,525	435,410
당기순이익	30,899	35,720	12,204	44,515	213,151	17,188	-2,198	11,479	362,958

주1 : 매출총이익(Gross Profit) = 매출액 - 매출 원가, 상품 또는 제품의 매출액에서 팔린 상품이나 제품의 원가를 공제한 차액. 매출 총이익에서 각종 비용 등을 제하여 영업이익, 경상이익, 당기순이익을 구하므로 매출총이익은 기업의 이익을 구하는 출발점이자 원천인 수치라 할 수 있음

주2 : 영업이익(Operating income) = 매출 총이익 - 판매비와 관리비, 기업의 주된 영업 활동에 의하여 발생하는 이익을 나타냄

주3 : 경상이익(Ordinary income) = 영업이익 + 영업외수익 - 영업외비용, 기업의 경영 활동에서 경상적으로 발생하는 이익을 나타냄

주4 : 당기순이익(Net income) = 경상이익 + 특별이익 - 특별손실 - 법인세비용, 기업의 활동에서 얻은 손익을 모두 감안한 이익의 총계를 나타냄

〈표 7〉 업종별 수익성 현황 2

(단위 : %)

	영화 제작, 지원 및 유통업						디지털 온라인 유통업		전체 평균
	영화 기획 및 제작	영화 수입	영화 제작 지원	영화 배급	극장 상영	영화 홍보 및 마케팅	DVD/블루레이 제작 및 유통	온라인 상영	
평균 매출액 총이익률	33.3	43.2	48.3	24.0	54.6	48.7	26.2	20.5	42.9
평균 매출액 영업이익률	5.8	3.6	5.5	8.3	11.0	9.3	-3.0	5.5	8.6
평균 매출액 경상이익률	6.6	16.4	5.9	7.9	11.0	10.3	-11.5	4.2	9.3
평균 매출액 당기순이익률	5.0	12.8	4.5	5.5	9.8	9.0	-8.5	3.8	7.8

▶ 한국 영화산업 경기 전망

업종별로 영화산업 경기 전망을 살펴보면, 2014년의 경기 전망을 가장 긍정적으로 평가하고 있는 업종은 온라인 상영업(69.2점)이며, 가장 부정적으로 전망하고 있는 업종은 DVD/블루레이 제작 및 유통업(40.0점)으로 나타났다. 한편 2015년의 영화산업 경기 전망을 가장 긍정적으로 평가하고 있는 업종은 극장 상영업(67.0점)이며, 가장 부정적으로

전망하고 있는 업종은 DVD/블루레이 제작 및 유통업(55.0점)으로 나타났다.

〈표 8〉 업종별 한국 영화산업 경기 전망

(단위 : 점)

대분류	중분류	2014년	2015년
영화 제작, 지원 및 유통업	영화 기획 및 제작	64.8	65.9
	영화 수입	56.2	56.8
	영화 제작 지원		
	영화 배급	61.7	60.0
	극장 상영	65.7	67.0
	영화 홍보 및 마케팅	61.5	63.8
디지털 온라인 유통업	DVD/블루레이 제작 및 유통	40.0	55.0
	온라인 상영	69.2	64.6

주1 : 영화 제작 지원업은 국내 기술서비스 산업 실태조사 결과를 활용하였기 때문에 2013년 영화산업 경기 전망에 대한 결과는 없음

I. 조사 개요

1. 조사 목적

'2013년 한국 영화산업 실태조사'는 2006년에 처음 시작하여 매년 조사를 실시하고 있다. 조사의 가장 큰 목적은 한국 영화산업과 관련한 업체들을 각 업종별로 분류하여 사업(기업)체 기초 정보, 일반 현황, 종사자 현황, 재무 상황 등의 내용을 통계화함으로써, 한국 영화산업의 업종별 현황, 매출 규모, 최종 소비 시장 규모 등을 파악할 수 있는 기초 자료를 구축하는 것이다.

이를 위해 본 조사에서는 영화 기획 및 제작, 영화 수입, 영화 제작 지원, 영화 배급, 극장 상영, 영화 홍보 및 마케팅, DVD/블루레이 제작 및 유통업, 온라인 상영 분야로 나누어 한국 영화산업의 업종별 현황을 파악하고자 하였으며, 이들 업종을 아우르는 한국 영화산업의 전체 현황을 조사·분석하고자 하였다. 또한 단순한 현황 파악 뿐 아니라 한국 영화산업의 양적·질적 성장을 함께 살펴보기 위해 이전년도 조사 결과들을 비교 분석하였다. 다만, '영화 제작 지원' 부문은 2013년 국내 기술서비스산업 실태조사 결과를 활용하여 본 보고서에 적용 가능한 부분을 참고하여 분석하였다.

특히, 올해 조사부터는 2012년 실태조사에서 조사 대상에 포함되었던 '영화 투자 조합'을 제외하였다. 또한, 'DVD/VHS 제작, 도매, 소매, 대여, 상영' 등으로 분류하여 조사하던 부분을 2013년부터는 'DVD/블루레이 제작 및 유통'으로 통합하여 조사하였다. '영화 투자 조합'은 업종 특성상 회계 기준이 타 분야의 기업회계 기준과 상이하여 2013년부터는 조사 대상에서 제외하였으며, 최근 DVD/블루레이 업종이 변화함에 따라 2012년에 '홈비디오(DVD/VHS) 제작 · 도매 · 소매 · 대여 · 상영'으로 조사했던 부분을 'DVD/블루레이 제작 및 유통'으로 통합하였다. 또 과거 '영화 제작, 지원 및 유통업'으로 분류했던 부분을 2013년 조사에서 '영화 기획 및 제작', '영화 수입', '영화 제작 지원', '영화 배급', '극장 상영', '영화 홍보 마케팅' 등으로 재분류하였다. '디지털 온라인 유통업'은 'DVD/블루레이 제작 및 유통업'과 '온라인 상영'으로 분류했다.

2. 조사대상 및 조사 방법

1) 한국 영화산업 분류 체계

한국 영화산업 실태조사에서는 일반산업 실태조사와 동일한 방법틀을 적용하여 한국 영화산업의 현황을 조사·분석하고자 하였다. 영화가 하나의 산업으로서 자리매김해옴에 따라, 타 산업과의 비교·분석을 위해서는 일반산업 실태조사와 동일한 방법틀을 적용할 필요성이 제기되었기 때문이다. 따라서 통계청에서 발표하는 한국표준산업분류체계(콘텐츠산업특수분류체계)를 근간으로 하여 한국 영화산업 내 업체들을 업종별로 묶어 결과를 분석하고, 이를 토대로 전체 영화산업의 규모 등을 산출하는 방식을 사용하였다.

또한 본 조사에서는 일차적으로 극장 개봉을 목적으로 하는 영화들의 제작 및 유통, 상영 등에 관련된 업체들을 중심으로 한국 영화산업의 실태를 파악하고자 하였으며, 서비스 형태별 분류뿐만 아니라 가치사슬 측면의 분류를 함께 고려하여 영화 산업 내 업종들을 '영화 제작, 지원 및 유통업 시장'과 '디지털온라인 유통업 시장'으로 구분하여 조사·분석을 진행하였다. 2012년 실태조사에서는 영화 제작, 지원 및 유통업 시장에 '투자조합'을 포함하여 조사하였으나, 투자조합은 업종 특성상 회계 기준이 타 분야의 기업회계 기준과 상이하여 2013년부터는 영화산업 부문 조사대상에서 제외하였다. 또 최근 DVD/블루레이 업종의 변화에 따라 과거 DVD/VHS 제작, 도매, 소매, 대여, 상영 등으로 분류하여 조사하던 부분을 2013년부터는 'DVD/블루레이 제작 및 유통'으로 통합하여 조사를 실시하였다. 즉 2013년 실태조사에서는 영화 기획 및 제작, 영화 수입, 영화 제작 지원, 영화 배급, 극장 상영, 영화 홍보 및 마케팅에 이르는 시장을 '영화 제작, 지원 및 유통업 시장'으로 정의하고, 극장 종영 이후 동일한 콘텐츠를 기반으로 부가적으로 파생되는 DVD/블루레이 제작 및 유통, 온라인 상영 시장을 '디지털온라인 유통업 시장'으로 정의하였다.(〈표 I-2-1〉 참조).

영화 제작, 지원 및 유통업 시장은 ① 일반 영화를 기획 및 제작하는 '영화 기획 및 제작업', ② 해외에서 만들어진 외국영화를 국내로 수입하여 들여오는 '영화 수입업', ③ 일반 영화제작에 관련된 필름가공, 필름의 편집, 더빙, 필름검사 등 제작 후 서비스를 지원하는 '영화 제작 지원업', ④ 일반 영화 배급권을 획득하고, 극장, 방송사 및 기타 상영자에게 배급하는 '영화 배급업', ⑤ 실내 또는 야외에 영사시설을 갖추고 영화를 상영하는 '극장 상영업', ⑥ 일반 영화를 홍보 및 마케팅하는 '영화 홍보 및 마케팅업'으로 분류된다. 디지털온라인 유통업 시장은 ① 극장 상영 이후 동일 콘텐츠인 영화를 DVD/블루레이 형태로 제작 · 유통하는 'DVD/블루레이 제작 및 유통업', ② 온라인을 이용하여 시청자들에게 영화를 제공하는 윈도우로서의 역할을 하거나 해당사업자에게 영화를 제공하는 '온라인 상영업' 부문을 포괄한다(〈표 I-2-1〉 참조). 즉, 본 조사의 한국 영화산업 분류체계는 다음과 같다(〈표 I-2-2〉 참조).

〈표 I-2-1〉 업종별 정의

대분류	중분류	업종 정의
영화 제작, 지원 및 유통업	영화 기획 및 제작	• 일반 영화를 기획 및 제작하는 업종 - 메이저 제작사에서 소규모 제작사까지 다양한 형태가 존재 - 자본력이 취약한 소기업 형태가 많음 - 제작자 중심의 자기소유형 회사 구조가 주류를 이룸 - ex) 영화사 청어람(주), 명필름 등
	영화 수입	• 해외 영화를 수입하는 업종 - ex) 블루미지, 거원시네마 등
	영화 제작 지원	• 일반 영화 제작에 관련된 필름가공, 필름의 편집, 더빙, 필름검사 등 제작 후 서비스를 지원하는 업종 - 필름 등의 원재료 또는 촬영 · 조명 등의 장비 판매 · 대여 - 편집, 녹음, CG, 현상 · 인화, 자막 등의 후반작업 진행 - ex) 세방현상소, (주)블루캡 등
	영화 배급	• 일반 영화 배급권을 획득하고, 극장, 방송사 및 기타 상영자에게 배급하는 업종 - 영화 제작에 대한 투자 또는 영화 수입을 겸업하는 경우가 많음 - '제작사'와 '극장' 사이에서 중계 역할 담당 - ex) CJ E&M, 롯데엔터테인먼트, 쇼박스(주)미디어플렉스, 넥스트엔터테인먼트(NEW) 등
	극장 상영	• 실내 또는 야외에 영사시설을 갖추고 영화를 상영하는 업종 - 프랜차이즈 형태의 극장과 독립체 형태의 극장으로 구분 - ex) 프랜차이즈 형태 극장 : CJ CGV, 롯데시네마 등 - ex) 독립체 형태 극장 : 대한극장, 서울극장 등
	영화 홍보 및 마케팅	• 일반 영화를 홍보 및 마케팅하는 업종 - ex) 올댓시네마, 영화인 등
디지털 온라인 유통업	DVD/블루레이 제작 및 유통	• 극장 상영 이후 동일 콘텐츠인 영화를 DVD/블루레이 형태로 제작 · 유통하는 업종 - DVD/블루레이 도매업을 겸업하는 경우가 많음 - ex) 아트서비스, 케이디미디어 등
	온라인 상영	• 온라인을 이용하여 시청자들에게 영화를 제공하는 윈도우로서의 역할을 하거나 해당사업자에게 제공하는 업종 - ex) KTH, 다우기술, 캔들미디어, 더콘텐츠온 등

〈표 Ⅰ-2-2〉 2011년/2012년/2013년 한국 영화산업 분류체계 비교

대분류	중분류		
	2011년	2012년	2013년
영화 제작, 지원 및 유통업	투자조합	투자조합	
	제작	제작	영화 기획 및 제작
	수입	수입	영화 수입
	영화 제작 지원	영화 제작 지원	영화 제작 지원
	배급	배급	영화 배급
	극장 상영	극장 상영	극장 상영
	홍보 및 마케팅	홍보 및 마케팅	영화 홍보 및 마케팅
디지털 온라인 유통업	홈비디오(DVD/VHS) 제작	홈비디오(DVD/VHS) 제작	DVD/블루레이 제작 및 유통
	홈비디오(DVD/VHS) 도매	홈비디오(DVD/VHS) 도매	
	홈비디오(DVD/VHS) 소매	홈비디오(DVD/VHS) 소매	
	홈비디오(DVD/VHS) 대여	홈비디오(DVD/VHS) 대여	
	홈비디오(DVD/VHS) 상영	홈비디오(DVD/VHS) 상영	
	온라인 상영	온라인 상영	온라인 상영

주1 : '투자조합'은 업종 특성상 회계 기준이 타 분야의 기업회계 기준과 상이하여 2013년부터는 영화산업 부분 조사대상에서 제외

주2 : 최근 DVD/블루레이 업종의 변화에 따라 과거 DVD/VHS 제작, 도매, 소매, 대여, 상영 등으로 분류하여 조사하던 부분을 2013년부터는 'DVD/블루레이 제작 및 유통'으로 통합하여 조사를 실시

2) 모집단 정의

(1) 모집단 설정

본 조사에서는 한국 영화산업 실태조사의 목표모집단과 조사모집단을 다음과 같이 구분하였다. 우선 목표모집단은 앞서 제시한 영화산업 분류체계에 따른 사업을 영위한 사업체들로 정의하였다. 이와 같은 목표모집단에 포함된 사업체 현황에 대한 조사는 영화업 신고 현황과 2009년 이후 실시한 한국 영화산업 실태조사 등을 통해 이루어졌으며, 이 외에 영화진흥위원회가 보유하고 있는 관련 산업 사업체들까지 포

괄하여 목표모집단에 포함하였다. 반면 조사모집단은 이들 목표모집단에 포함된 사업체들을 대상으로 사전조사를 통하여 접촉가능하고 현재 관련 산업에 종사하고 있는 사업체들로 구성하였으며, 이들 사업체들을 표본추출틀로 사용하였다.

(2) 조사모집단 확정 과정

영화 제작, 지원 및 유통업 시장에 속하는 모든 업종들과 디지털온라인 유통업 시장 업종들에 대한 조사는, 영화업 신고 현황과 2009년 이후 실시한 한국 영화산업 실태조사 등을 통해 영화진흥위원회가 보유하고 있는 업체 리스트들을 바탕으로 이루어졌다. 영화진흥위원회가 보유하고 있는 업체 리스트의 수는 총 10,220개이며, 리스트 간 번호 누락 및 중복 사업체를 제외한 이후의 총 리스트 수는 5,002개로 파악되었다. 이후 사전 조사를 통하여 폐업되거나 해당 없는 사업체들을 제외하고 총 1,427개의 조사 모집단을 확정하였다.(〈표 I-2-3〉 참조).

〈표 I-2-3〉 전체 리스트 출처 및 규모

출처	규모
영화진흥위원회 전체 리스트 수	• 2013년 한국영화산업 결산 : 1,175개 • 2009 ~ 2013년 한국영화 크래딧 : 4,533개 • 2009 ~ 2013년 KOBIS 영화사 : 1,781개 • 2012년 영화산업 실태조사 : 1,130개 • 2013년 극장조사 : 333개 • 2013년 국내 기술서비스산업 실태조사 리스트 : 1,268개
중복 사업체 제거 후 리스트 수	• 총 5,002개
조사 모집딘 크기 (폐업, 해당 없음 제외)	• 총 1,427개

이러한 과정을 좀 더 상세히 설명하면, 모집단을 확정 짓는 첫 번째 단계에서는 영화진흥위원회가 보유하고 있는 업체 리스트들 중에서 사업체명 및 연락처, 주소 등의 중복 업체를 파악하여 제외하였다. 결과적으로 총 5,002개 업체가 1단계 모집단에 포함되었다.

두 번째 단계에서는 5,002개 업체들에 대한 사전 조사를 실시하여 폐업되거나 업종이 변경되는 등 조사 모집단에 해당 없는 사업체 3,575개를 제외하였다. 제외된 사업체에는 폐업, 업종 변경 등으로 더 이상 영화 관련업을 영위하지 않는 업체와 영화 관련업을 영위하되 최근 5년간 영화 관련 매출 비중이 최다가 아닌 업체들이 포함되었다.

단, 영화 제작 지원업 및 온라인 상영업의 경우에는 영화 관련 매출이 최다가 아니더라도 조사 대상에 포함시켰다. 그 이유는 일부 주요 기업들의 경우, 영화 관련 매출 비중이 크지는 않지만, 영화 산업 내에서 상당히 중요한 비중을 차지하고 있기 때문이다. 따라서 전체 한국 영화산업의 실태를 파악하기 위해 이들 업체들은 불가피하게 조사 대상에 포함하였으며, 이들 업체들의 영화 관련 부문들만 조사 결과에 반영하였다.

〈표 I-2-4〉 업종별 조사모집단 확정 기준

대분류	중분류	조사모집단 확정 기준
영화 제작, 지원 및 유통업	영화 기획 및 제작	최근 5년간 영화 관련 매출이 최다인 업체 / 사업체 단위로 조사
	영화 수입	최근 5년간 영화 관련 매출이 최다인 업체 / 사업체 단위로 조사
	영화 제작 지원	영화 관련 매출이 최다가 아니더라도 영화 관련 매출만을 인정하여 조사 대상에 포함시킴 / 사업체 단위로 조사
	영화 배급	최근 5년간 영화 관련 매출이 최다인 업체 / 사업체 단위로 조사
	극장 상영	최근 5년간 영화 관련 매출이 최다인 업체 / 프랜차이즈 극장의 본사와 직영점은 기업체 단위로 조사, 나머지는 사업체 단위로 조사
	영화 홍보 및 마케팅	최근 5년간 영화 관련 매출이 최다인 업체/ 사업체 단위로 조사
디지털온라인 유통업	DVD/블루레이 제작 및 유통	최근 5년간 영화 관련 매출이 최다인 업체 / 사업체 단위로 조사
	온라인 상영	영화 관련 매출이 최다가 아니더라도 영화 관련 매출만을 인정하여 조사 대상에 포함시킴 / 사업체 단위로 조사

또한 업체 리스트를 사업체와 기업체로 분류하는 과정에서 기업체 속에 포함되는 사업체들 역시 '해당 없음'으로 제외시켰다. 기업체는 하나 이상의 사업체로 구성될 수 있으며, 한 개의 기업체가 여러 장소에서 활동을 할 경우 장소별로 각각 별개의 사업체로 보기 때문이다. 사업체란 영리 · 비영리 또는 관공서의 인 · 허가 여부를 불문하고, 일정한 물리적 장소에서 단일한 소유권 또는 통제 아래, 재화의 생산 · 판매나 서비스 제공 등의 산업 활동을 영위하고 있는 개개의 경영 단위를 말한다.

본 조사에서는 업체별 특성과 조사의 효율성 등을 고려하여 극장 상영업은 기업체 단위로 조사를 진행하였다. (〈표 I-2-4〉, 〈표 I-2-5〉 참조).

〈표 I-2-5〉 모집단 크기

(단위 : 개)

대분류	중분류	(A) 업체 리스트 수	(B) 결번/번호 틀림 업체	(C) 해당 없음 업체	(D) 조사모집단 크기 (A-(B+C))
영화 제작, 지원 및 유통업	영화 기획 및 제작	2,625	1,871	326	428
	영화 수입	585	289	165	131
	영화 제작 지원	690	-	351	339
	영화 배급	511	328	112	71
	극장 상영	333	-	-	333
	영화 홍보 및 마케팅	210	36	86	88
	소계	4,954	2,524	1,040	1,390
디지털 온라인 유통업	DVD/블루레이 제작 및 유통	6	-	2	4
	온라인 상영	42	5	4	33
	소계	48	5	6	37
합계		5,002	2,529	1,046	1,427

3) 표본설계

(1) 개요

한국 영화산업 실태조사를 위한 표본설계안을 마련하기 위하여 다음과 같은 과정을 진행하였다. 우선 지난해까지 실시된 한국 영화산업 실태조사 결과 및 영화진흥위원회가 보유하고 있는 업체 리스트를 활용하여 사전 조사를 통해 모집단 분석을 실시하고, 이를 기초로 표본조사를 위한 층화 기준 및 표본크기 할당을 위한 목표오차 수준 등을 결정하였다. 이렇게 진행된 표본설계 과정에서 고려한 기본원칙을 간단히 언급하면 다음과 같다.

첫째, 표본설계에서는 한국 영화산업 실태조사에서 살펴보고자 하는 영화산업을 영위하는 사업체에 대한 전반적인 현황을 파악하기 위한 통계를 생산하는 것을 목적으로 하는데, 이에 따라 본 표본설계에서는 영화산업 사업체의 현황에 대한 정도(精度) 높은 통계 작성이 가능하도록 하였다.

둘째, 표본설계 과정에서 무응답이나 모집단의 변화 등을 반영하여 모집단 특성에 대한 추정이 가능하도록 산출식을 제시하여 적용하였다.

셋째, 현행 영화산업분류체계에서 각 세부 산업별 표본조사에 기반한 추정값의 정도를 높이기 위하여 세부 산업별 항목과 이들 사업체의 매출액을 기준으로 하여 구성된 층을 기준으로 목표오차를 관리하였다. 이에 따라 조사결과를 통한 추정결과 작성 과정에서 정도를 높였다. 또 층별 추출률을 조정하여 조사 부담을 줄이고자 하였다.

(2) 표본설계과정

① 모집단 설정

한국 영화산업 실태조사는 영화산업 전체를 목표모집단으로 하는데, 2013년을 기준으로 전체 영화산업에 포함된 사업체의 수는 모두 5,002개에 이른다. 이들 사업체 가운데 사전조사를 통해 폐업이나 업종 전환 등으로 인하여 접촉이 불가능한 사업체를 제외한 1,427개 사업체를 조사모집단(표본추출틀)으로 설정하였다.

② 층화

현재 분류체계 하에서 영화산업은 크게 영화 제작, 지원 및 유통업 시장과 디지털 온라인 유통업 시장으로 나누어지며, 세부적으로 8개 세부업종으로 나누어진다. 표본설계에서는 이들 8개 세부업종과 매출액을 기준으로 사업체 규모를 층화하였다. 각 업종 내에서 다시 매출액을 기준으로 층화한 것은 업종 내의 사업체 간에 매출액 편차가 크기 때문에 이를 조정하기 위한 것이다. 특히 세부 업종별로 들어가면 해당 업종 내에서의 매출액 분포에 차이가 많아 각각의 매출액 크기에 따른 층화 기준을 서로 달리 설정하였다. 즉 표본설계 층화과정에서 추정의 정도를 높이기 위하여 각 세부업종 내에서 매출액 규모에 따라 다시 2차 층화를 실시하였다.

③ 표본크기 및 배정

표본크기는 앞의 층화과정에서 나타난 각 층을 부차모집단으로 고려하여 각 층에서 목표오차 수준에 따라 표본크기를 배정하였다. 이 가운데 1차 층화된 세부 업종 내에서 이들 모집단의 크기가 40 미만인 경우에는 추정의 정도를 높이기 위하여 전수층으로 고려하여 이에 포함된 모든 사업체를 조사대상으로 고려하였다. 반면 그렇지 않은 경우에는 매출액 규모에 따른 2차 층화를 통한 상대표준오차를 기준으로 다음과 같은 식을 이용하여 표본크기를 결정하였다. 목표오차는 일률적으로 모든 층 내에서 4%를 기준으로 하였다.

$$n=\left(\frac{C}{C_{\bar{y}}}\right)^2 \Big/ \left[1+\frac{1}{N}\left(\frac{C}{C_{\bar{y}}}\right)^2\right]$$

여기서 $C=S/\overline{Y}$는 매출액을 기준으로 하는 변동계수이며, $C_{\bar{y}}$는 목표오차, N은 모집단의 크기이다. 각 층 내에서 표본크기를 배정하는 과정에서 극장 상영업은 다르게 처리하였는데, 이는 이들 업종에 포함된 대부분의 사업장들이 대형업체의 지점의 형태로 운영되기 때문이다. 자료집계는 사업장을 기준으로 이루어지지만 조사과정에서는 각 사업장의 자료를 효과적으로 수집하기 위하여 본사를 대상으로 각 사업장에 대한 전체 자료를 요구하였다. 이에 따라 극장 상영업의 경우는 대형업체의 유통망에 포함된 사업체에 대해서는 본사 차원의 조사만으로 전체 자료의 수집이 가능하므로 이들을 전수층으로 구분하였다. 다음의 표는 이에 따라 할당된 각 업종별 표본크기를 제시한 것이다(〈표 I-2-6〉 참조).

〈표 I-2-6〉 업종별 표본 크기

(단위 : 개)

대분류	중분류	모집단 크기	전수층 크기	표본층 크기	표본추출 크기
영화 제작, 지원 및 유통업	영화 기획 및 제작	428	40	166	206
	영화 수입	131	15	31	46
	영화 제작 지원	339	339	-	339
	영화 배급	71	12	19	31
	극장 상영	333	157	107	264
	영화 홍보 및 마케팅	88	4	24	28
	소계	1,390	567	347	914
디지털 온라인 유통업	DVD/블루레이 제작 및 유통	4	4	-	4
	온라인 상영	33	33	-	33
	소계	37	37	-	37
합계		1,427	604	347	951

주 : 극장 상영의 경우 3대 프랜차이즈 극장(CGV, 롯데시네마, 메가박스)의 직영점(157개)은 본사를 통한 기업체 단위로 조사한 후 세부 직영점별로 매출 및 종사자 등을 배분하여 분석함

④ 표본추출

표본조사를 위한 각 층 내에서는 이전 조사에서 파악된 매출액 크기와 영화진흥위원회에서 집계하고 있는 티켓판매량 및 이에 따라 직간접적으로 파악할 수 있는 매출액에 따라 여기에 포함된 사업체를 정렬한 후 계통추출을 통해 표본사업체를 결정하였다.

⑤ 추정

모집단 모수 추정과정은 다음과 같다. 우선 항목무응답 및 개체무응답의 대체를 통해 각 개체에 대한 자료값을 보완하고, 다시 각 업종 내의 표본층에 대해 사후층화과정을 거쳐 층화한 후, 각 사후층별로 사후층화 가중치를 산출하도록 한다. 또한 각 업종 내의 표본층에 대해 표본설계 과정에서 고려한 표본설계 가중치를 산출하도록 한다. 여기서 사후층화 가중치를 적용한 이유는 표본 설계 과정에서는 지난 조사에서 파악된 모집단 자료를 이용하여 실시하였으나, 실제로 조사모집단을 파악하는 과정에서 업종별 모집단의 크기가 변화했기 때문이다. 따라서 표본설계과정에서의 표본설계 가중치와 사후층화 가중치를 동시에 적용함으로써 보다 정확한 통계 추정 결과를 산출할 수 있게 되었다.

전체적인 영화산업 전반의 모집단 특성을 산출하기 위해서 표본층에 대해 표본설계 가중치와 사후층화 가중치를 이용하여 모수를 추정한 후, 전수층에 대해 조사된 자료값과 이를 합하여 업종 내의 모집단 모수를 추정하는 과정을 거친다.

i번째 업종별 총합$\hat{S}_i$에 대한 추정값은 다음과 같이 정의된다. 여기서 S^p는 전수층의 합계이고, S^s는 표본층의 합계 추정값이다.

$$\hat{S}_i = S_i^p + \hat{S}_i^s$$

여기서 표본층의 합계 추정값 $\widehat{S_s^i}$은 다음과 같이 산출하는데, 여기서 N_i는 i번째 업종 내의 표본층에 포함된 총 사업체 수, n_i는 i번째 업종 내에의 표본크기이며, N_{ik}는 i번째 업종내의 표본층에서 k번째 사후층화층에 포함된 총 사업체 수이다. 또한 n_{ik}는 i번째 업종내의 표본층에서 k번째 사후층화층의 표본크기, Y_{ik}는 i번째 업종내의 표본층에서 조사된 모집단 특성 변수의 합계이다.

$$\widehat{S_s^i} = \frac{N_i}{n_i} \times \sum_{k=1}^{K} \frac{N_{ik}}{n_{ik}} Y_{ik}$$

결국 영화산업 전체 총합에 대한 추정은 이와 같이 산출된 각 업종별 총합을 더하면 된다. 또, 평균에 대한 추정은 업종별 평균의 경우는 표본설계 과정 자체가 단순임의표본추출을 기반으로 하였으므로 앞에서 추정된 전체 합계를 해당 업종에서 조사모집단내의 전체 사업체 수로 나누면 된다.

4) 조사 방법

본 조사는 2013년 7월부터 11월까지 약 4개월간 진행되었다. 디지털온라인 유통업 시장의 DVD/블루레이 제작 및 유통업, 온라인 상영업은 전수조사 방식으로 조사를 실시하였다. 그 외 영화 제작, 지원 및 유통업 시장의 영화 기획 및 제작, 영화 수입, 영화 배급, 영화 제작 지원, 극상상영, 영화 홍보 및 마케팅 부문의 경우에는 표본조사방식을 적용하여 모집단을 전수조사층과 표본조사층으로 층화하여 조사를 진행하였다. 1차적으로는 모집단 업체에 전화로 연락하여 연락처(이메일/팩스)를 확인한 후, 설문지를 보내고 응답한 설문지를 회수하였다. 2차적으로는 1차 조사에서 자료 협조가 안 되었거나 수거가 안 된 업체들에 한하여 공시 자료를 통하여 재무 정보에 관한 자료를 추가적으로 수집하였다. (〈표 I-2-7〉 참조).

〈표 I-2-7〉 업종별 조사 방법

대분류	중분류	조사방법	표본 크기	
영화 제작, 지원 및 유통업	영화 기획 및 제작	표본조사	전수층	40
			표본층	166
			합계	206
	영화 수입	표본조사	전수층	15
			표본층	31
			합계	46
	영화 제작 지원	전수조사	339	
	영화 배급	표본 조사	전수층	12
			표본층	19
			합계	31
	극장 상영	표본조사	전수층	157
			표본층	107
			합계	264

대분류	중분류	조사방법	표본 크기	
	영화 홍보 및 마케팅	표본조사	전수층	4
			표본층	24
			합계	28
디지털 온라인 유통업	DVD/블루레이 제작 및 유통업	전수조사	4	
	온라인 상영	전수조사	33	

(1) 응답 사업(기업)체 수

조사모집단 설계를 통해서는 확정된 영화 제작, 지원 및 유통업 시장 관련 업체 641개, 디지털 온라인 유통업 시장 관련 업체 20개 등 총 661개 업체로부터 응답을 확보하였다.

세부적으로 살펴보면, 먼저 영화 제작, 지원 및 유통업 시장의 조사대상 업체인 914개 업체들(E) 중에서 응답을 거부한 273개 업체(H)를 제외한 총 641개 업체(I)로 부터 답변을 확보하였다. 아울러 공시자료 조사 등을 통해 알아낸 총 11개(J)업체에 대한 정보를 추가, 최종적으로 총 652개(K) 업체들에 대한 정보를 취합하였다. 영화 제작, 지원 및 유통업 시장의 최종 응답률은 71.3%(K/E)이다.

디지털 온라인 유통업 시장의 경우 조사대상 업체는 37개(E)였는데, 이 중 20개 업체(I)가 응답을 하였고 전자 공시 자료 등을 통해 재무정보를 보완한 총 2개(J)업체를 추가하여 59.5%(K/E)의 응답률을 보였다.

최종적으로 영화산업 실태조사의 전체 응답률은 951개 업체 중 응답을 거부한 290개 업체를 제외하고 공시자료 등을 통해 보완한 13개 업체를 추가하여 총 674개 업체에 대한 결과를 획득하여 70.9%의 응답률을 보이고 있다.(〈표 I-2-8〉 참조)

〈표 I-2-8〉 조사 응답 현황

(단위 : 개)

	영화 제작, 지원 및 유통업							디지털 온라인 유통업			합계
	영화 기획 및 제작	영화 수입	영화 제작 지원	영화 배급	극장 상영	영화 홍보 및 마케팅	소계	DVD/블루레이 제작 및 유통	온라인 상영	소계	
(A) 업체 리스트 개수 (번호누락/중복 제거 후)	2,625	585	690	511	333	210	4,954	6	42	48	5,002
(B) 결번/번호 틀림 업체	1,871	289	-	328	-	36	2,524	-	5	5	2,529
(C) 해당 없음	326	165	351	112	-	86	1,040	2	4	6	1,046
(D) 모집단 개수 〈A-(B+C)〉	428	131	339	71	333	88	1,390	4	33	37	1,427
(E) 조사대상(*조사모집단)	206	46	339	31	264	28	914	4	33	37	951
(F) 전수조사층	40	15	339	12	157	4	567	4	33	37	604
(G) 표본조사층	166	31	-	19	107	24	347	-	-	-	347
(H) 응답 거부 업체	24	8	220	6	13	2	273	-	17	17	290
(I) 조사 응답 업체(E-H)	182	38	119	25	251	26	641	4	16	20	661
1차 응답률(I/E)(%)	88.3	82.6	35.1	80.6	95.1	92.9	70.1	100.0	48.5	54.1	69.5
(J) 2차 조사로 보완한 업체	1	5	-	4	-	1	11	-	2	2	13
(K) 조사된 총 업체	183	43	119	29	251	27	652	4	18	22	674
2차 응답률(K/E)(%)	88.8	93.5	35.1	93.5	95.1	96.4	71.3	100.0	54.5	59.5	70.9

3. 조사 내용

'2013년 한국 영화산업 실태조사'의 주요 조사 내용은 다음과 같다(〈표 I-3-1〉 참조).

〈표 I-3-1〉 주요 조사 내용

구분	조사 내용	비고
업종별 구분 세분화(8개 업종)	• 업종별 구분 - 영화 제작, 지원 및 유통업 시장 영화 기획 및 제작, 영화 수입, 영화 제작 지원, 영화 배급, 극장 상영, 영화 홍보 및 마케팅 - 디지털 온라인 유통업 시장 DVD/블루레이 제작 및 유통업, 온라인 상영	전체
사업(기업)체 기초 정보		
사업(기업)체 정보	• 사업(기업)체 명, 사업자등록번호	전체
	• 연락처 (홈페이지 주소, 전화, 팩스, 주소)	
	• 설립 일자	
	• 업체 형태 - 개인 사업체, 회사 법인(주식/유한/합자/합명회사), 회사 외 법인, 국가기관/공사, 비법인 단체	
	• 본사 유무 - 단독 사업체, 공장/지사(점)/영업소, 본사/본점/본부	
	• 벤처 기업 지정 여부	
	• 상장 기업 여부, 상장 유형, 상장 연도	
대표자 정보	• 성명, 영화 관련 분야 경력, 연령	
	• 경영 형태 - 창업, 가업 계승, 기업 인수, 전문 경영인, 기타	
사업(기업)체 종사자 현황		
종사자 현황	• 성별/고용 형태별 종사자 수(성별, 임원/직원별, 정규직/비정규직별)	전체
	• 학력 별 종사자 수(고졸이하, 초대졸(3년제 대학포함), 대졸, 대학원졸 이상)	
	• 연령별 종사자 수(29세 이하,30-34세, 35-39세, 40세 이상)	

구분	조사 내용	비고
직무별 종사자 현황	• 직무별 종사자 수(시나리오/작가, 연기, 투자, 연출, 음악, 기획개발, 제작, 현상, 배급, 촬영, 편집, 경영관리, 조명, 사운드, 미술, CG, 특수효과, 홍보/마케팅, 동시녹음, 수입, 기타분야)	영화 기획 및 제작업, 영화 수입업, 영화 배급업
	• 직무별 종사자 수(무술/스턴트, 특수효과, 조명장비 렌탈, 촬영장비 렌탈, 특수촬영, 미술/소품, 세트제작, 스튜디오 운영, 분장/헤어, 특수분장, 의상, 현장편집, 데이터매니저, 동시녹음, 운송, 3D 제작, 편집, 자막, 음악, 녹음, 텔레시네, DI, CGI, 현상, 스틸/포스터, 예고편 제작)	영화 제작 지원업
직무별 종사자 현황	• 직무별 종사자 수(영화관 경영, 작품수급, 홍보 및 마케팅, 시설 운영, 매표 및 수표, 영사, 기타)	극장 상영업
	• 직무별 종사자 수(홍보 및 마케팅, 인쇄물 제작, 광고 디자인, 광고 에이전시 담당, 동영상 제작, 경영관리, 홈페이지 제작, 기타)	영화 홍보 및 마케팅업
사업(기업)체 재무 현황		
기초 재무 현황	• 매출액, 비용(매출 원가, 판관비), 납부 부가 가치 세액	전체
세부 재무 현황	• 영업 이익, 영업 비용, 영업 외 수익, 영업 외 비용, 경상 이익, 특별 이익, 특별 손실, 법인세 비용, 판관비, 인건비, 순금융비용, 감가상각비, 임차료, 조세공과(세금 및 공과금)	재무제표 작성 업체만 응답
업종별 세부 현황		
영화 기획 및 제작업 이슈	• 장르별 제작 영화 편수, 매출액	영화 기획 및 제작업
	• 제작 완성도별 제작 영화 편수, 매출액	
	• 촬영 포맷별 제작 영화 편수, 매출액	
	• 1차 상영 윈도우(창구)별 제작 영화 편수, 매출액	
영화 수입업 이슈	• 장르별 영화 수입 현황(수입 편수, 수입액)	영화 수입업
	• 계약 유형별 영화 수입 현황(수입 편수, 수입액)	
	• 권리 방식별 영화 수입 현황(수입 편수, 수입액)	
	• 국적별 영화 수입 현황(수입 편수, 수입액)	
	• 수입형태별 개봉 영화 편수, 매출액	
	• 국적별 개봉 영화 편수, 매출액	
	• 상영 윈도우(창구)별 개봉 영화 편수, 매출액	
영화 제작 지원업 이슈	• 제작 서비스한 콘텐츠 편수 및 매출액	영화 제작 지원업
영화 배급업 이슈	• 국적별 배급 영화 편수, 매출액	영화 배급업
	• 배급유형별 배급 영화 편수, 매출액	

구분	조사 내용	비고
극장 상영업 이슈	• 세부 내역별 매출액(제품, 매점, 부동산, 위탁 경영, 극장 광고, 기타)	극장 상영업
	• 세부 내역별 영업비용(제품 수급, 장비구입/대여, 매점 운영, 시설 확충 및 개선, 부동산 임차, 위탁 경영 수수료, 기타)	
	• 스크린별 매출액(필름 스크린, 디지털 스크린, 3D 스크린, 4D 스크린, 기타)	
영화 홍보 및 마케팅업 이슈	• 콘텐츠유형/국적별 홍보/마케팅 영화 편수 및 매출액	영화 홍보 및 마케팅업
	• 업무 유형별 홍보/마케팅 영화 편수 및 매출액	
DVD/블루레이 제작 및 유통업 이슈	• DVD/블루레이 출시 규모 현황(출시 편수, 판매량, 매출액)	DVD/블루레이 제작 및 유통업
	• DVD/블루레이 유형별(판매용 및 대여용) 판매량/매출 비중	
	• DVD/블루레이 장르별 판매량/매출 비중	
	• DVD/블루레이 항목별(영화 및 방송물) 제작 편수 및 매출액	
온라인 상영업 이슈	• 항목별(영화 및 방송물) 제공 현황 (제공 편수, 다운로드 수, 매출액)	온라인 상영업 SP 업체
	• 국적별(한국영화 및 외국영화) 제공 현황 (제공 편수, 다운로드 수, 매출액)	
	• 장르별 제공 현황 (제공 편수, 다운로드 수, 매출액)	
	• 국적별(한국영화 및 외국영화) 제공 현황 (제공 편수, 다운로드 수, 매출액)	온라인 상영업 CP 업체
	• 서비스 윈도우별 제공 현황 (다운로드 수, 매출액)	
영화 산업 경기 전망		
경기 전망/경영상의 애로점	• 영화 산업 경기 전망 - 2014년/2015년 영화 산업 경기 전망	영화 제작 지원업 제외
	• 영화업 운영상의 애로점	전체

4. 통계산출 방법

영화산업 규모를 산출할 때의 문제점은 '복합적인 산업'이라는 영화산업의 구조적인 특성으로 인해 매출이 중복으로 집계된다는 것이다. 즉, 업체별로 매출을 집계할 경우 투자-제작-배급-극장 상영으로 이어지는 가치 사슬과 영화 제작, 지원 및 유통 시장과 디지털 온라인 유통 시장으로 이어지는 가치 사슬로 인해 업체 간 매출이 중복적으로 산출될 수밖에 없다.

따라서 전체 영화 소비 시장의 규모는 최종 소비재로서의 영화가 매매되는 창구의 매출액만을 산정하여 파악하면 되겠으나, 본 조사의 주된 목적이 매출 규모 추정이 아니라 영화와 관련된 업종별 현황을 파악하고자 하는 것이기에 본 조사에서는 영화산업의 업종 간 합을 영화산업의 전체 규모로 파악하였다.

다만 한 업체가 두 개 이상의 업종을 영위하는 경우에는 좀 더 정확한 업종별 정보를 파악하기 위해, 업체 내 업종별 비중을 파악하여 조사 결과를 나누어 통계 결과를 산출하였다. 반면, 업체 수를 분류함에 있어서는 해당 업체의 매출액 중에서 가장 높은 매출 비중을 차지하는 업종에 따라 업체들을 구분하였다.

예를 들어 영화와 관련된 업체가 A와 B라는 두 업체밖에 없다고 가정하였을 때, A라는 업체가 수입에서 20%, 배급에서 30%, 극장 상영에서 50%의 매출을 올렸고 총 매출액이 20억이었다면, 이 업체는 수입에서 4억 원, 배급에서 6억 원, 극장 상영에서 10억 원의 매출을 올린 것이 된다. 동일한 방식으로 B라고 하는 업체가 제작에서 30%, 배급에서 70%의 매출을 올렸고 총 매출액이 10억 원이었다고 한다면, 이 업체는 제작에서 3억 원, 배급에서 7억 원의 매출을 올린 것이 된다.

이런 경우 본 조사의 산출 방법에 따라 통계 결과를 계산하면, 제작업과 수입업, 배급업, 극장 상영업의 매출 규모는 각각 3억 원, 4억 원, 13억 원, 10억 원이 되고, 영화산업 전체 규모는 총 30억 원이 된다. 또한 A는 극장 상영 업체로 분류되고, B는 배급 업체로 분류되어 업체 수는 배급업체 1개와 극장 상영업체 1개가 된다.

매출액뿐만 아니라 종사자 수, 영업비용 추정 시에도 동일한 산출 방법이 적용되었다. 예를 들어 수입에서 20%, 배급에서 30%, 극장 상영에서 50%의 매출을 올리는 C라는 업체의 전체 종사자 수가 100명이라고 한다면, 수입업의 종사자 수는 20명, 배급업의 종사자 수는 30명, 극장 상영업의 종사자 수는 50명으로 계산하였다(〈표 I-4-1〉, 〈표 I-4-2〉 참조).

〈표 I-4-1〉 개별 사업(기업)체의 업종별 매출액 산출식

$$M_{ij} = P_{ij} \times T_i$$

i=개별 사업(기업)체, j=개별 사업(기업)체가 속한 업종
Mij : i 사업(기업)체의 j부문의 매출액
Pij : i 사업(기업)체의 j부문의 매출액 비중
Ti : i 사업(기업)체의 총 매출액

〈표 I-4-2〉 업종별 매출액 총합 산출식

$$M_j = \sum_{i=1}^{nr} M_{ij}$$

i=개별 사업(기업)체, j=개별 사업(기업)체가 속한 업종
Mj : j부문의 매출액 총합
Mij : i 사업(기업)체의 j부문의 매출액

한편 응답률에서도 확인할 수 있듯이, 실제 조사 진행 과정에서 모든 조사 대상 업체들로부터 답변을 취합하지는 못하였기에 이러한 결측치들을 보정하기 위해 다음과 같은 방법을 사용하였다.

먼저 업종별로 선도 업체와 비선도 업체 등을 구분함으로써 업체들에 대해 그룹을 나누었다. 영화산업의 경우 업종 내 평균치만을 가지고 전체 매출액을 추정해 나가기에는 동일 업종 내에서도 업체 간 매출 편차가 크기 때문이다.

업종 내 총 그룹 개수는 업종 내 업체 규모의 편차에 따라 다르게 책정하였다. 즉, 업종 내 편차가 큰 경우에는 업체들을 좀 더 많은 그룹 군으로 나누고, 업종 내 편차가 적은 경우에는 좀 더 적은 그룹 군으로 업체들을 나누었다. 또한 이와 같이 그룹을 나눈 이후에는 '매출액은 조사하였으나, 세부 항목은 조사하지 못한 경우'와 '매출액과 세부 항목 모두 조사하지 못한 경우'로 나누어 다음의 방법으로 결측치를 보정하였다.

1) 매출액은 조사하였으나, 세부 항목은 조사하지 못한 경우

매출액은 조사하였으나 세부 매출 내역은 조사하지 못한 경우, 위의 나누어진 그룹을 토대로 동일 층 내에서 무응답 보정을 진행하였다. 즉, 동일 층 내에서 매출액

과 세부 항목이 모두 조사된 업체에서 매출액에 대한 세부 항목 구성 비율을 계산한 후 매출액만 조사된 업체에 비율을 적용하여 무응답 항목을 대체하였다.

2) 매출액과 세부 항목 모두 조사하지 못한 경우

매출액과 세부 항목을 모두 조사하지 못한 경우에 대한 무응답 보정도 마찬가지의 방식으로 위의 그룹을 토대로 진행하였다. 동일 층 내에서 동질성을 확인한 후 조사하지 못한 업체의 매출액은 층 내에서 조사가 이루어진 업체들의 평균값으로 대체하였다. 그 다음으로 세부 항목에 대한 보정은 해당 층 내에서 조사가 이루어진 업체의 매출액에 대한 세부 항목 구성 비율을 계산하여 조사하지 못한 사업(기업)체의 매출액에 비율 적용하여 세부 항목을 대체하였다.

Ⅱ. 주요 조사 결과

1. 기초 정보 및 일반 현황

본 절에서는 설립연도, 업체 유형, 대표자 현황 등의 사업(기업)체 기초 정보와 벤처기업 지정 및 상장 현황 등과 같은 사업(기업)체 일반 현황에 대해 살펴봄으로써, 영화산업 내 업체들의 특징과 변화 추이 등을 개괄적으로 파악하고자 하였다. 또한 공시자료를 통해 확보한 데이터도 사업(기업)체의 기초 정보 및 일반 현황을 파악하기 위해 분석 결과에 포함되었다. 즉, 사업(기업)체 기초 정보에 대한 자료는 총 661개 업체에 대한 결과를 중심으로 기술하였다. 385개 업체들에 대한 1차 조사 결과에 157개 극장상영 직영업체, 국내 기술서비스산업 실태조사의 '영화 제작 지원업' 119개 업체를 포함한 것이다.

다만 '영화 제작 지원업'의 경우, 국내 기술서비스산업 실태조사 결과를 인용하여 작성한 것이므로 일부 결과는 생략되어 있다.

1) 사업(기업)체 기초 정보

(1) 사업(기업)체 설립연도

① 설립연도별 분포

설립연도별로 업체들을 분류하여 보면, 2005년~2009년에 창립된 신생회사의 비중이 36.9%(244개)로 가장 높게 나타났다. 그 다음으로는 2000~2004년에 설립된 회사들이 차지하는 비중이 19.8%(131개)로 높게 나타났다. 전체적으로 2005년부터 2013년까지 창립된 영화산업 관련 업체들의 비중이 69.3%(458개)에 달해 상당히 많은 업체들이 영화산업의 역사가 10년이 안 될 것으로 추측할 수 있다(〈표 II-1-1〉, 〈그림 II-1-1〉 참조).

〈표 II-1-1〉 설립연도별 사업(기업)체 수

	전체		구분			
			영화 제작, 지원 및 유통업		디지털 온라인 유통업	
	빈도(개)	비중(%)	빈도(개)	비중(%)	빈도(개)	비중(%)
1999년 이전	66	10.0	61	9.5	5	25.0
2000~2004년	131	19.8	131	20.4	-	-
2005~2009년	**244**	**36.9**	**238**	**37.2**	**6**	**30.0**
2010~2011년	99	15.0	97	15.1	2	10.0
2012~2013년	115	17.4	110	17.2	5	25.0
무응답	6	0.9	4	0.6	2	10.0
합계	661	100.0	641	100.0	20	100.0

〈그림 II-1-1〉 설립연도별 사업(기업)체 비중

(단위 : %)

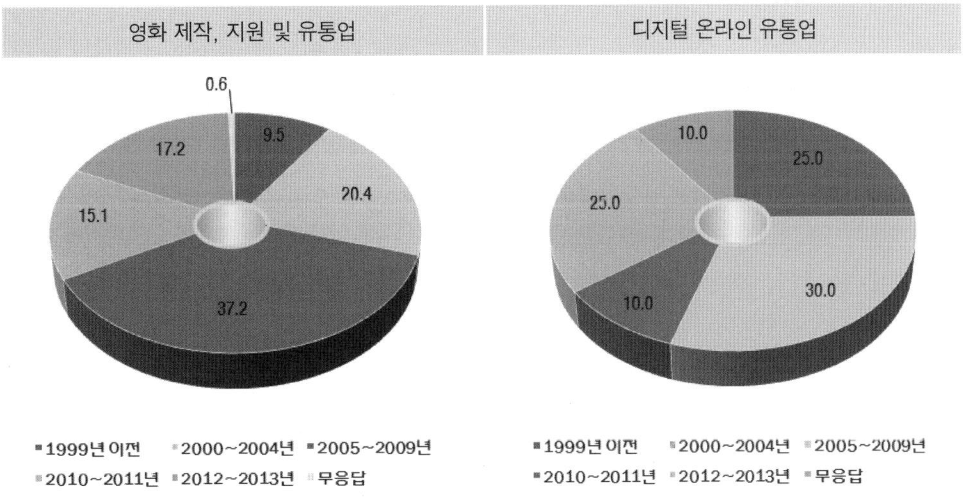

② 존속 기간별 분포

영화산업 내 업체들의 존속 기간을 보면 평균 8.1년으로 나타났다. 이는 10년 이상 장기적으로 영화 관련업을 수행해 온 업체들이 많지 않음을 보여준다(전체의 30.7%만 10년 이상 존속). 그간 영화산업 내에서 오랫동안 운영된 업체들이 그리 많지 않음을 알 수 있다. (<표 II-1-2>, <그림 II-1-2> 참조).

〈표 II-1-2〉 존속 기간별 사업(기업)체 수

	전체		구분			
			영화 제작, 지원 및 유통업		디지털 온라인 유통업	
	빈도(개)	비중(%)	빈도(개)	비중(%)	빈도(개)	비중(%)
5년 미만	214	**32.4**	207	32.3	7	**35.0**
5~10년 미만	244	**36.9**	238	**37.1**	6	30.0
10~15년 미만	131	19.8	131	20.4	-	-
15~20년 미만	35	5.3	31	4.8	4	20.0
20~25년 미만	10	1.5	10	1.6	-	-
25~30년 미만	11	1.7	10	1.6	1	5.0
30년 이상	10	1.5	10	1.6	-	-
무응답	6	0.9	4	0.6	2	10.0
합계	661	100.0	641	100.0	20	100.0
평균(년)	8.1		8.1		7.9	

〈그림 II-1-2〉 연령별 사업(기업)체 비중

(단위 : %)

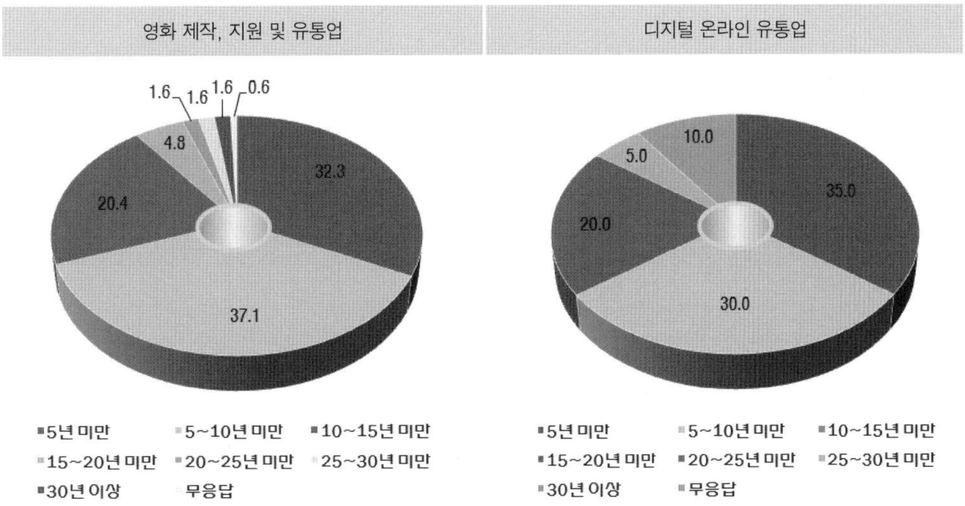

(2) 사업(기업)체 유형

① 형태별 분포

영화산업 관련 업체들을 형태별로 분류하면 회사 법인의 비중이 72.7%(481개)로 가장 높은 것으로 조사되었다. 다음으로는 개인 사업체가 25.0%(165개)로 높은 비중을 보였다.

영화 제작, 지원 및 유통업 시장과 디지털 온라인 유통업 시장을 구분하여 살펴보면, 영화 제작, 지원 및 유통업 시장은 회사 법인이 72.4%(464개)로 비중이 가장 높게 나타났으며, 그 외에도 개인 사업체 25.7%(165개), 회사 외 법인 1.1%(7개) 등으로 다양하게 나타났다. 디지털 온라인 유통업 시장에서도 회사 법인 비중이 85.0%(17개)로 높게 나타났다(〈표 II-1-3〉, 〈그림 II-1-3〉 참조).

〈표 II-1-3〉 형태별 사업(기업)체 수

	전체		구분			
			영화 제작, 지원 및 유통업		디지털 온라인 유통업	
	빈도(개)	비중(%)	빈도(개)	비중(%)	빈도(개)	비중(%)
개인 사업체	165	25.0	165	25.7	-	-
회사 법인	481	**72.7**	464	**72.4**	17	**85.0**
회사 외 법인	8	1.2	7	1.1	1	5.0
국가기관 / 공사	1	0.2	1	0.2	-	-
비법인 단체	2	0.3	2	0.3	-	-
무응답	4	0.6	2	0.3	2	10.0
합계	661	100.0	641	100.0	20	100.0

〈그림 II-1-3〉 형태별 사업(기업)체 비중

(단위 : %)

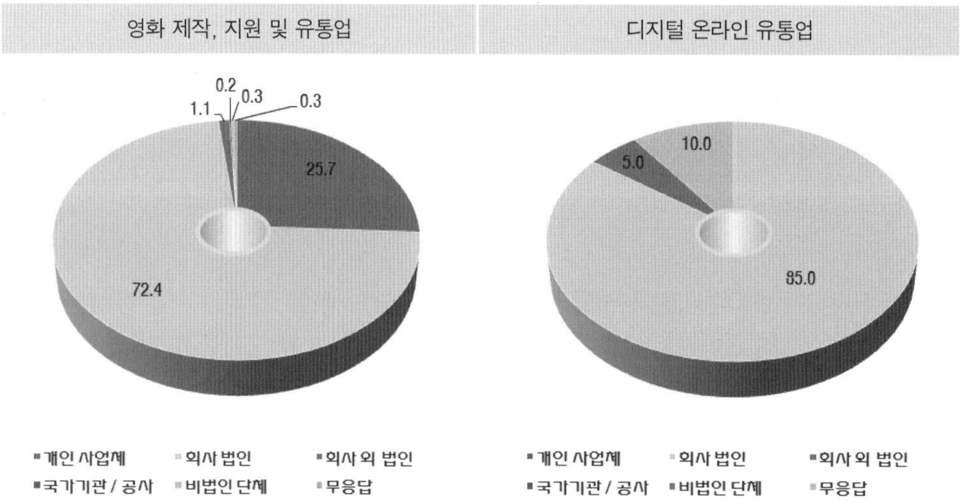

② 본사 유무별 분포

영화산업 관련 업체들의 본사 유무별 형태를 살펴보면, 단독 사업체가 67.9%(449개)로 가장 높았으며, 그 다음으로는 공장/지사/영업소(프랜차이즈 직영 포함) 비중이 27.7%(183개)로 조사되었다. 본사/본점/본부 등으로 운영되는 비중은 3.8%(25개)의 비중을 차지하는 것으로 나타났다.

세부 시장별로 조사 결과를 구분하여 보면, 영화 제작, 지원 및 유통업 시장에서는 단독 사업체의 비중이 67.9%(435개)로 가장 높았으며, 다음으로는 공장/지사/영업소가 28.2%(181개), 본사/본점/본부가 3.6%(23개) 순으로 조사되었다. 한편, 디지털 온라인 유통업 시장에서는 단독 사업체가 70.0%(14개)로 상당히 높게 나타났으며, 공장/지사/영업소, 본사/본점/본부의 비중이 각각 10.0%(2개)인 것으로 나타났다(〈표 II-1-4〉, 〈그림 II-1-4〉 참조).

〈표 II-1-4〉 본사 유무별 사업(기업)체 수

	전체		구분			
			영화 제작, 지원 및 유통업		디지털 온라인 유통업	
	빈도(개)	비중(%)	빈도(개)	비중(%)	빈도(개)	비중(%)
단독 사업체	449	**67.9**	435	**67.9**	14	**70.0**
공장, 지사, 영업소	183	27.7	181	28.2	2	10.0
본사, 본점, 본부	25	3.8	23	3.6	2	10.0
무응답	4	0.6	2	0.3	2	10.0
합계	661	100.0	641	100.0	20	100.0

〈그림 II-1-4〉 본사 유무별 사업(기업)체 비중

(단위 : %)

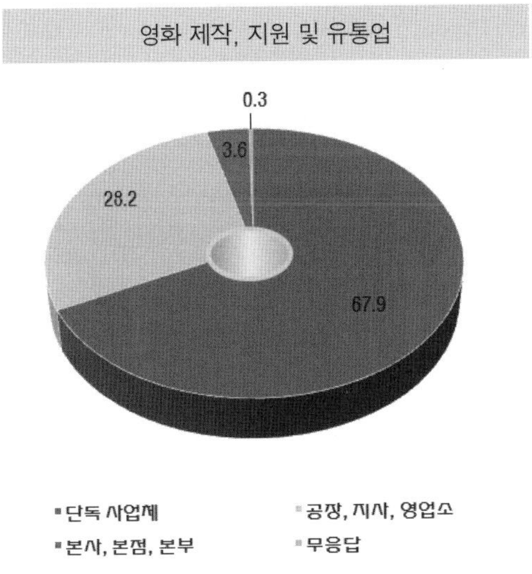

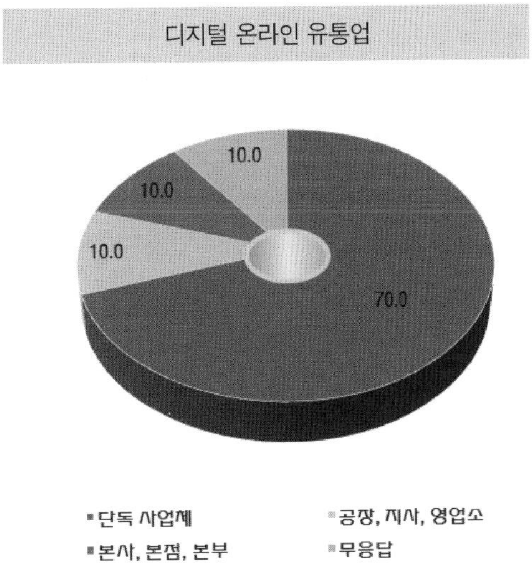

③ 벤처기업 지정 유무별 분포

벤처기업으로 지정된 업체의 비중은 5.3%로 대부분의 영화산업 관련 업체들이 벤처기업으로 지정받지 못하고 있는 것으로 나타났다. 세부 시장별로는 영화 제작, 지원 및 유통업에서 4.5%, 디지털 온라인 유통업에서는 30.0%만이 벤처기업으로 지정된 것으로 나타났다.(〈표 II-1-5〉, 〈그림 II-1-5〉 참조)

〈표 II-1-5〉 벤처기업 지정 유무별 사업(기업)체 수

	전체		구분			
			영화 제작, 지원 및 유통업		디지털 온라인 유통업	
	빈도(개)	비중(%)	빈도(개)	비중(%)	빈도(개)	비중(%)
대상	35	5.3	29	4.5	6	**30.0**
비대상	622	**94.1**	610	**95.2**	12	60.0
무응답	4	0.6	2	0.3	2	10.0
합계	661	100.0	641	100.0	20	100.0

〈그림 II-1-5〉 벤처기업 지정 유무별 사업(기업)체 비중

(단위 : %)

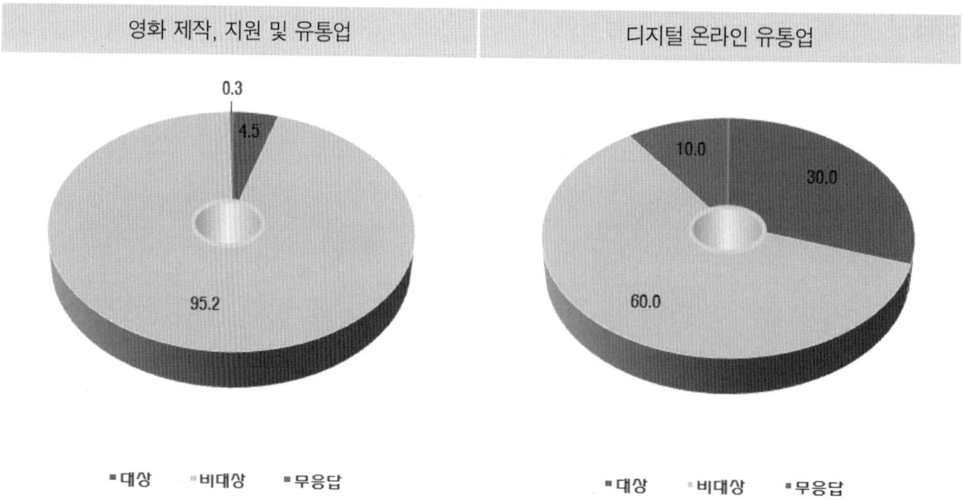

④ 상장 유무별 분포

상장 업체의 비중은 22.7%로 영화산업 관련 업체들의 상장 비율은 낮은 것으로 조사되었다. 시장별로는 영화 제작, 지원 및 유통업 시장의 경우 상장된 업체 수가 146개

(22.8%), 비상장된 업체 수가 493개(76.9%)이며, 디지털 온라인 유통업 시장의 경우는 상장 업체가 4개(20.0%)로 나타났다(〈표 II-1-6〉, 〈그림 II-1-6〉 참조).

〈표 II-1-6〉 상장 유무별 사업(기업)체 수

	전체		구분			
			영화 제작, 지원 및 유통업		디지털 온라인 유통업	
	빈도(개)	비중(%)	빈도(개)	비중(%)	빈도(개)	비중(%)
상장 기업임	150	22.7	146	22.8	4	**20.0**
비상장 기업임	507	**76.7**	493	**76.9**	14	70.0
무응답	4	0.6	2	0.3	2	10.0
합계	661	100.0	641	100.0	20	100.0

〈그림 II-1-6〉 상장 유무별 사업(기업)체 비중

(단위 : %)

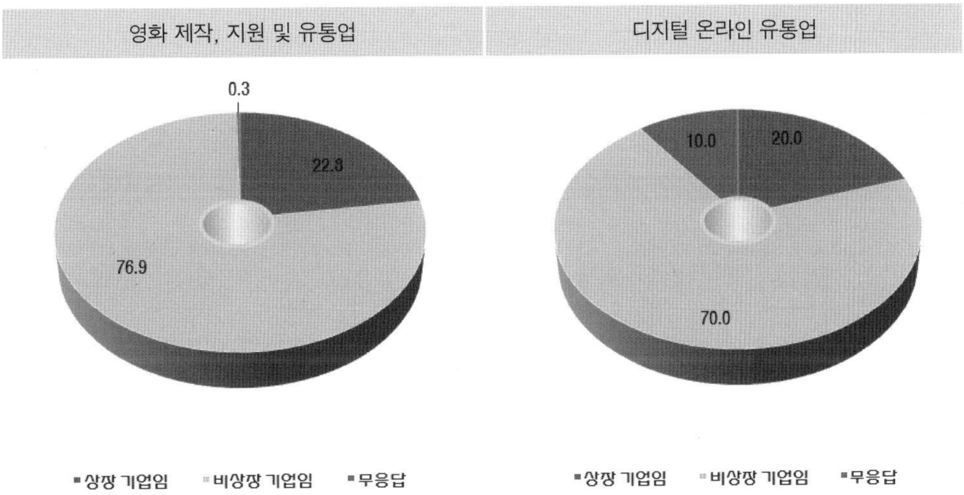

⑤ 경영 유형별 사업(기업)체 분포

영화산업 관련 업체들의 경영 유형은 창업 형태가 59.5%(393개)로 가장 높은 비중을 차지했으며, 그 다음은 전문 경영인 30.1%(199개), 기업 인수 3.6%(24개) 등의 순이었다.

세부 시장별로 조사 결과를 구분하여 보면, 영화 제작, 지원 및 유통업 시장에서도 창업 형태가 59.6%(382개)로 가장 높은 비중을 차지했으며, 전문 경영인이 30.1%(193개)로 그 다음을 차지했다. 한편 디지털 온라인 유통업 시장에서는 창업 55.0%(11개)과 전문 경

영인 30.0%(6개) 등이 높은 수치를 기록했다.(<표 II-1-7>, <그림 II-1-7> 참조)

<표 II-1-7> 경영 유형별 사업(기업)체 수

	전체		구분			
			영화 제작, 지원 및 유통업		디지털 온라인 유통업	
	빈도(개)	비중(%)	빈도(개)	비중(%)	빈도(개)	비중(%)
창업	393	**59.5**	382	**59.6**	11	**55.0**
가업계승	9	1.4	9	1.4	-	-
기업인수	24	3.6	23	3.6	1	5.0
전문 경영인	199	30.1	193	30.1	6	30.0
기타	12	1.8	12	1.9	-	-
무응답	24	3.6	22	3.4	2	10.0
합계	661	100.0	641	100.0	20	100.0

<그림 II-1-7> 경영 유형별 사업(기업)체 비중

(단위 : %)

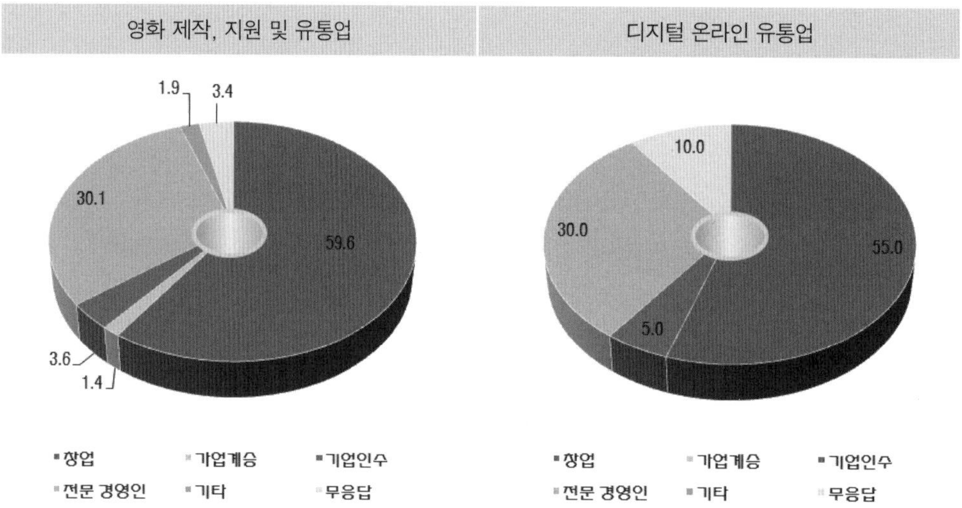

(3) 사업(기업)체 소재지

① 지역별 사업(기업)체 분포

지역별 사업(기업)체 수의 현황을 살펴보면, 서울에 374개의 업체, 경기도에는 129개의 업체가 위치하고 있어 전체 사업체의 76.1%가 수도권에 집중되어 있음을 알 수 있다.(〈표 II-1-8〉 참조)

〈표 II-1-8〉 지역별 사업(기업)체 수 (지역별업체)

(단위 : 개)

	영화 제작, 지원 및 유통업						디지털 온라인 유통업		합계
	영화 기획 및 제작	영화 수입	영화 제작 지원	영화 배급	극장 상영	영화 홍보 및 마케팅	DVD/블루레이 제작 및 유통	온라인 상영	
서울	142	37	69	21	61	26	3	15	374
부산	6	-	1	-	20	-	-	-	27
대구	-	-	-	1	15	-	-	-	16
인천	3	-	2	-	13	-	-	-	18
광주	-	-	1	-	9	-	-	-	10
대전	-	-	1	1	7	-	-	-	9
울산	-	-	-	-	5	-	-	-	5
경기	28	1	43	2	53	-	1	1	129
강원	-	-	-	-	8	-	-	-	8
충북	-	-	-	-	6	-	-	-	6
충남	-	-	1	-	8	-	-	-	9
전북	2	-	1	-	9	-	-	-	12
전남	-	-	-	-	7	-	-	-	7
경북	-	-	-	-	12	-	-	-	12
경남	-	-	-	-	16	-	-	-	16
제주	1	-	-	-	2	-	-	-	3
합계	182	38	119	25	251	26	4	16	661

(4) 대표자 현황

① 대표자 경력

영화산업 내 업체 대표자들의 관련 분야 사업 경력은 10~15년 미만과 15~20년 미만이 각각 17.3%(114개)로 가장 많은 것으로 나타났다. 그 다음으로 5~10년 미만이 12.1%(80개), 20~25년 미만이 9.2%(61개) 순으로 조사되었다.

세부 시장별로 대표자 경력을 구분하면 영화 제작, 지원 및 유통업 시장에서는 대표자 경력이 10~15년 미만인 업체가 17.8%(114개)로 가장 높은 비중을 차지하였으며, 디지털 온라인 유통업은 대표자 경력이 5년 미만인 업체가 20.0%(4개)로 가장 많게 나타나 영화산업 내 업체 대표자들의 관련 분야 경력이 낮음을 보여준다(〈표 II-1-9〉, 〈그림 II-1-8〉 참조).

〈표 II-1-9〉 대표자 관련 분야 경력별 사업(기업)체 수

	전체		구분			
			영화 제작, 지원 및 유통업		디지털 온라인 유통업	
	빈도(개)	비중(%)	빈도(개)	비중(%)	빈도(개)	비중(%)
5년 미만	53	8.0	49	7.6	4	**20.0**
5~10년 미만	80	12.1	77	12.0	3	15.0
10~15년 미만	114	**17.3**	114	**17.8**	-	-
15~20년 미만	114	**17.3**	112	17.5	2	10.0
20~25년 미만	61	9.2	60	9.3	1	5.0
25~30년 미만	21	3.2	19	3.0	2	10.0
30년 이상	32	4.8	30	4.7	2	10.0
무응답	186	28.1	180	28.1	6	30.0
합계	661	100.0	641	100.0	20	100.0

〈그림 II-1-8〉 대표자 관련 분야 경력별 사업(기업)체 비중

(단위 : %)

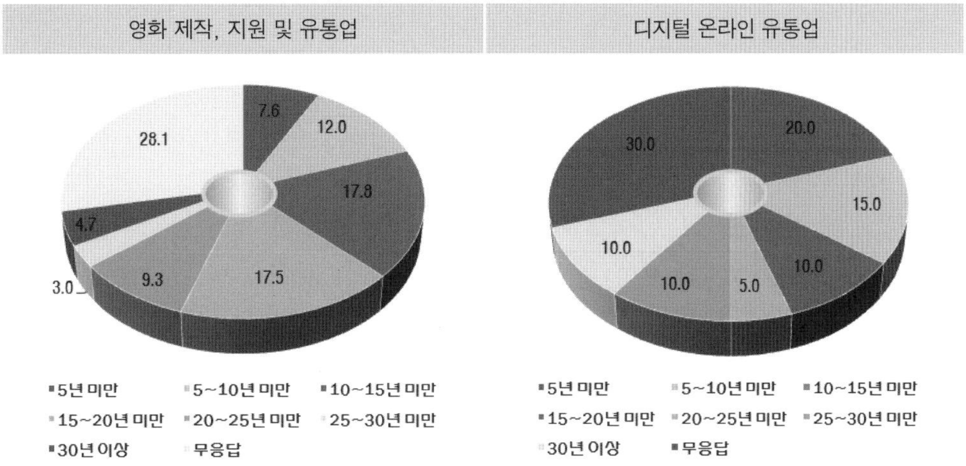

대표자들은 영화산업 내에서 평균 14.5년 정도의 경력을 가지고 있는 것으로 조사되었다. 세부 시장별로 살펴보면, 영화 제작, 지원 및 유통업 시장 내 업체 대표자들의 평균 경력은 14.5년인 것으로 나타났다. 디지털 온라인 유통업의 경우, 대표자들의 경력이 평균 13.9년인 것으로 나타나 디지털 온라인 유통업 시장 내 업체 대표자의 경력이 상대적으로 많았다(〈표 II-1-10〉참조).

〈표 II-1-10〉 대표자 관련 분야 경력

(단위 : 년)

	전체	구분	
		영화 제작, 지원 및 유통업	디지털 온라인 유통업
평균	14.5	14.5	13.9

(5) 해외 진출 현황[1]

① 한국영화 완성작 수출

2013년은 한국영화 최대의 글로벌 프로젝트 〈설국열차〉가 해외수출의 견인차가 된 한해였다. 세계시장을 직접 겨냥한 작품이 한국영화의 해외 수출액 증가에 큰 역할을 한 것이다. 한국 영화의 전반적인 수출 호조와 더불어 〈설국열차〉라는 대작의 해외수출 성과를 통해 한국영화 수출액은 전년대비 83.7% 상승했다. 한국

1) 해외 진출현황은 영화진흥위원회에서 발간하는 "2013년도 판 한국영화연감(한국영화 수출)"에서 발췌함

은 세계시장으로부터 독특한 스타일의 장르 영화와 수준 높은 작가주의 영화, 젊은 스타를 앞세운 영화 등을 골고루 갖춘 나라로 평가받는다. 여기에 기획단계에서부터 글로벌 시장을 겨냥한 대작영화가 가세함으로써 마켓의 외연을 한층 더 확대한 것이다.

2013년 한국영화 완성작 수출액은 총 37,071,445달러를 기록했다. 2012년 수출액인 20,174,950달러와 비교할 때 무려 83.7% 상승한 금액이다. 2011년부터 꾸준히 상승세를 기록한 한국영화 수출액이 2005년 이후 처음으로 3천만 달러를 넘어섰다는데 의미가 있다. 한국영화 수출은 한류열풍을 타고 2005년 75,994,580달러의 정점을 찍은 후 오랜 침체기에 머물러 있었지만, 2013년 〈설국열차〉 한 편이 나머지 전체 한국영화의 수출액에 육박하는 액수를 기록하면서 한국영화 수출액 상승을 이끈 것이다. 물론 이와 같은 결과는 전반적인 한국영화의 수출이 지속적인 호조를 이룬 가운데 얻어진 것이기 때문에 더 의미가 있는 수치라 할 수 있다.

완성작 수출 총액 가운데 단건으로 계약된 수출액은 34,156,895달러로 전년대비 141.0% 성장한 수치를 기록했다. 반면 기존에 판매된 작품의 추가수익(overage)은 2,914,550달러로 2012년 대비 절반가량 감소하면서 위축된 모습을 나타냈다. 〈이별계약〉, 〈미스터 고〉 등 공동제작 영화가 현지 흥행에 성공했음에도 정산이 끝나지 않아 2013년도 통계로 반영되지 않았던 것이 영향을 미쳤다. 또한 중국, 일본, 미국, 인도네시아 등 현지에 직배된 한국영화의 수익이 2013년 통계수치상에는 줄어든 것으로 나타났지만, 현지에서 직접 배급되는 편수가 늘어나고 있다는 점을 볼 때 한국영화 사업전반은 안정화 단계인 것으로 볼 수 있다.

〈표 II-1-11〉 연도별 한국영화 완성작 수출액 추이

연도	2004	2005	2006	2007	2008	2009	2010	2011	2012	2013
해외매출 총액 (USD)	58,284,600	75,994,580	24,514,728	24,396,215	21,036,540	14,122,143	13,582,850	15,828,662	20,174,950	37,071,445
계약금액 (USD)	58,284,600	75,994,580	24,514,728	12,283,339	20,541,212	13,930,262	13,166,280	14,815,146	14,170,390	34,156,895
추가수익 (Overage) (USD)	-	-	-	12,112,876	495,328	191,881	416,570	1,013,516	6,004,560	2,914,550
전년 대비 증감(%)	88.0	30.4	-67.7	-0.5	-13.8	-32.9	-3.8	16.5	27.5	83.7
수출 편수(편)	194	202	208	321	361	251	276	366	331	403
평균 수출가 (USD)	300,436	376,211	117,859	38,266	56,901	55,499	47,704	40,479	42,811	84,756

주1 : 수출 편수에는 추가수익(Overage) 발생 작품 수는 포함하지 않음. 30편 이상의 단편영화 패키지 판매 건은 판매계약 1건을 1편으로 계산함.

주2 : 평균 수출가 = 계약금액 / 수출 편수

2013년 한국영화 수출 편수는 전년도보다 늘어난 403편이었고, 이를 토대로 산출한 한국영화의 평균 수출가는 84,756달러로 2012년 42,811달러의 두 배 가량이었다. 그러나 '〈설국열차〉 효과'로 인한 평균값의 상승분을 감안하면 전반적인 수출 금액은 4만 달러 선에서 크게 변동이 없거나 조금 상승한 것으로 분석되었다.

〈그림 II-1-9〉 연도별 한국영화 완성작 수출편수 및 수출액 추이

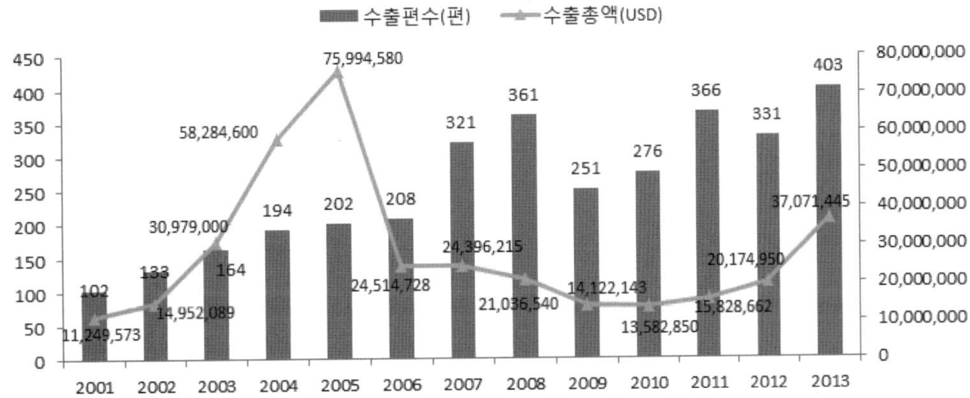

한국영화 최대 수출 지역인 아시아 지역에의 수출 비중은 2012년 71.6%에서

2013년 46.3%로 줄었음에도 수출액은 2,721,339달러(18.8%) 늘었다. <동창생>, <결혼전야>, <노브레싱> 등 아이돌 스타들을 앞세운 영화들의 수출 성과가 돋보였으며 봉준호 감독이 제작을 맡고 인기그룹 JYJ의 박유천이 캐스팅되어 화제가 된 <해무>는 제작이 완료되기도 전에 일본에 판권이 판매됐다. 국내 시장에서의 홍보는 물론 해외 수출에도 직접적인 영향을 미치는 아이돌 배우들의 한국영화 출연 흐름은 한 동안 계속될 전망이다.

유럽지역 수출액은 2012년에 비해 182.3% 상승했다. 이는 <설국열차>가 프랑스, 독일, 러시아 등 유럽 지역 대부분에 판매된 성과가 반영된 바가 크다. 이외에도 <해무>, <화이>, <신세계> 등 색깔이 뚜렷한 작품들이 유럽지역 바이어들에게 호응을 얻은 것으로 나타났다. 그러나 <누구의 딸도 아닌 해원>, <우리 선희>의 홍상수 감독을 제외하면 감독의 이름이 돋보이는 작가주의 계열로 주목을 받은 작품은 찾기 어려웠다. 한편, 중남미, 중동 지역에서도 <설국열차>의 수출로 인해 전체수출액이 비약적으로 상승했다.

<표 II-1-12> 2012~2013년 한국영화 권역별 수출실적

권 역	2012년		2013년		전년 대비 증감(%)
	수출액(USD)	비중(%)	수출액(USD)	비중(%)	
아시아	14,439,757	71.6	17,161,096	46.3	18.8
유럽	2,455,745	12.2	6,931,734	18.7	182.3
북미	2,872,752	14.2	3,193,230	8.6	11.2
중남미	233,500	1.1	1,864,863	5.0	698.7
오세아니아	134,196	0.7	144,822	0.4	7.9
중동	39,000	0.2	200,700	0.6	414.6
기타	-	-	7,575,000	20.4	100.0
합 계	20,174,950	100.0	37,071,445	100.0	83.7

② 한국영화 서비스 수출

2013년 한국영화 서비스 분야 수출 실적을 종합하면 VFX업체의 활발한 중국 시장 진출이 돋보였던 한 해라고 할 수 있다. 이에 힘입어 서비스 분야 총 수출 실적은 2010년 첫

조사 이래 최대 증가폭(전년 대비 27%)을 기록하였다. 올해 한국영화 서비스 수출 부문의 실적 조사는 총 5개 분야 (VFX · DI/ 3D · 3D컨버팅/ 사운드믹싱/기타/ 외국영상물 국내 로케이션), 2013년도에 해외 수주 실적이 있는 14개 업체를 대상으로 조사하였다. 그리고 외국영상물의 국내 로케이션 시 국내에서 집행한 제작비를 알아보기 위해 서울영상위원회와 부산영상위원회도 조사에 포함했다. 수주 실적이 예상되나 금액을 밝히지 않은 업체는 자료의 정확성을 높이기 위해 본 분석에서 제외하였음을 밝힌다.

〈표 II-1-13〉 2010~2013년 한국영화 영화 제작 지원 분야별 수주 현황

서비스 분야	2010년		2011년		2012년		2013년	
	수주금액 (USD)	비중 (%)	수주금액 (USD)	비중 (%)	수주금액 (USD)	비중 (%)	수주금액 (USD)	비중 (%)
VFX · DI	4,400,750	15.4	10,125,071	53.2	6,763,300	38.3	18,845,429	84.1
3D · 3D컨버팅	21,750,000	75.9	664,300	3.5	5,460,000	30.9	-	-
사운드믹싱	87,000	0.3	145,891	0.8	51,700	0.3	89,000	0.4
기타(특효,무술 등)	2,399,756	8.4	886,583	4.6	225,570	1.3	16,500	0.1
외국영상물 국내 로케이션	-	-	7,219,318	37.9	5,149,284	29.2	3,437,483	15.4
합 계	28,637,506	100.0	19,041,163	100.0	17,649,854	100.0	22,388,412	100.0

주 : 외국영상물이 한국에서 로케이션 촬영을 할 경우, 국내에서 집행한 금액임

2013년 한국영화 서비스 분야별 수주 데이터를 집계한 결과 수주금액은 총 22,388,412달러이며, 전체 37건의 계약이 이루어졌다. 계약 건수는 2012년에 비해 감소했으나(54건 → 37건), 금액으로만 본다면 27% 증가해 조사 이후 역대 최고의 증가폭을 보였다. 대규모 계약 건수가 많았다는 뜻이다. 분야별로 살펴보면 VFX · DI부문 수주금액이 84.1%를 차지해 전체 수치 상승에 기여했다. 중국에서 시대극을 비롯한 대규모 영화 제작이 활성화되어 가격 대비 질이 좋은 한국 기술서비스에 대한 수요가 증가하고 있기 때문이다. 3D · 3D컨버팅분야는 2010년 당시 3D 시장의 활성화로 서비스 분야 수출 실적의 75% 이상을 차지하였으나 2013년에는 수출 실적이 집계되지 못했다. 수출실적의 대부분을 차지하고 있던 소수 업체들이 내부사정으로 영세화되어 수출이 불가능하게 된 점, 가격경쟁력에서 동남아 업체들에 밀리게 된 점 등 다양한 변수들이 작용한 것으로 보인다. 특수효과, 특수분장, 무술 · 스턴트, 사운드믹싱 부문의 수주금액은 예년과 비슷하거나 감소하는 추세다. 국내 영화, 드라마 등의 수요가 증가하면서 업체들이 국내에 집중했기 때

문으로 분석된다.

〈그림 II-1-10〉 한국영화 영화 제작 지원 분야별 수주 현황

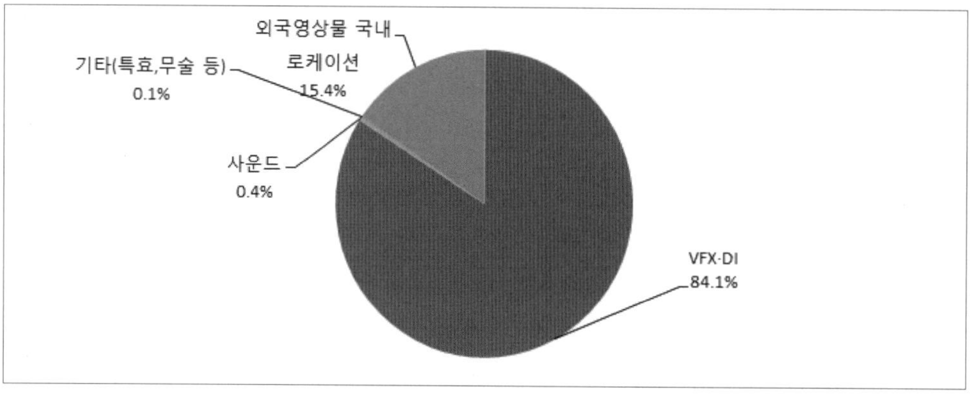

서비스 분야 수출은 VFX, 3D, 사운드믹싱, 특수효과 등 한국영화 후반업체 및 제작스태프의 해외작품 수주와 외국영상물 로케이션 집행 유치 금액의 두 부분으로 크게 나뉜다. 한국영화 후반업체 및 제작스태프 수주 현황을 살펴보면 전체 수주 금액이 18,950,929달러로 2012년 대비 51.6% 증가했다. 이 같은 증가세는 중국 시장 수출이 100% 이상, 홍콩 시장 수출이 200% 이상 증가하는 등 올해 중국 대작 2편의 수주가 성사되면서 가능했던 것으로 보인다. 중국 시장의 경우 스크린의 폭발적인 증가로 콘텐츠에 대한 수요도 꾸준하여 이 같은 추세는 계속될 것으로 예상된다. 지역별로 보면 중국시장의 증가세에 힘입어 전체적으로 아시아 시장의 비중이 높아졌다. 미국은 다소 감소하였는데 이는 캐나다 등 인접 국가 대비 경쟁력에서 밀리면서 대작 수주가 어려워졌기 때문으로 보인다. 이 밖에 러시아, 카자흐스탄 등이 시장에 등장하였다.

외국영상물 국내로케이션 유치에 따른 국내집행금액은 2011년부터 집계되었는데 2013년은 3,437,483달러로 2012년에 비해 약 15.8% 감소하였다. 집계에 있어 국내의 영상위원회로부터 직접 지원을 받지 않으면 외국 영상물 제작자가 국내에서 집행한 금액을 정확히 알기는 어렵다. 올해 집계액의 경우 위원회로부터 직접지원을 받지 않은 작품이 다수 포함되어 있어(실제로 한국 로케이션 촬영을 했다고 집계된 편수는 작년 19편 → 27편으로 증가) 총 집행금액의 감소보다는 지역별 집행금액의 비중을 살피는 것이 보다 통계적으로 의미가 있을 것으로 여겨진다.

〈표 II-1-14〉 2011~2013년 한국영화 영화 제작 지원 업체 및 제작스태프 국가별 수주 현황

권 역	국가	2011년		2012년		2013년		전년 대비 증감(%)
		수주금액 (USD)	비중(%)	수주금액 (USD)	비중(%)	수주금액 (USD)	비중(%)	
아시아	중국	4,241,572	35.9	3,642,180	29.2	7,519,493	39.7	106.5
	홍콩	4,850,938	41.0	2,190,000	17.5	6,849,346	36.1	212.8
	일본	2,016,938	17.1	28,575	0.2	1,004,100	5.3	3,413.9
	대만	-	-	123,490	1.0	-	-	-100.0
	말레이시아	6,097	0.1	-	-	-	-	-
	카자스흐탄	-	-	-	-	27,000	0.1	100.0
	소계	11,115,545	94.1	5,984,245	47.9	15,399,939	81.2	157.3
북미	미국	706,300	5.9	5,075,325	40.6	1,224,990	6.5	-75.9
유럽	러시아	-	-	-	-	2,326,000	12.3	100.0
오세아니아	호주	-	-	1,441,000	11.5	-	-	-100.0
합 계		11,821,845	100.0	12,500,570	100.0	18,950,929	100.0	51.6

지역별 비중을 보면 일본이 2011년에 이어 다시 1위를 차지했다. 2012년에 중국이 1위를 차지한 것은 대작 1편의 로케이션 촬영에 기인한 것으로 일본 작품의 집행금액 비중이 예년 수준을 회복했다고 할 수 있다. 특기할 만한 점은 유럽 작품이 전체 비중의 7.6%를 차지했다는 것이다. 이는 K-POP이 유행하면서 극영화 외에 한국문화와 관련된 다양한 TV프로그램 촬영이 활발해졌기 때문이다. 태국도 비중이 늘었으나 이 역시 대작 드라마 1편(〈풀하우스〉)의 한국 로케이션 촬영으로 인한 일시적인 수치 증가로 보인다.

2013년 한국영화 서비스 분야의 실적 조사를 종합해 보면 전체적으로 2012년보다 27% 증가하였다. 이는 VFX 업체들의 활발한 중국 시장 진출 때문으로 보인다. 분야별로 봤을 때는 VFX부문 중국(홍콩 포함) 시장 진출이 전년 대비 300% 이상 증가한 것이 눈에 띈다. 로케이션 수출도 예년보다 지역 · 장르면에서 다양해지고 있어 대작 몇 편에 의존했던 예년보다 안정화된 추세를 보이고 있다.

〈표 II-1-15〉 2011~2013년 외국 영상물 국가별 한국 로케이션 유치 현황

권 역	지 역	2011년		2012년		2013년		전년 대비 증감(%)
		집행금액(USD)	비중(%)	집행금액(USD)	비중(%)	집행금액(USD)	비중(%)	
아시아	일본	5,930,244	82.1	919,038	17.8	2,412,497	70.3	162.5
	태국	-	-	-	-	439,074	12.8	100.0
	중국	1,053,501	14.6	2,312,865	44.9	181,173	5.2	-92.2
	싱가포르	-	-	110,775	2.2	79,124	2.3	-28.6
	말레이시아	185,472	2.6	54,998	1.1	64,860	1.8	17.9
	필리핀	50,101	0.7	92,979	1.8	-	-	-100.0
	인도네시아	-	-	454,473	8.8	-	-	-100.0
	소계	7,219,318	100.0	3,945,128	76.6	3,176,728	92.4	-9.0
유럽	프랑스	-	-	23,473	0.5	138,822	4.0	491.4
	기타	-	-	115,015	2.2	121,933	3.6	6.0
북미	미국	-	-	1,065,668	20.7	-	-	-100.0
합 계		7,219,318	100.0	5,149,284	100.0	3,437,483	100.0	-15.8

2. 종사자 현황

1) 종사자 전체 현황

응답 업체 자료를 활용하여 전체 조사모집단에 대하여 추정한 2013년 영화산업 총 종사자 수는 30,238명으로 나타났다. 업종별로 살펴보면, 극장 상영업의 종사자가 20,001명으로 전체 종사자 수의 66.2%를 차지하며 가장 높게 나타났고, 그 다음으로 영화제작업의 종사자가 3,250명으로 전체 종사자의 10.7%를 차지하였다.

영화 제작, 지원 및 유통업 시장의 종사자 수는 2012년(투자조합을 제외한 28,097명) 대비 1,407명이 증가한 29,504명으로 영화산업 총 종사자의 97.6%로 나타났고, 디지털 온라인 유통업 시장의 종사자 수는 2012년(2,678명) 대비 1,944명이 감소한 734명으로 전체 영화산업 종사자의 2.4%를 차지하는 것으로 나타났다(<표 II-2-1>, <표 II-2-2> 참조).

〈표 II-2-1〉 한국 영화산업 종사자 규모

구분	종사자 수(명)	비중(%)
영화 제작, 지원 및 유통업	29,504	97.6
디지털 온라인 유통업	734	2.4
합계	30,238	100.0

〈표 II-2-2〉 2009년/2010년/2011년/2012년/2013년 종사자 규모 비교

대분류	중분류	2009년(명)	2010년(명)	2011년(명)	2012년(명)	2013년(명)	전년도 대비 증감(명)	비중(%)(시장별)	비중(%)(전체대비)
영화 제작, 지원 및 유통업	영화 기획 및 제작	2,221	2,810	3,013	3,420	**3,250**	-170	11.0	10.7
	영화 수입	696	799	867	845	819	-26	2.8	2.7
	영화 제작 지원	1,717	1,822	1,704	1,959	2,951	992	10.0	9.8
	영화 배급	1,310	1,543	1,530	1,321	1,360	39	4.6	4.5
	극장 상영	15,128	18,158	17,723	19,597	**20,001**	404	67.8	66.2
	영화 홍보 및 마케팅	817	852	1,008	955	1,123	168	3.8	3.7
	소계	21,889	25,984	25,845	28,097	29,504	1,407	100.0	97.6

대분류	중분류	2009년 (명)	2010년 (명)	2011년 (명)	2012년 (명)	2013년 (명)	전년도 대비 증감(명)	비중(%) (시장별)	비중(%) (전체대비)
디지털 온라인 유통업	DVD/블루레이 제작 및 유통업	5,566	3,838	3,013	2,034	86	-1,948	11.7	0.3
	온라인 상영	460	544	635	644	648	4	88.3	2.1
	소계	6,026	4,382	3,648	2,678	734	-1,944	100.0	2.4
합계		27,915	30,366	29,493	30,775	30,238	-537		100.0

2) 종사자 규모별 사업(기업)체 현황

영화산업 종사자 규모별 사업(기업)체 현황을 살펴보면, 종사자 수 5~9인 규모의 업체가 446개(31.3%), 1~4인 규모의 업체가 444개(31.1%)를 차지하고 있는 것으로 나타나, 영화산업 시장에서 10인 이내 영세사업자 비율이 높은 것으로 나타났다.

세부 시장별로는 영화 제작, 지원 및 유통업 시장에서는 1~4인 규모 업체가 443개(31.8%), 5~9인 규모의 업체가 439개(31.6%)로 높은 비중을 차지하고 있는 것으로 나타났다. 반면, 디지털 온라인 유통업 시장에서는 종사자 수 10~49인 규모의 업체가 28개(75.7%)로 대다수를 차지하였다(〈표 II-2-3〉 참조).

〈표 II-2-3〉 종사자 규모별 사업(기업)체 수

	전체		구분			
			영화 제작, 지원 및 유통업		디지털 온라인 유통업	
	빈도(개)	비중(%)	빈도(개)	비중(%)	빈도(개)	비중(%)
1~4인	444	31.1	**443**	**31.8**	1	2.7
5~9인	**446**	**31.3**	439	31.6	7	18.9
10~49인	341	23.9	313	22.5	**28**	**75.7**
50~99인	127	8.9	126	9.1	1	2.7
100인 이상	69	4.8	69	5.0	-	-
합계	1,427	100.0	1,390	100.0	37	100.0

3) 지역별 종사자 현황

영화산업 종사자 수를 지역별로 살펴보면, 서울 지역의 종사자 수가 13,558명으로 전체 종사자 수인 30,238명의 44.8%에 이른다. 다음으로는 경기도 6,219명(20.6%), 부산 1,924명(6.4%) 순으로 파악되었다.

전체적으로 볼 때, 영화산업 관련 종사자들이 서울 및 경기 등의 대도시에 집중된 현상을 보이고 있다. 특히 홍보마케팅, DVD/블루레이 제작 및 유통은 서울과 경기 집중률이 100.0%로 나타났다. 극장 상영 업종을 제외한 영화산업 전체의 업종에서 업종별 종사자의 서울 집중률이 각 분야에서 최소 절반 수준을 상회하는 것으로 나타났다(〈표 II-2-4〉 참조).

〈표 II-2-4〉 지역별 종사자 수

(단위 : 명)

	영화 제작, 지원 및 유통업						디지털 온라인 유통업		합계	비중 (%)
	영화 기획 및 제작	영화 수입	영화 제작 지원	영화 배급	극장 상영	영화 홍보 및 마케팅	DVD/ 블루레이 제작 및 유통	온라인 상영		
서울	2,524	772	1,558	1,297	5,710	1,105	67	525	**13,558**	**44.8**
부산	97	3	68	13	1,719	-	-	24	**1,924**	**6.4**
대구	-	-	-	10	1,218	-	-	-	1,228	4.1
인천	26	-	7	-	948	-	-	-	981	3.2
광주	10	-	61	18	858	-	-	-	947	3.1
대전	6	-	8	7	665	-	-	-	686	2.3
울산	-	-	-	-	405	-	-	-	405	1.3
경기도	529	41	1,079	15	4,419	18	19	99	**6,219**	**20.6**
강원도	9	-	152	-	450	-	-	-	611	2.0
충청북도	13	-	-	-	307	-	-	-	320	1.1
충청남도	-	3	7	-	562	-	-	-	572	1.9
전라북도	10	-	8	-	515	-	-	-	533	1.8
전라남도	-	-	-	-	317	-	-	-	317	1.0
경상북도	10	-	-	-	809	-	-	-	819	2.7
경상남도	-	-	2	-	918	-	-	-	920	3.0
제주도	16	-	1	-	181	-	-	-	198	0.7
합계	3,250	819	2,951	1,360	20,001	1,123	86	648	30,238	100.0

4) 매출 규모별 종사자 현황

업체의 매출 규모별로 종사자 현황을 분석해 보면, 매출 규모가 10~100억 원 미만의 업체에서 일하는 종사자 수가 12,922명(42.7%)으로 가장 많은 것으로 나타났다. 그 다음으로는 100억 원 이상 규모 업체의 종사자가 11,666명(38.6%)로 나타났으며, 1~10억 원 미만 규모 업체의 종사자 수는 3,616명(12.0%), 1억 원 미만 업체의 종사자 수는 2,034명(6.7%) 인 것으로 나타났다.

영화 제작, 지원 및 유통업, 디지털 온라인 유통업별로 구분하여 살펴보면, 영화 제작, 지원 및 유통업 내 영화 기획 및 제작업을 제외한 모든 분야에서 업종 별 종사자의 과반수가 매출 규모가 10억 원 이상인 업체에 종사하고 있는 것으로 나타났다. 디지털 온라인 유통업도 영화 제작, 지원 및 유통업과 비슷한 비중을 보이고 있다 (〈표 II-2-5〉, 〈그림 II-2-1〉 참조).

〈표 II-2-5〉 매출 규모별 종사자 수

(단위 : 명)

	영화 제작, 지원 및 유통업						디지털 온라인 유통업		합계	비중 (%)
	영화 기획 및 제작	영화 수입	영화 제작 지원	영화 배급	극장 상영	영화 홍보 및 마케팅	DVD/블루레이 제작 및 유통업	온라인 상영		
1억 원 미만	1,178	11	260	433	135	2	1	14	2,034	6.7
1~10억 원 미만	1,141	236	1,009	155	344	450	2	279	3,616	12.0
10~100억 원 미만	532	289	1,253	122	9,941	651	83	51	**12,922**	**42.7**
100억 원 이상	399	283	429	650	9,581	20	-	304	11,666	38.6
합계	3,250	819	2,951	1,360	20,001	1,123	86	648	30,238	100.0

〈그림 II-2-1〉 매출 규모별 종사자 비중

(단위 : %)

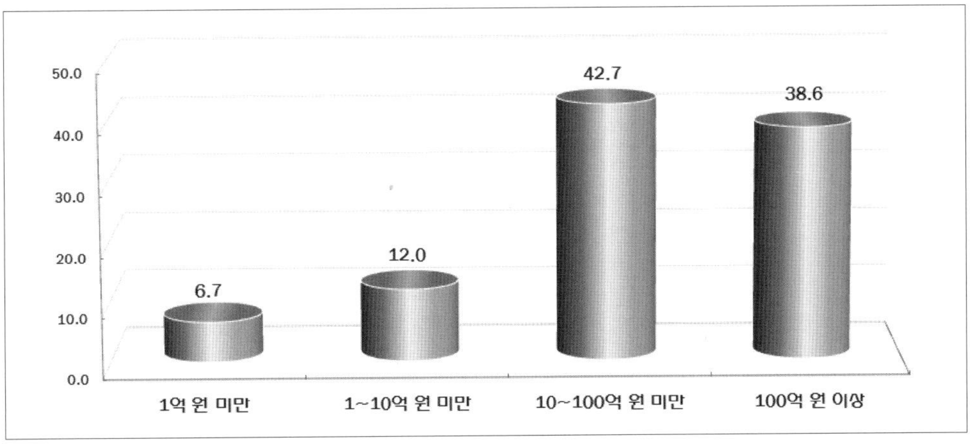

5) 종사자 규모별 종사자 현황

종사자 규모별로 현황을 살펴보면, 종사자 수가 100인 이상 규모의 업체 종사자 수가 전체 종사자 수의 33.2%인 10,024명으로 가장 높은 비중을 차지하는 것으로 나타났다. 그 다음으로는 50~99인 규모의 업체가 8,842명으로 29.2%를 차지했다.

영화 제작, 지원 및 유통업 시장 내 영화 기획 및 제작, 영화 수입, 극장상영 분야를 제외하고는 모두 10~49인의 업체에 종사하는 종사자가 가장 많았다. 특히 영화 제작, 지원 및 유통업의 영화 홍보 및 마케팅 분야와 디지털 온라인 유통업의 DVD/블루레이 제작 및 유통업 분야의 경우는 모든 업체가 50인 미만으로 조사가 되었다. 또한 디지털 온라인 유통업 시장의 경우, 100인 이상의 대규모 업체에 종사하는 종사자는 없는 것으로 나타났다(〈표 II-2-6〉, 〈그림 II 2-2〉 참조).

〈표 II-2-6〉 종사자 규모별 종사자 수

(단위 : 명)

	영화 제작, 지원 및 유통업						디지털 온라인 유통업		합계	비중 (%)
	영화 기획 및 제작	영화 수입	영화 제작 지원	영화 배급	극장 상영	영화 홍보 및 마케팅	DVD/블루레이 제작 및 유통업	온라인 상영		
1~4인	251	259	465	36	39	35	3	8	1,096	3.6
5~9인	1,515	217	444	150	304	396	13	36	3,075	10.2
10~49인	1,221	86	898	624	3,070	692	70	540	7,201	23.8
50~99인	263	-	400	93	8,022	-	-	64	8,842	29.2
100인 이상	-	257	744	457	8,566	-	-	-	10,024	**33.2**
합계	3,250	819	2,951	1,360	20,001	1,123	86	648	30,238	100.0

〈그림 II-2-2〉 종사자 규모별 종사자 비중

(단위 : %)

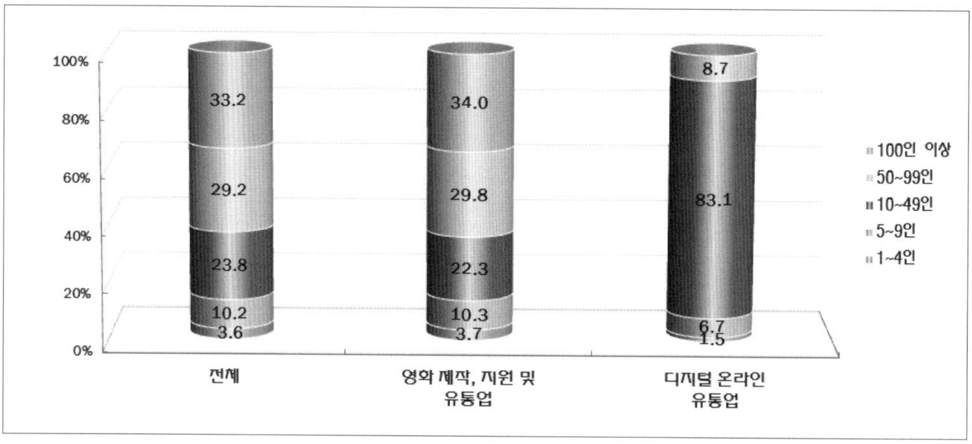

6) 고용 형태별 종사자 현황

영화산업의 고용 형태별 종사자 현황은 비정규직이 정규직보다 많은 것으로 나타났다. 전체 영화산업 종사자 중 정규직은 총 13,269명으로 전체 종사자의 43.9%를 차지하고 있으며, 비정규직은 16,969명으로 전체의 56.1%를 차지하고 있는 것으로 조사되었다.

세부 업종별로는 영화 제작, 지원 및 유통업 내 정규직이 가장 높은 비율을 차지한 업종은 영화 수입으로 99.6%를 차지하였고, 비정규직이 가장 많은 업종은 극장상영으로 전체 종사자의 77.7%가 비정규직으로 나타났다. 디지털 온라인 유통업을 보면 DVD/블루레이 제작 및 유통에 일하는 종사자는 모두 정규직 종사자인 것으로 조사되었다(〈표 Ⅱ-2-7〉, 〈그림 Ⅱ-2-3〉 참조).

〈표 Ⅱ-2-7〉 2013년도 고용 형태별 종사자 수

(단위 : 명)

	영화 제작, 지원 및 유통업						디지털 온라인 유통업		합계	비중(%)
	영화 기획 및 제작	영화 수입	영화 제작 지원	영화 배급	극장 상영	영화 홍보 및 마케팅	DVD/블루레이 제작 및 유통업	온라인 상영		
정규직	2,517	816	2,585	1,124	4,466	1,057	86	618	13,269	43.9
비정규직	733	3	366	236	15,535	66	-	30	16,969	56.1
합계	3,250	819	2,951	1,360	20,001	1,123	86	648	30,238	100.0

〈그림 Ⅱ-2-3〉 고용 형태별 종사자 비중

(단위 : %)

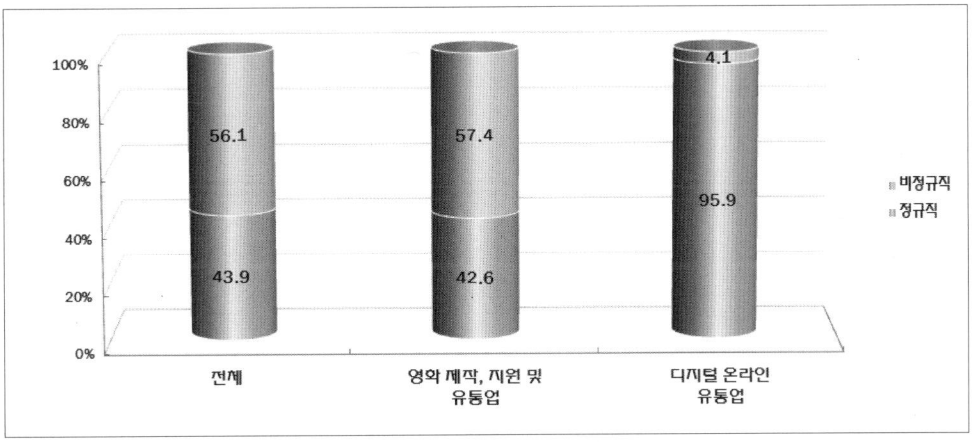

7) 성별 종사자 현황

영화산업 종사자를 성별로 구분하여 살펴보면, 남성 인력이 15,435명으로 전체 종사자의 51.0%를 차지하고 있으며, 여성 인력은 14,803명으로 전체 종사자의 49.0%를 차지하고 있다. 영화 수입과 극장 상영, 영화 홍보 및 마케팅을 제외하고 영화 제작, 지원 및 유통업과 디지털 온라인 유통업 모두 여성 종사자보다 남성종사자가 많은 것으로 나타났다. 영화 홍보 및 마케팅 업종에서 여성종사자는 전체 종사자의 69.1%의 비중을 차지하고 있는 것으로 나타났다.

디지털 온라인 유통업에서는 DVD/블루레이 제작 및 유통업과 온라인 상영 모두 남성 종사자 비중이 73~74%대로 상당히 높게 나타났다(〈표 II-2-8〉, 〈그림 II-2-4〉 참조).

〈표 II-2-8〉 성별 종사자 수

(단위 : 명)

	영화 제작, 지원 및 유통업						디지털 온라인 유통업		합계	비중 (%)
	영화 기획 및 제작	영화 수입	영화 제작 지원	영화 배급	극장 상영	영화 홍보 및 마케팅	DVD/ 블루레이 제작 및 유통업	온라인 상영		
남성	2,013	360	2,176	809	9,188	347	63	479	15,435	51.0
여성	1,237	459	775	551	10,813	776	23	169	14,803	49.0
합계	3,250	819	2,951	1,360	20,001	1,123	86	648	30,238	100.0

〈그림 II-2-4〉 성별 종사자 비중

(단위 : %)

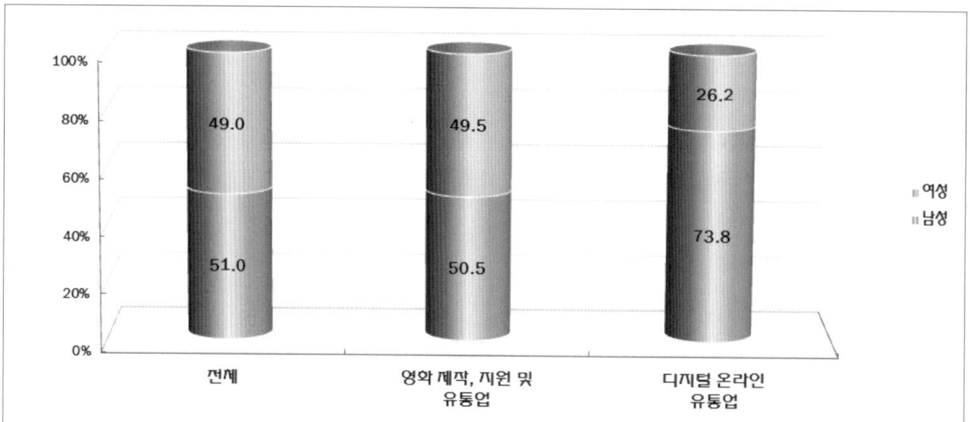

8) 성별/고용 형태별 종사자 현황

영화산업 종사자의 성별/고용 형태별 종사자 현황을 살펴보면, 여성 비정규직의 비율이 전체 종사자의 31.7%로 가장 높은 비율을 차지하였다. 그 다음으로는 남성 정규직의 비율이 26.7%, 남성 비정규직의 비율이 24.4% 순서로 나타났으며, 여성 정규직 인력은 전체 종사자 수의 17.2%로 가장 낮은 비율을 차지하였다.

세부 업종별로는 영화 기획 및 제작, 영화 제작 지원, 영화 배급 업종에서 남성 정규직 인력의 비율이 가장 높은 것으로 나타났으며, 영화 수입과 영화 홍보 및 마케팅 업종에서는 여성 정규직 비중이, 극장 상영 업종에서는 여성 비정규직 비중이 높게 나타났다. 디지털 온라인유통업의 경우에는 DVD/블루레이 제작 및 유통업과 온라인 상영 모두 남성 정규직 비중이 높게 나타났다(〈표 II-2-9〉, 〈그림 II-2-5〉 참조).

〈표 II-2-9〉 성별/고용 형태별 종사자 수

(단위 : 명)

		영화 제작, 지원 및 유통업						디지털 온라인 유통업		합계	비중 (%)
		영화 기획 및 제작	영화 수입	영화 제작 지원	영화 배급	극장 상영	영화 홍보 및 마케팅	DVD/ 블루레이 제작 및 유통업	온라인 상영		
남성	정규직	1,647	358	1,943	704	2,549	346	63	457	8,067	26.7
	비정규직	366	2	233	105	6,639	1	-	22	7,368	24.4
여성	정규직	870	458	642	420	1,917	711	23	161	5,202	17.2
	비정규직	367	1	133	131	8,896	65	-	8	**9,601**	**31.7**
합계		3,250	819	2,951	1,360	20,001	1,123	86	648	30,238	100.0

〈그림 II-2-5〉 성별/고용 형태별 종사자 비중

(단위 : %)

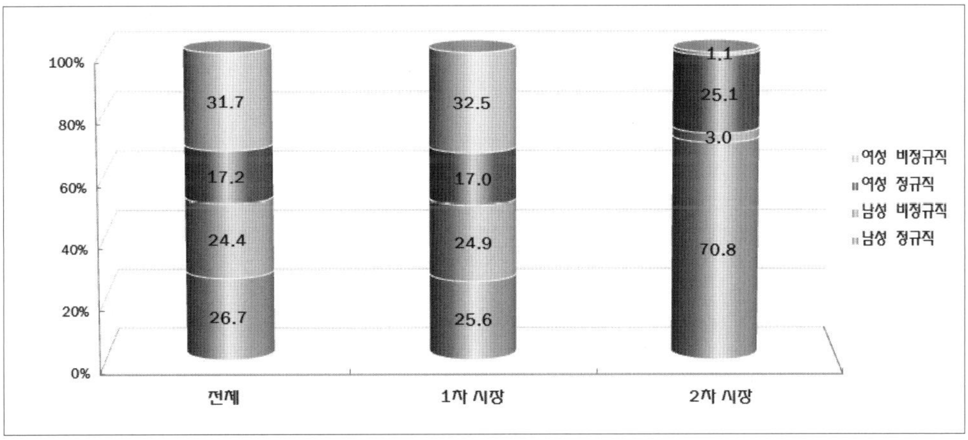

9) 업체당 성별/고용 형태별 종사자 현황

업체당 성별/고용 형태별 종사자 수의 평균을 구해 보면, 여성 비정규직이 업체당 평균 6.7명으로 가장 많은 것으로 나타났으며, 그 다음으로는 남성 정규직(평균 5.7명), 남성 비정규직(평균 5.2명), 여성 정규직(평균 3.6명) 순으로 나타났다.

세부 업종별로 살펴보면, 극장 상영업의 여성 비정규직 평균 종사자 수가 26.7명으로 가장 많은 것으로 나타났다. 디지털 온라인 유통업 시장 내에서는 DVD/블루레이 제작 및 유통업 분야에서 정규직 남성 인력이 평균 15.8명, 온라인 상영에서 정규직 남성 인력이 평균 13.8명으로 나타났다(〈표 II-2-10〉, 〈그림 II-2-6〉 참조).

〈표 II-2-10〉 업체당 성별/고용 형태별 평균 종사자 수

(단위 : 명)

		영화 제작, 지원 및 유통업						디지털 온라인 유통업		합계
		영화 기획 및 제작	영화 수입	영화 제작 지원	영화 배급	극장 상영	영화 홍보 및 마케팅	DVD/블루레이 제작 및 유통업	온라인 상영	
남성	정규직	3.8	2.7	5.7	9.9	7.7	3.9	15.8	13.8	5.7
	비정규직	0.9	-	0.7	1.5	19.9	-	-	0.7	5.2
여성	정규직	2.0	3.5	1.9	5.9	5.8	8.1	5.8	4.9	3.6
	비정규직	0.9	-	0.4	1.8	26.7	0.7	-	0.2	6.7
합계		7.6	6.2	8.7	19.1	60.1	12.7	21.6	19.6	21.2

〈그림 II-2-6〉 업체당 성별/고용 형태별 평균 종사자 비중

(단위 : 명)

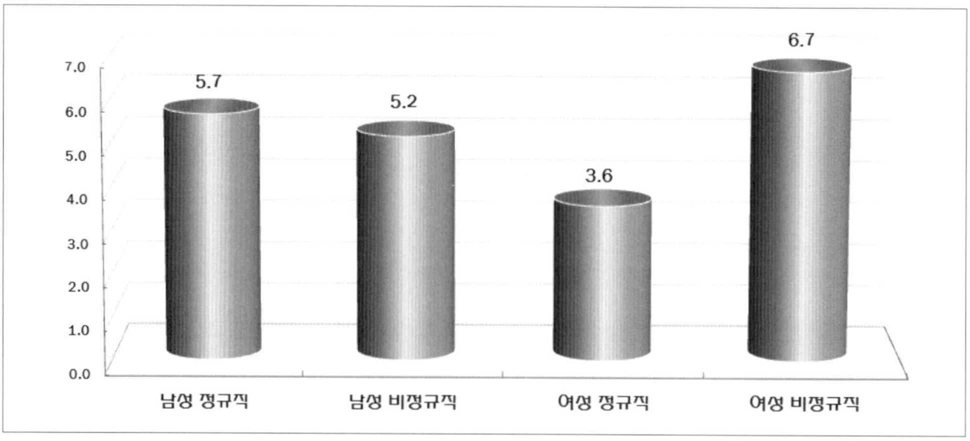

10) 임원 및 직원 수 구성 현황

영화산업 내 임원 및 직원의 구성 현황을 살펴보면, 임원이 2,404명으로 전체 영화산업 내 종사자의 8.0%를 차지하였고, 직원이 전체 임직원의 92.0%인 27,834명으로 나타났다.

세부 업종별로는 영화 제작, 지원 및 유통업 시장 내 극장 상영업에서 임원의 비율이 전체 극장 상영업 종사자의 2.0%인 396명으로 나타나, 소수의 임원진과 다수의 직원으로 이루어진 구성 현황을 보여주고 있다. 영화 수입 업종의 경우 임원 비율이 32.5%(266명)으로 다른 업종에 비해 상대적으로 높게 나타났다(<표 II-2-11>, <그림 II-2-7> 참조).

〈표 II-2-11〉 임원 및 직원 수 구성 현황

(단위 : 명)

	영화 제작, 지원 및 유통업						디지털 온라인 유통업		합계	비중 (%)
	영화 기획 및 제작	영화 수입	영화 제작 지원	영화 배급	극장 상영	영화 홍보 및 마케팅	DVD/블루레이 제작 및 유통업	온라인 상영		
임원	740	266	515	248	396	149	22	68	2,404	8.0
직원	2,510	553	2,436	1,112	19,605	974	64	580	**27,834**	**92.0**
합계	3,250	819	2,951	1,360	20,001	1,123	86	648	30,238	100.0

〈그림 II-2-7〉 임원 및 직원 수 구성 비중

(단위 : %)

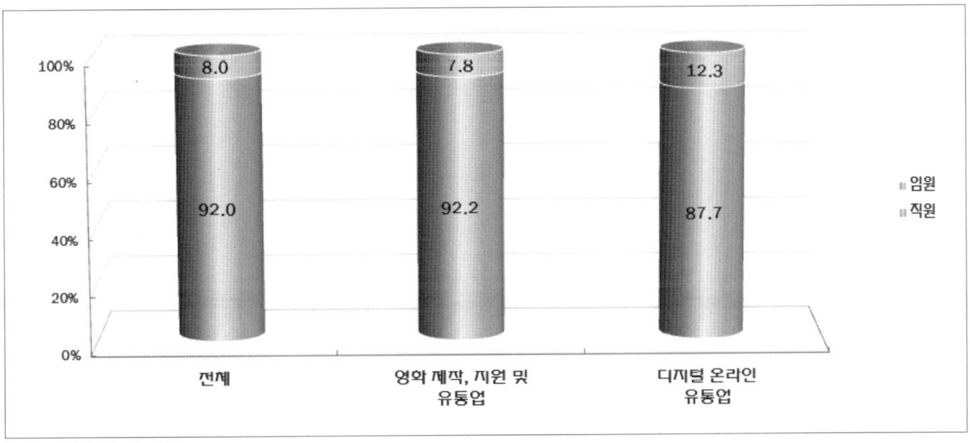

11) 학력별 종사자 현황

영화산업 종사자의 학력별 종사자 현황을 살펴보면, 대졸이 13,316명으로 전체 종사자의 44.0%를 차지하여 가장 많았으며, 고졸 이하 12,645명(41.8%), 전문대졸 3,398명(11.3%) 순이었으며, 대학원졸 이상은 879명(2.9%)로 가장 낮게 나타났다.

극장상영 업종의 고졸 이하 비율이 60.1%(12,022명)으로 상당히 많았으며, 이는 다른 업종에 비해 비정규직에 속하는 아르바이트를 많이 고용한 결과로 분석된다(〈표 II-2-12〉 참조).

〈표 II-2-12〉 학력별 종사자 현황

(단위 : 명)

	영화 제작, 지원 및 유통업						디지털 온라인 유통업		합계
	영화 기획 및 제작	영화 수입	영화 제작 지원	영화 배급	극장 상영	영화 홍보 및 마케팅	DVD/블루레이 제작 및 유통업	온라인 상영	
고졸 이하	291	4	274	37	12,022	-	6	11	12,645
전문대졸	321	8	321	253	2,315	64	15	101	3,398
대졸	2,274	801	2,229	1,003	5,461	1,023	47	478	**13,316**
대학원졸 이상	364	6	127	67	203	36	18	58	879
합계	3,250	819	2,951	1,360	20,001	1,123	86	648	30,238

12) 연령별 종사자 현황

영화산업 종사자의 연령대별 종사자 현황을 살펴보면, 29세 이하가 18,698명으로 전체 종사자의 61.9%를 차지하여 가장 많았으며, 30-34세 4,541명(15.0%), 40대 이상 3,760명(12.4%), 35-39세 3,239명(10.7%) 순으로 나타났다. 이는 극장상영업의 29세 이하의 종사자 비율이 높은데 기인한 것으로 극장 상영을 제외한 영화 제작, 지원 및 유통업은 30대의 비율이 상대적으로 높은 반면, 디지털 온라인 유통업 중 DVD/블루레이 제작 및 유통업 및 온라인 상영업의 경우 40세 이상의 비율이 높았다(〈표 II-2-13〉참조).

〈표 Ⅱ-2-13〉 연령별 종사자 현황

(단위 : 명)

	영화 제작, 지원 및 유통업						디지털 온라인 유통업		합계
	영화 기획 및 제작	영화 수입	영화 제작 지원	영화 배급	극장 상영	영화 홍보 및 마케팅	DVD/블루레이 제작 및 유통업	온라인 상영	
29세 이하	755	67	746	196	16,277	500	8	149	**18,698**
30~34세	796	337	838	409	1,645	340	12	164	4,541
35~39세	814	151	750	317	913	154	7	133	3,239
40세 이상	885	264	617	438	1,166	129	59	202	3,760
합계	3,250	819	2,951	1,360	20,001	1,123	86	648	30,238

13) 업종별 종사자 현황

영화 기획 및 제작업/영화 수입업/영화 배급업의 세부 종사자 현황을 직무별로 살펴보면, 전체 종사자의 22.2%에 해당하는 제작(프로듀서) 파트의 인력 1,207명이 가장 높은 비율(22.2%)을 차지하고 있는 것으로 나타났다. 그 다음으로는 경영관리 파트 851명(15.7%), 배급 파트 697명(12.8%), 기획개발 파트 606명(11.2%) 등이 높은 비중을 차지하였다. 한편 가장 적은 인력이 투입된 직무는 특수효과 파트 4명(0.1%)으로 나타났다(〈표 Ⅱ-2-14〉 참조).

〈표 Ⅱ-2-14〉 영화 기획 및 제작업/영화 수입업/영화 배급업 세부 종사자 수 (직무별)

구분	종사자 수(명)	비중(%)
시나리오/작가	118	2.2
연기	50	0.9
투자	102	1.9
연출	376	6.9
음악	7	0.1
기획개발	**606**	**11.2**
제작(프로듀서)	**1,207**	**22.2**

구분	종사자 수(명)	비중(%)
현상	31	0.6
배급	**697**	**12.8**
촬영	44	0.8
편집	79	1.5
경영관리	**851**	**15.7**
조명	38	0.7
사운드	7	0.1
미술	12	0.2
CG	20	0.4
특수효과	4	0.1
홍보 및 마케팅	179	3.3
동시녹음	7	0.1
수입	563	10.4
기타분야	431	7.9
합계	5,429	100.0

응답한 업체의 영화 제작 지원업 종사자 수는 2,951명으로 나타났으며, CGI 인원이 전체 종사자 중 36.6%를 차지하는 것으로 나타났다.(〈표 II-2-15〉 참조)

〈표 II-2-15〉 영화 제작 지원업 세부 종사자 수 (직무별)

		인원	비중(%)
전체		2,951	100.0
직군	3D제작	496	16.8
	CGI	1,079	36.6
	DI	115	3.9
	녹음	163	5.5
	데이터매니저	13	0.4
	동시녹음	75	2.5

		인원	비중(%)
	무술스턴트	52	1.8
	미술소품	172	5.8
	분장헤어	11	0.4
	세트	117	4.0
	운송	21	0.7
	음악	38	1.3
	의상	16	0.5
	조명	74	2.5
	촬영	299	10.1
	특수분장	31	1.1
	특수촬영	49	1.7
	특수효과	62	2.1
	편집	68	2.3

극장 상영업 종사자 현황을 직무별로 세분화하면, 매표 및 수표 파트 종사자가 13,671명으로 전체 극장 상영업 종사자 중 68.4%를 차지하고 있는 것으로 나타났다. 다음으로는 영사 파트 인력이 1,949명으로 전체 극장 상영업 종사자 중 9.7%를 차지하고 있는 것으로 나타났으며, 시설운영 파트 인력 1,836명(9.2%), 경영관리 파트 인력 1,406명(7.0%), 홍보 및 마케팅 인력 428명(2.1%), 작품수급 300명(1.5%)의 순으로 세부 종사자가 분포되어 있는 것으로 나타났다(기타제외)(〈표 II-2-16〉 참조).

〈표 II-2-16〉 극장 상영업 세부 종사자 수 (직무별)

구분	종사자 수(명)	비중 (%)
경영관리	1,406	7.0
작품수급	300	1.5
홍보 및 마케팅	428	2.1
시설 운영	1,836	9.2
매표 및 수표	**13,671**	**68.4**
영사	1,949	9.7
기타	411	2.1
합계	20,001	100.0

주요 3개사(CJ CGV, 롯데시네마, 메가박스)와 그 외 극장 상영업체로 나누어서 극장 상영업 종사자 현황을 살펴보면, 주요 3개사에서 종사하는 인력 수가 13,685명으로 전체 극장 상영업 종사자의 68.4%를 차지하고 있는 것으로 나타났다. 그 외 극장 상영업체에서 종사하는 인력 수는 6,316명으로 전체 극장 상영업 종사자 중 31.6%를 차지했다(〈표 II-2-17〉 참조).

〈표 II-2-17〉 극장 상영업 세부 종사자 수 (주요 3개사 vs 그 외)

구분	종사자 수(명)	비중 (%)
주요 3개사	**13,685**	**68.4**
그 외	6,316	31.6
합계	20,001	100.0

주 : 극장 상영업의 경우, 주요 3개사(CGV, 롯데시네마, 메가박스)에는 각 사의 본사 직영극장만 포함시킴

주요 3개사와 그 외 극장 상영업체의 종사자 현황을 직무별로 살펴보면, 주요 3개사의 경우에는 매표 및 수표 부문의 종사자가 10,118명으로 극장 상영업 주요 3개사 종사자 전체의 73.9%에 이르러, 극장 상영업 주요 3개사의 종사자의 업무가 매표 및 수표 부문으로 집중된 것으로 나타났다. 주요 3개사 이외의 업체의 경우에도 매표 및 수표 부문에 종사하는 종사자가 3,553명(그 외 극장 상영업체 전체의 56.2%)으로 가장 높게 나타났다(〈표 II-2-18〉, 〈표 II-2-19〉, 〈그림 II-2-8〉 참조).

〈표 II-2-18〉 극장 상영업 세부 종사자 수 (주요 3개사 vs 그 외/직무별)

(단위 : 명)

구분	주요 3개사	그 외	합계
경영관리	750	656	1,406
작품수급	172	128	300
홍보 및 마케팅	276	152	428
시설 운영	1,124	712	1,836
매표 및 수표	**10,118**	**3,553**	**13,671**
영사	1,230	719	1,949
기타	15	396	411
합계	13,685	6,316	20,001

주 : 극장 상영업의 경우, 주요 3개사(CGV, 롯데시네마, 메가박스)에는 각 사의 본사 직영극장만 포함시킴

〈표 II-2-19〉 극장 상영업 세부 종사자 비중 (주요 3개사 vs 그 외/직무별)

(단위 : %)

구분	주요 3개사	그 외	합계
경영관리	5.5	10.4	7.0
작품수급	1.3	2.0	1.5
홍보 및 마케팅	2.0	2.4	2.1
시설 운영	8.2	11.3	9.2
매표 및 수표	73.9	56.2	68.4
영사	9.0	11.4	9.7
기타	0.1	6.3	2.1
합계	100.0	100.0	100.0

주 : 극장 상영업의 경우, 주요 3개사(CGV, 롯데시네마, 메가박스)에는 각 사의 본사 직영극장만 포함시킴

〈그림 II-2-8〉 극장 상영업 세부 종사자 비중 (주요 3개사 vs 그 외/직무별)

(단위 : %)

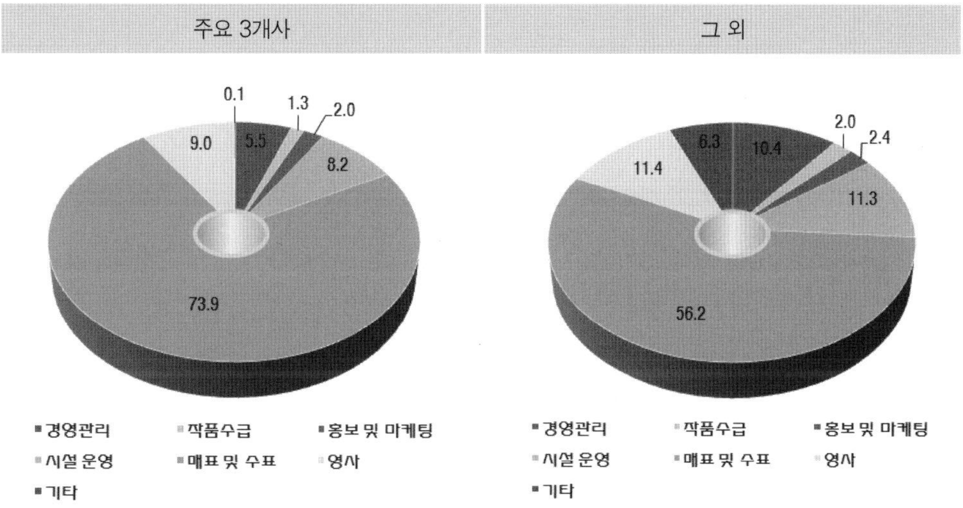

영화 홍보 및 마케팅업 종사자들을 직무별로 세분화하면, 홍보 및 마케팅 담당 부문이 784명(69.8%)으로 높은 비중을 차지하고 있었으며, 그 다음으로는 광고에이전시 담당 98명(8.7%), 인쇄물 제작(포스터 등) 95명(8.5%), 경영관리 73명(6.5%), 광고디자인 44명(3.9%), 동영상 제작(예고편 등) 29명(2.6%) 순으로 나타나고 있다(〈표 II-2-20〉 참조).

〈표 II-2-20〉 영화 홍보 및 마케팅업 세부 종사자 수 (직무별)

구분	종사자 수(명)	비중(%)
홍보 및 마케팅	**784**	**69.8**
인쇄물 제작(포스터 등)	95	8.5
광고 디자인	44	3.9
광고 에이전시 담당	98	8.7
동영상 제작(예고편 등)	29	2.6
경영관리	73	6.5
합계	1,123	100.0

3. 매출 규모 및 수익성 현황

본 절에서는 한국 영화산업의 매출 규모와 수익성을 살펴보고자 한다.

1) 매출 규모 전체 현황

(1) 한국 영화산업 매출 규모

2013년 한국 영화산업의 매출 규모는 약 4조 6,647억 원으로 추정되었다. 영화 제작, 지원 및 유통업 시장과 디지털 온라인 유통업 시장의 매출 비중을 살펴보면, 영화 제작, 지원 및 유통업 시장은 전체 매출의 93.0%(총 4조 3,389억 원)가 집중되어 있는 것으로 나타났다. 디지털 온라인 유통업 시장의 매출은 총 3,258억 원으로 전체 영화산업 매출 규모의 7.0%에 불과한 것으로 나타났다(〈표 II-3-1〉, 〈그림 II-3-1〉 참조).

〈표 II-3-1〉 한국 영화산업 매출 규모

구분	매출 규모(백만 원)	비중(%)
영화 제작, 지원 및 유통업	4,338,906	**93.0**
디지털 온라인 유통업	325,842	7.0
합계	**4,664,748**	100.0

〈그림 II-3-1〉 한국 영화산업 매출 비중

(단위 : %)

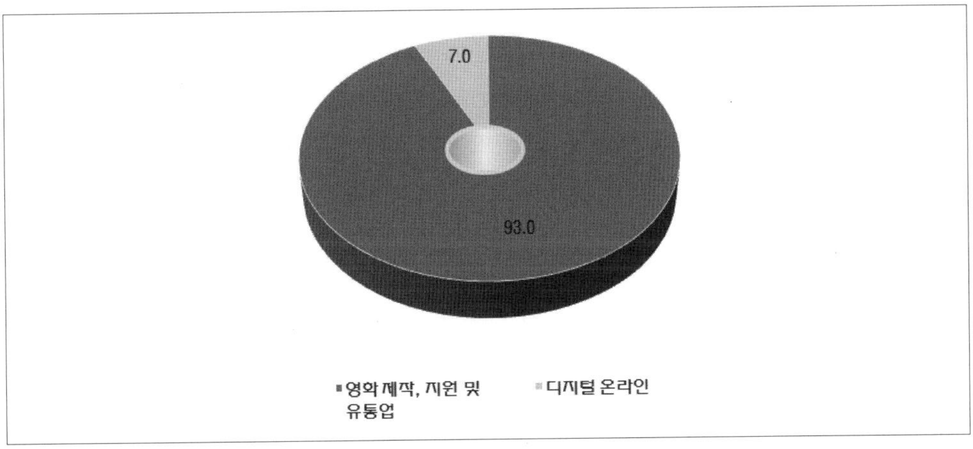

2013년 한국 영화산업의 업종별 매출 규모를 살펴보면, 극장 상영업종의 매출 규모가 전체 영화 제작, 지원 및 유통업 시장 내 매출의 50.2%의 높은 비중을 차지하고 있다. 특히, 극장 상영업의 매출 규모는 2조 1,782억 원으로, 이는 전체 영화산업 내에서도 가장 큰 비율인 46.7%의 매출 규모를 보이고 있으며, 그 다음으로는 영화 배급업이 8,039억 원(17.2%), 영화 기획 및 제작업 6,194억 원(13.3%) 등의 순으로 나타나고 있다.

한편, 디지털 온라인 유통업 시장은 영화 제작, 지원 및 유통업 시장 대비 매출 규모에서 큰 차이를 나타내고 있으며, 디지털 온라인 유통업 시장 내에서는 온라인 상영업의 매출액이 2,998억 원으로 디지털 온라인 유통업 시장 전체 매출 중 가장 높은 매출 비중을 기록한 것으로 나타났다(〈표 II-3-2〉, 〈그림 II-3-2〉 참조).

〈표 II-3-2〉 한국 영화산업 매출 규모 (업종별)

구분		매출 규모 (백만 원)	비중(%) (시장별)	비중(%) (전체 대비)
영화 제작, 지원 및 유통업	영화 기획 및 제작	619,372	14.3	13.3
	영화 수입	278,434	6.4	6.0
	영화 제작 지원	268,792	6.2	5.7
	영화 배급	803,916	18.5	17.2
	극장 상영	**2,178,244**	**50.2**	**46.7**
	영화 홍보 및 마케팅	190,148	4.4	4.1
	소계	4,338,906	100.0	93.0
디지털 온라인 유통업	DVD/블루레이 제작 및 유통	25,997	8.0	0.6
	온라인 상영	299,845	92.0	6.4
	소계	325,842	100.0	7.0
합계		4,664,748		100.0

〈그림 II-3-2〉 한국 영화산업 매출 비중 (업종별)

(단위 : %)

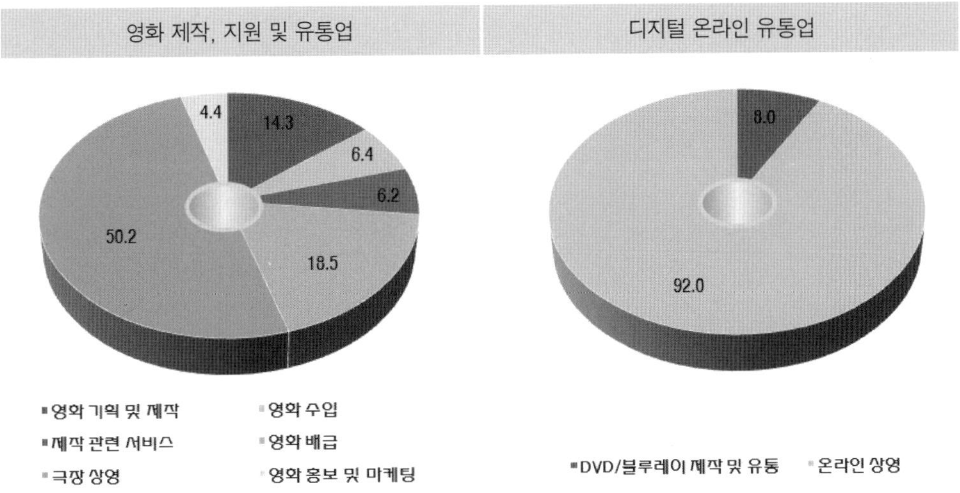

(2) 2009년/2010년/2011년/2012년/2013년 매출 규모 비교

전년도(2012년도) 대비 매출 규모를 살펴보면, 전체 매출액은 3,001억 원이 늘어나 전년대비 증감률 6.9%를 나타냈다. 영화 제작, 지원 및 유통업 시장에서는 전년도 대비 매출 규모의 증감률이 6.1%로 증가하였으며, 디지털 온라인 유통업 시장 매출 규모는 전년도 대비 19.1% 증가하였다.

업종별로 자세히 살펴보면, 영화 제작, 지원 및 유통업 시장의 경우 영화 제작 지원 업종에서 전년 매출 규모 대비 576억 원의 매출 상승이 나타나 27.3%의 가장 큰 매출 상승률을 나타냈고, 영화 수입업을 제외한 영화 제작, 지원 및 유통업의 다른 업종 역시 최소 3.6%(영화 기획 및 제작, 영화 홍보 및 마케팅)부터 27.3%(영화 제작 지원)에 이르는 견실한 성장세를 보이고 있다. 한편, 디지털 온라인 유통업의 경우 온라인 상영이 작년에 이어 40.5%라는 상승폭을 보이며 성장세를 유지하고 있는 것으로 분석되었다(〈표 II-3-3〉 참조).

〈표 II-3-3〉 2009년/2010년/2011년/2012년/2013년 업종별 매출 규모 비교

(단위 : 백만 원)

구분		2009년도 매출 규모	2010년도 매출 규모	2011년도 매출 규모	2012년도 매출 규모	2013년도 매출 규모	전년대비 증감액	전년대비 증감률(%)
영화 제작, 지원 및 유통업	영화 기획 및 제작	419,408	463,840	549,415	597,895	619,372	21,477	3.6
	영화 수입	299,233	366,179	410,198	380,230	278,434	-101,796	-26.8
	영화 제작 지원	103,342	152,979	184,578	211,160	268,792	57,632	**27.3**
	영화 배급	331,499	382,122	485,734	694,457	803,916	109,459	**15.8**
	극장 상영	1,329,056	1,588,637	1,755,756	2,023,685	2,178,244	154,559	7.6
	영화 홍보 및 마케팅	145,977	145,683	177,802	183,586	190,148	6,562	3.6
	소계	2,628,515	3,099,440	3,563,483	4,091,013	4,338,906	247,893	6.1
디지털 온라인 유통업	DVD/블루레이 제작 및 유통업	290,312	223,077	88,342	60,225	25,997	-34,228	-56.8
	온라인 상영	18,560	22,324	181,834	213,401	299,845	86,444	40.5
	소계	308,872	245,401	270,176	273,626	325,842	52,216	19.1
합계		**2,937,387**	**3,344,841**	**3,833,659**	**4,364,639**	**4,664,748**	300,109	6.9

2) 매출 규모별 사업(기업)체 현황

매출 규모별로 업체 수 현황을 분석하면, 1~10억 원 미만 규모의 업체가 519개(36.4%)로 가장 많은 비중을 차지하는 것으로 나타났다. 그 다음으로는 1억 원 미만과 10~100억 원 미만 규모의 업체가 각각 397개(27.8%), 100억 원 이상 규모의 업체가 114개(8.0%)를 기록했다.

세부 시장별로 살펴보면, 영화 제작, 지원 및 유통업 시장에서는 1~10억 원 미만 규모의 업체가 497개(35.7%), 1억 원 미만 규모의 업체가 396개(28.5%), 10~100억 원 미만 규모의 업체가 390개(28.1%) 순으로 나타났다. 또한 디지털 온라인 유통업 시장도 1~10억 원 미만 규모의 업체가 22개(59.5%)로 가장 많은 것으로 나타났다(〈표 II-3-4〉 참조).

〈표 II-3-4〉 매출 규모별 사업(기업)체 수

	전체		구분			
			영화 제작, 지원 및 유통업		디지털 온라인 유통업	
	빈도(개)	비중(%)	빈도(개)	비중(%)	빈도(개)	비중(%)
1억 원 미만	397	27.8	396	28.5	1	2.7
1~10억 원 미만	**519**	**36.4**	**497**	**35.7**	**22**	**59.5**
10~100억 원 미만	397	27.8	390	28.1	7	18.9
100억 원 이상	114	8.0	107	7.7	7	18.9
합계	1,427	100.0	1,390	100.0	37	100.0

3) 지역별 매출 규모 현황

지역별 매출 규모를 보면, 서울의 매출 규모가 2조 8,758억 원으로 전국 매출 규모의 61.7%를 차지하고 있으며, 그 다음으로는 경기도가 7,201억 원으로 전국 매출 규모의 15.4%를 차지했다. 서울과 인천, 경기도를 포함하는 수도권의 매출 규모는 총 3조 7,033억 원으로 전국 매출 규모의 79.4%에 이르는 비중을 차지하는 등, 수도권에 영화산업 관련 매출이 집중되어 있는 것으로 드러났다. 특히 세부 업종별에서 보면 영화 홍보 및 마케팅의 매출 규모는 서울 지역(99.0%)에 편중해 있는 것으로 나타나고 있다(〈표 II-3-5〉 참조).

〈표 II-3-5〉 지역별 매출 규모

(단위 : 백만 원)

	영화 제작, 지원 및 유통업						디지털 온라인 유통업		합계	비중 (%)
	영화 기획 및 제작	영화 수입	영화 제작 지원	영화 배급	극장 상영	영화 홍보 및 마케팅	DVD/블루레이 제작 및 유통	온라인 상영		
서울	506,089	256,340	166,007	794,747	662,872	188,300	21,375	280,087	**2,875,817**	61.7
부산	8,822	188	3,932	34	165,887	-	-	145	**179,008**	3.8
대구	-	-	-	1,000	119,396	-	-	-	**120,396**	2.6
인천	1,244	-	1,165	-	104,944		-	-	**107,353**	2.3

	영화 제작, 지원 및 유통업						디지털 온라인 유통업		합계	비중 (%)
	영화 기획 및 제작	영화 수입	영화 제작 지원	영화 배급	극장 상영	영화 홍보 및 마케팅	DVD/ 블루레이 제작 및 유통	온라인 상영		
광주	821	-	1,968	6,899	88,473	-	-	-	**98,161**	2.1
대전	6	-	950	20	82,895	-	-	-	**83,871**	1.8
울산	-	-	-	-	46,788	-	-	-	**46,788**	1.0
경기도	99,329	21,718	89,326	1,216	482,418	1,848	4,622	19,613	**720,090**	15.4
강원도	821	-	5,004	-	52,601	-	-	-	**58,426**	1.3
충청북도	12	-	-	-	30,182	-	-	-	**30,194**	0.6
충청남도	-	188	80	-	62,429	-	-	-	**62,697**	1.3
전라북도	186	-	293	-	57,384	-	-	-	**57,863**	1.2
전라남도	-	-	-	-	32,559	-	-	-	**32,559**	0.7
경상북도	821	-	-	-	76,792	-	-	-	**77,613**	1.7
경상남도	-	-	22	-	96,774	-	-	-	**96,796**	2.1
제주도	1,221	-	45	-	15,850	-	-	-	**17,116**	0.4
합계	**619,372**	**278,434**	**268,792**	**803,916**	**2,178,244**	**190,148**	**25,997**	**299,845**	**4,664,748**	**100.0**

4) 매출 규모별 매출 규모 현황

매출 규모별로 매출 규모를 살펴보면, 100억 원 이상 업체의 매출 규모가 2조 6,436억 원으로 전체의 56.7%를 차지하고 있다. 그 다음으로는 매출 규모 10~100억 원 미만 업체의 매출 규모가 1조 7,380억 원으로 전체의 37.3%에 해당하는 것으로 나타났다. 이로써 매출 규모가 10억 원 이상인 업체의 매출 비중이 전체 매출의 약 94%를 차지하는 것으로 나타났다.

세부 업종별로는 영화 제작, 지원 및 유통업 시장 내 극장 상영업과 영화 배급업에서 100억 원 이상의 매출액을 내는 업체들이 업종별 매출액의 가장 많은 부분을 차지하고 있는 것으로 나타났다(〈표 II-3-6〉 참조).

〈표 II-3-6〉 매출 규모별 매출 규모

(단위 : 백만 원)

	영화 제작, 지원 및 유통업						디지털 온라인 유통업		합계	비중 (%)
	영화 기획 및 제작	영화 수입	영화 제작 지원	영화 배급	극장 상영	영화 홍보 및 마케팅	DVD/ 블루레이 제작 및 유통업	온라인 상영		
1억 원 미만	1,925	372	5,822	1,330	874	73	33	52	10,481	0.2
1~10억 원 미만	86,206	34,294	59,359	8,321	25,223	43,857	386	14,969	272,615	5.8
10~100억 원 미만	286,531	152,290	123,621	36,401	963,513	136,218	25,578	13,867	1,738,019	37.3
100억 원 이상	244,710	91,478	79,990	757,864	1,188,634	10,000	-	270,957	**2,643,633**	**56.7**
합계	619,372	278,434	268,792	803,916	2,178,244	190,148	25,997	299,845	4,664,748	100.0

5) 종사자 규모별 매출 규모 현황

종사자 규모별로 매출 규모를 보면, 종사자 규모 100인 이상 업체의 매출 규모가 1조 4,935억 원으로 전체 매출 규모의 32.0%를 차지하고 있는 것으로 나타났다. 그 다음으로는 종사자 규모 10~49인 업체가 1조 3,918억 원으로 전체 매출 규모의 29.8%를 차지하였고, 종사자 규모가 50~99인 미만의 경우 매출 규모가 전체 영화 산업 매출의 23.5%인 1조 942억 원으로 나타났다(〈표 II-3-7〉 참조).

〈표 II-3-7〉 종사자 규모별 매출 규모

(단위 : 백만 원)

	영화 제작, 지원 및 유통업						디지털 온라인 유통업		합계	비중 (%)
	영화 기획 및 제작	영화 수입	영화 제작 지원	영화 배급	극장 상영	영화 홍보 및 마케팅	DVD/ 블루레이 제작 및 유통업	온라인 상영		
1~4인	107,070	49,076	44,873	2,608	3,114	7,341	419	784	215,285	4.6
5~9인	172,302	151,771	40,528	18,243	21,680	46,821	8,660	9,992	469,997	10.1
10~49인	284,323	32,178	113,284	264,584	332,323	135,986	16,918	212,208	1,391,804	29.8
50~99인	55,677	-	25,719	40,158	895,760	-	-	76,861	1,094,175	23.5
100인 이상	-	45,409	44,388	478,323	925,367	-	-	-	1,493,487	**32.0**
합계	619,372	278,434	268,792	803,916	2,178,244	190,148	25,997	299,845	4,664,748	100.0

6) 업종별 영업비용 현황

한국 영화산업의 영업비용은 총 1조 6,001억 원으로 영화산업 전체 매출 규모인 4조 6,647억 원의 34.3%에 해당한다(〈표 II-3-9〉 참조). 영업비용을 업종별로 구분해 보면, 극장 상영업의 영업비용이 9,510억 원으로 전체의 영화 산업 영업비용의 59.3%를 차지하는 것으로 나타났으며, 그 다음으로는 영화 기획 및 제작업의 영업비용이 1,705억 원(10.7%), 영화 배급업 1,260억 원(7.9%), 영화 제작 지원업 1,149억 원(7.2%), 영화 수입업 1,101억 원(6.9%) 등의 순으로 나타났다(〈표 II-3-8〉 참조).

〈표 II-3-8〉 업종별 영업비용

(단위 : 백만 원)

	영화 제작, 지원 및 유통업						디지털 온라인 유통업		합계
	영화 기획 및 제작	영화 수입	영화 제작 지원	영화 배급	극장 상영	영화 홍보 및 마케팅	DVD/블루레이 제작 및 유통업	온라인 상영	
영업비용	170,482	110,128	114,888	126,009	**951,039**	74,916	7,579	45,009	1,600,050
비중(%)	10.7	6.9	7.2	7.9	**59.3**	4.7	0.5	2.8	100.0

매출 규모 대비 영업비용 비중을 보면, 극장 상영업의 영업비용이 매출규모의 43.7%로 가장 높은 것으로 나타났다. 다음으로 영화 제작 지원업(42.7%), 영화 수입업(39.6%), 영화 홍보 및 마케팅업(39.4%) 등의 순으로 나타났다. 한편, 디지털 온라인 유통업의 경우, DVD/블루레이 제작 및 유통업은 영업비용이 매출규모의 29.2%, 온라인 상영업은 15.0%로 나타났다(〈표 II-3-9〉 참조).

〈표 II-3-9〉 매출 규모 대비 영업비용

(단위 : 백만 원)

	영화 제작, 지원 및 유통업						디지털 온라인 유통업		합계
	영화 기획 및 제작	영화 수입	영화 제작 지원	영화 배급	극장 상영	영화 홍보 및 마케팅	DVD/블루레이 제작 및 유통업	온라인 상영	
영업비용	170,482	110,128	114,888	126,009	**951,039**	74,916	7,579	45,009	1,600,050
매출 규모	619,372	278,434	268,792	803,916	**2,178,244**	190,148	25,997	299,845	4,664,748
매출 규모 대비 영업비용 비중(%)	27.5	39.6	42.7	15.7	**43.7**	39.4	29.2	15.0	34.3

7) 지역별 영업비용 현황

영화산업 영업비용을 지역별로 살펴보면, 서울의 영업비용이 8,429억 원으로 전체의 52.6%를 차지하고 있으며, 그 다음으로는 경기도가 2,875억 원(18.0%)으로 높게 나타났다.

업종별로 살펴보면 극장 상영업이 서울과 경기도 이외의 지역에도 고루 분포되어 있으나, 대부분의 업종이 서울과 경기도 지역에 영업비용이 집중되고 있는 것으로 나타났다(〈표 II-3-10〉 참조).

〈표 II-3-10〉 지역별 영업비용

(단위 : 백만 원)

	영화 제작, 지원 및 유통업						디지털 온라인 유통업		합계	비중 (%)
	영화 기획 및 제작	영화 수입	영화 제작 지원	영화 배급	극장 상영	영화 홍보 및 마케팅	DVD/블루레이 제작 및 유통	온라인 상영		
서울	**139,351**	**100,356**	**74,065**	**124,569**	**284,479**	**74,187**	**5,619**	**40,298**	**842,924**	**52.6**
부산	2,481	74	2,561	8	**75,968**	.	.	46	81,138	5.1
대구	.	.	.	157	**53,759**	.	.	.	53,916	3.4
인천	343	.	504	.	**43,772**	.	.	.	44,619	2.8
광주	226	.	868	1,082	**37,188**	.	.	.	39,364	2.5
대전	2	.	450	3	**35,758**	.	.	.	36,213	2.3
울산	.	.	.	.	**20,139**	.	.	.	20,139	1.3
경기도	27,236	9,624	33,103	190	**210,004**	729	1,960	4,665	287,511	18.0
강원도	226	.	3,160	.	**22,707**	.	.	.	26,093	1.6
충청북도	3	.	.	.	**14,863**	.	.	.	14,866	0.9
충청남도	.	74	53	.	**26,684**	.	.	.	26,811	1.7
전라북도	51	.	89	.	**22,744**	.	.	.	22,884	1.4
전라남도	.	.	.	.	**18,270**	.	.	.	18,270	1.1
경상북도	226	.	.	.	**34,065**	.	.	.	34,291	2.1
경상남도	.	.	10	.	**44,130**	.	.	.	44,140	2.8
제주도	337	.	25	.	**6,509**	.	.	.	6,871	0.4
합계	170,482	110,128	114,888	126,009	**951,039**	74,916	7,579	45,009	1,600,050	100.0

8) 매출 규모별 영업비용 현황

영업비용을 업체의 매출 규모별로 구분해 보면, 매출 규모 100억 원 이상 업체의 영업비용이 7,907억 원으로 가장 큰 비중인 49.4%를 차지하고 있는 것으로 나타났다. 한편 10억~100억 업체의 영업비용은 7,016억 원으로 전체 영업비용의 43.9%에 달해, 전체적으로 10억 원 이상 규모 업체들의 영업비용이 전체 영업비용의 93.3%를 차지하는 것으로 나타났다(〈표 II-3-11〉 참조).

〈표 II-3-11〉 매출 규모별 영업비용

(단위 : 백만 원)

	영화 제작, 지원 및 유통업						디지털 온라인 유통업		합계	비중 (%)
	영화 기획 및 제작	영화 수입	영화 제작 지원	영화 배급	극장 상영	영화 홍보 및 마케팅	DVD/블루레이 제작 및 유통업	온라인 상영		
1억 원 미만	1,166	206	2,664	310	572	36	30	36	5,020	0.3
1~10억 원 미만	26,582	14,452	25,142	2,617	11,874	18,012	123	3,894	102,696	6.4
10~100억 원 미만	**78,854**	**59,953**	**56,827**	**7,773**	**434,701**	**52,925**	**7,426**	**3,167**	**701,626**	**43.9**
100억 원 이상	**63,880**	**35,517**	**30,255**	**115,309**	**503,892**	**3,943**	**.**	**37,912**	**790,708**	**49.4**
합계	170,482	110,128	114,888	126,009	951,039	74,916	7,579	45,009	1,600,050	100.0

9) 종사자 규모별 영업비용 현황

영업비용을 종사자 규모별로 나누어 보면, 100인 이상인 업체의 영업비용이 5,187억 원으로 영화산업 전체 영업비용의 32.4%를 차지하고 있다. 그 다음으로는 50~99인 규모 4,360억 원(27.2%), 10~49인 규모 4,077억 원(25.5%) 등의 순으로 영업비용의 비중이 높았다. 전체적으로 10인 이상 규모 업체들의 영업비용이 전체 영업비용의 85.1%를 차지하는 것으로 나타났다(〈표 II-3-12〉 참조).

〈표 II-3-12〉 종사자 규모별 영업비용

(단위 : 백만 원)

	영화 제작, 지원 및 유통업						디지털 온라인 유통업		합계	비중 (%)
	영화 기획 및 제작	영화 수입	영화 제작 지원	영화 배급	극장 상영	영화 홍보 및 마케팅	DVD/블루레이 제작 및 유통업	온라인 상영		
1~4인	38,827	21,071	17,258	906	1,451	2,522	154	283	82,472	5.2
5~9인	43,244	58,600	17,254	4,401	10,118	18,231	1,307	1,930	155,085	9.7
10~49인	75,304	12,497	51,452	28,025	145,392	54,163	6,118	34,790	407,741	25.5
50~99인	13,107	.	13,919	6,299	394,681	.	.	8,006	436,012	27.2
100인 이상	.	**17,960**	**15,005**	**86,378**	**399,397**	.	.	.	**518,740**	**32.4**
합계	170,482	110,128	114,888	126,009	951,039	74,916	7,579	45,009	1,600,050	100.0

10) 업종별 수익성 현황

본 조사에서 사용한 수익성 지표는 '매출액 대비 이익률'로, 이는 재화를 팔거나 용역을 제공함으로써 받는 반대급부인 매출액과 여기서 제반 비용을 차감한 금액인 이익을 비교하는 개념이다. 매출액 대비 이익률의 주된 지표에는 매출액 총이익률, 매출액 영업이익률, 매출액 경상이익률, 매출액 당기순이익률이 있으며, 본 조사에서는 이 네 가지 지표를 이용하여 수익성 분석 결과를 제시하였다.

우선, 매출액 총이익률은 매출액에서 매출 원가를 차감하여 계산한 매출 총이익이 매출액에서 차지하는 비중을 나타내는 비율로서, 기업 원가율 또는 마진율을 측정하는 지표이다. 매출액 영업이익률은 기업의 주된 영업 활동에 대한 성과를 분석하기 위한 지표로서, 순수한 영업이익만을 매출액과 대비한 것으로 회사의 영업 효율성을 나타내는 지표이다.

매출액 경상 이익률은 기업의 주된 영업 활동뿐만 아니라, 재무 활동에서 발생한 경영 성과를 동시에 포착할 수 있는 지표로서, 경상 이익이 매출액에서 차지하는 비중을 말한다. 매출액 당기순이익률은 기업의 최종적인 활동 성과인 당기 순이익을 매출액으로 나눠서 계산한다. 당기순이익은 기업의 활동에서 얻은 손익을 모두 감안한 이익의 총계이다(〈표 II-3-13〉, 〈표 II-3-14〉 참조).

〈표 II-3-13〉 업종별 수익성 1

(단위 : 백만 원)

	영화 제작, 지원 및 유통업						디지털 온라인 유통업		합계
	영화 기획 및 제작	영화 수입	영화 제작 지원	영화 배급	극장 상영	영화 홍보 및 마케팅	DVD/블루레이 제작 및 유통업	온라인 상영	
매출액	619,372	278,434	268,792	803,916	2,178,244	190,148	25,997	299,845	4,664,748
매출총이익	206,353	120,223	129,759	193,046	1,189,664	92,641	6,805	61,368	1,999,859
영업이익	35,871	10,095	14,871	67,036	238,586	17,725	-774	16,358	399,768
경상이익	40,794	45,642	15,733	63,906	240,149	19,653	-2,992	12,525	435,410
당기순이익	30,899	35,720	12,204	44,515	213,151	17,188	-2,198	11,479	362,958

주1 : 매출총이익(Gross Profit) = 매출액 - 매출 원가, 상품 또는 제품의 매출액에서 팔린 상품이나 제품의 원가를 공제한 차액. 매출 총이익에서 각종 비용 등을 제하여 영업 이익, 경상 이익, 당기 순이익을 구하므로 매출 총이익은 기업의 이익을 구하는 출발점이자 원천인 수치라 할 수 있음

주2 : 영업이익(Operating income) = 매출총이익 - 판매비와 관리비, 기업의 주된 영업 활동에 의하여 발생하는 이익을 나타냄

주3 : 경상이익(Ordinary income) = 영업이익 + 영업외수익 - 영업외비용, 기업의 경영 활동에서 경상적으로 발생하는 이익을 나타냄

주4 : 당기순이익(Net income) = 경상이익 + 특별이익 - 특별손실 - 법인세 비용, 기업의 활동에서 얻은 손익을 모두 감안한 이익의 총계를 나타냄

〈표 II-3-14〉 업종별 수익성 2

(단위 : %)

	영화 제작, 지원 및 유통업						디지털 온라인 유통업		합계
	영화 기획 및 제작	영화 수입	영화 제작 지원	영화 배급	극장 상영	영화 홍보 및 마케팅	DVD/블루레이 제작 및 유통업	온라인 상영	
평균 매출액 총이익률	33.3	43.2	48.3	24.0	54.6	48.7	26.2	20.5	42.9
평균 매출액 영업이익률	5.8	3.6	5.5	8.3	11.0	9.3	-3.0	5.5	8.6
평균 매출액 경상이익률	6.6	16.4	5.9	7.9	11.0	10.3	-11.5	4.2	9.3
평균 매출액 당기순이익률	5.0	12.8	4.5	5.5	9.8	9.0	-8.5	3.8	7.8

① 매출액 총이익률

업종별로 추정된 평균 매출액 총이익률을 살펴보면, 영화 제작, 지원 및 유통업 시장에서는 극장 상영이 54.6%로 가장 높은 매출액 총이익률을 보였고, 이어 영화 홍보 및 마케팅 48.7%, 영화제작지원 48.3%, 영화 수입 43.2%, 영화 기획 및 제작 33.3% 등의 순서로 나타났다. 디지털 온라인 유통업의 경우에는 DVD/블루레이 제작 및 유통이 26.2%, 온라

인 상영이 20.5%로 나타났다(<표 II-3-15>, <그림 II-3-3> 참조).

<표 II-3-15> 매출액 총이익률

(단위 : %)

구분		매출액 총이익률
영화 제작, 지원 및 유통업	영화 기획 및 제작	33.3
	영화 수입	43.2
	영화 제작 지원	48.3
	영화 배급	24.0
	극장 상영	**54.6**
	영화 홍보 및 마케팅	48.7
디지털 온라인 유통업	DVD/블루레이 제작 및 유통	26.2
	온라인 상영	20.5
전체 평균		42.9

<그림 II-3-3> 매출액 총이익률

(단위 : %)

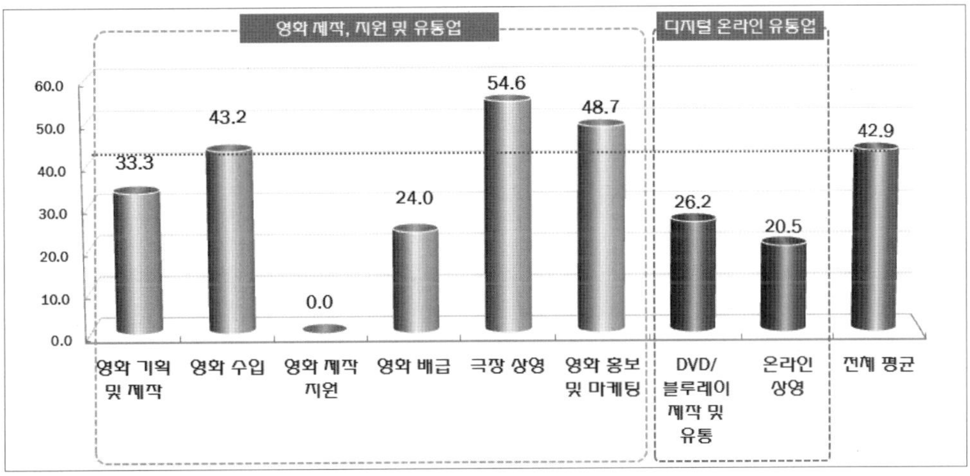

② 매출액 영업이익률

한국 영화산업의 추정된 평균 매출액 영업이익률은 8.6%다. 평균 매출액 영업 이익률을 부문별로 살펴보면, 영화 제작, 지원 및 유통업 시장에서는 극장상영 분야의 매출액 영업이익률이 11.0%로 가장 높은 수치를 기록했으며, 디지털 온라인 유통업 시장에서는 온라인 상영이 5.5%의 영업이익률로 수위를 차지하였다(〈표 II-3-16〉, 〈그림 II-3-4〉 참조).

〈표 II-3-16〉 매출액 영업이익률

(단위 : %)

구분		매출액 영업이익률
영화 제작, 지원 및 유통업	영화 기획 및 제작	5.8
	영화 수입	3.6
	영화 제작 지원	5.5
	영화 배급	8.3
	극장 상영	11.0
	영화 홍보 및 마케팅	9.3
디지털 온라인 유통업	DVD/블루레이 제작 및 유통	-3.0
	온라인 상영	5.5
전체 평균		8.6

〈그림 II-3-4〉 매출액 영업이익률

(단위 : %)

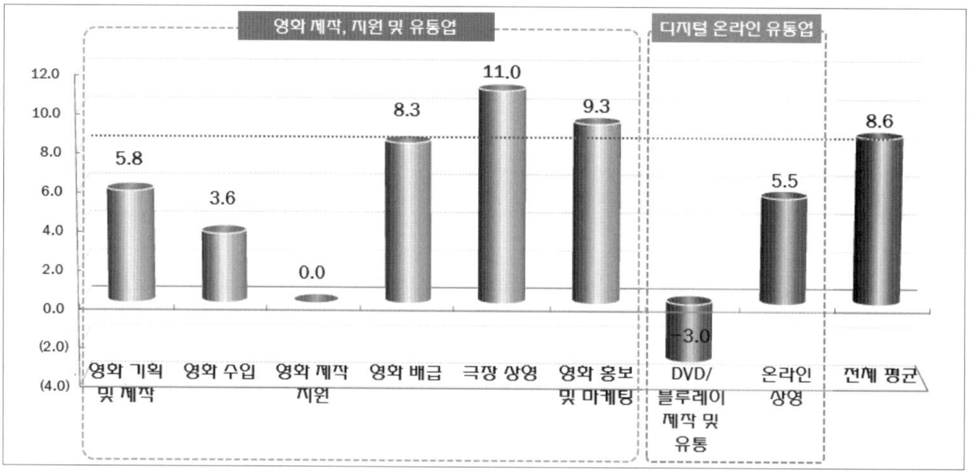

③ 매출액 경상이익률

추정된 매출액 경상 이익률을 업종별로 보면, 영화 제작, 지원 및 유통업 시장의 경우 영화 수입업 분야가 16.4%로 가장 높은 매출액 경상 이익률을 기록했다. 디지털 온라인 유통업의 경우에는 온라인 상영 분야가 4.2%의 매출액 경상이익률을 나타냈다(〈표 II-3-17〉, 〈그림 II-3-5〉 참조).

〈표 II-3-17〉 매출액 경상 이익률

(단위 : %)

구분		매출액 경상이익률
영화 제작, 지원 및 유통업	영화 기획 및 제작	6.6
	영화 수입	16.4
	영화 제작 지원	5.9
	영화 배급	7.9
	극장 상영	11.0
	영화 홍보 및 마케팅	10.3
디지털 온라인 유통업	DVD/블루레이 제작 및 유통	-11.5
	온라인 상영	4.2
전체 평균		9.3

〈그림 II-3-5〉 매출액 경상이익률

(단위 : %)

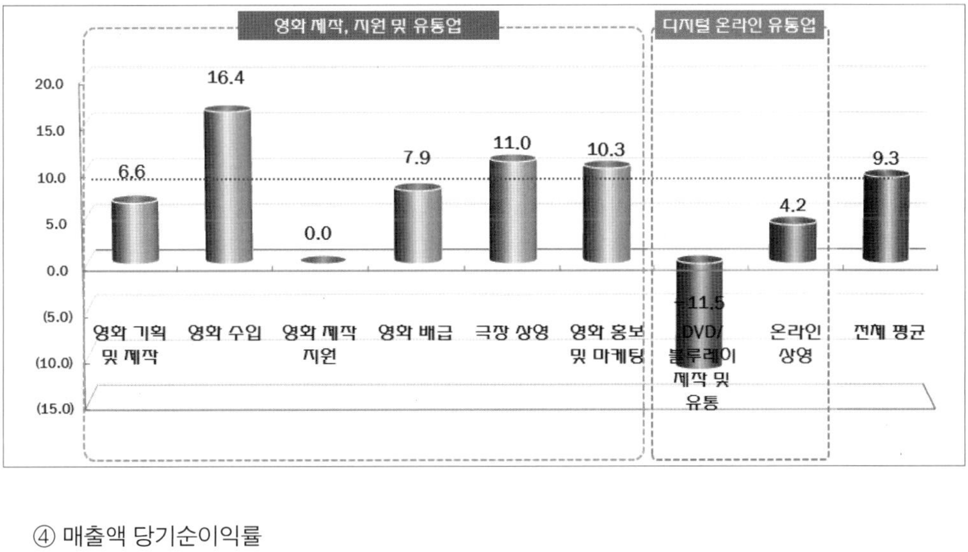

④ 매출액 당기순이익률

영화 제작, 지원 및 유통업 시장의 경우 영화 수입 업종의 당기순이익률이 12.8%로 가장 높게 나타났으며, 극장 상영 9.8%, 영화 홍보 및 마케팅 9.0%, 영화 배급 5.5%, 영화 기획 및 제작 5.0% 등의 순으로 나타났다. 디지털 온라인 유통업 시장은 온라인 상영 업종의 매출액 당기순이익률이 3.8%로 디지털 온라인 유통업 시장 내 업종 중 가장 높은 수치로 나타났고, DVD/블루레이 제작 및 유통 당기순이익률은 -8.5%로 나타나 디지털 온라인 유통업 내에서의 당기순이익률 간 상당한 격차를 보이고 있다(〈표 II-3-18〉, 〈그림 II-3-6〉 참조).

〈표 II-3-18〉 매출액 당기순이익률

(단위 : %)

구분		매출액 당기순이익률
영화 제작, 지원 및 유통업	영화 기획 및 제작	5.0
	영화 수입	12.8
	영화 제작 지원	4.5
	영화 배급	5.5
	극장 상영	9.8
	영화 홍보 및 마케팅	9.0
디지털 온라인 유통업	DVD/블루레이 제작 및 유통	-8.5
	온라인 상영	3.8
전체 평균		7.8

〈그림 II-3-6〉 매출액 당기순이익률

(단위 : %)

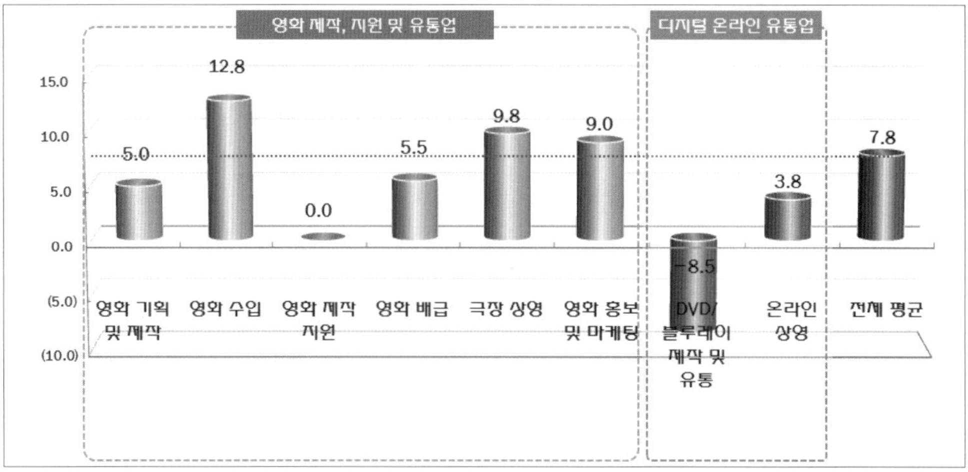

4. 한국 영화산업 업종별 이슈

1) 영화 제작, 지원 및 유통업 시장 업종별 이슈

(1) 영화 기획 및 제작업 이슈

① 영화 기획 및 제작업 세부 매출 내역 (장르별)

영화 기획 및 제작업의 매출 내역을 장르별로 세분화해 보았을 때, 극영화 매출액이 4,991억 원으로 전체 매출 규모 중 80.5%로 가장 높은 비중을 차지했다. 다음으로는 애니메이션(761억 원, 12.3%)이 두 번째로 높은 비중을 차지하였으며, 그 다음으로 다큐멘터리(431억 원, 7.0%)로 나타났다. 한편 기타 장르의 매출액은 11억 원이며, 전체 매출액의 0.2%에 해당하는 비중이다(〈표 II-4-1〉 참조).

〈표 II-4-1〉 영화 기획 및 제작업 세부 매출 내역 (장르별)

구분	매출액(백만 원)	비중(%)
극영화	**499,060**	**80.5**
다큐멘터리	43,116	7.0
애니메이션	76,062	12.3
기타	1,134	0.2
합계	619,372	100.0

주 : 세부 매출 내역은 조사응답업체의 응답 비중을 토대로 추정한 수치임

② 영화 기획 및 제작업 세부 매출 내역 (1차 상영 윈도우별)

영화 기획 및 제작업의 매출 내역을 1차 상영 윈도우별로 살펴보면, 극장을 1차 상영 윈도우로 두고 제작된 영화 매출액이 5,784억 원으로 93.4%를 차지해 가장 높은 비중을 점하고 있는 것으로 나타났다. 다음으로 온라인 상영관(인터넷 상영관)을 1차 상영 윈도우로 두고 제작된 영화들의 매출액은 331억 원으로 5.3%, 홈비디오(블루레이/DVD/VHS) 73억 원(1.2%) 순으로 나타났다(〈표 II-4-2〉 참조).

〈표 II-4-2〉 영화 기획 및 제작업 세부 매출 내역 (1차 상영 윈도우별)

구분	매출액(백만 원)	비중(%)
극장상영	**578,443**	**93.4**
홈비디오(블루레이/DVD/VHS)	7,341	1.2
온라인 상영관 (인터넷 상영관)	33,102	5.3
방송(지상파, 케이블, 위성 등)	-	-
기타	486	0.1
합계	619,372	100.0

주 : 세부 매출 내역은 조사응답업체의 응답 비중을 토대로 추정한 수치임

③ 영화 기획 및 제작업 세부 매출 내역 (제작 완성도별)

제작 완성도별로 영화 기획 및 제작업의 매출 내역을 살펴보면, 개봉 완료 영화들의 매출액이 3,686억 원으로 전체 매출 규모의 59.5%로 나타났으며, 제작 중인 영화들의 매출액은 1,761억 원으로 영화 기획 및 제작업 전체 매출의 28.4%를 차지하고 있었다. 한편 기획 중인 영화들의 매출액은 747억 원(12.1%)으로 가장 낮은 비중을 차지하고 있는 것으로 나타났다(〈표 II-4-3〉 참조).

〈표 II-4-3〉 영화 기획 및 제작업 세부 매출 내역 (제작 완성도별)

구분	매출액(백만 원)	비중(%)
기획 중인 영화	74,667	12.1
제작 중인 영화	176,092	28.4
개봉 완료 영화	**368,613**	**59.5**
합계	619,372	100.0

주 : 세부 매출 내역은 조사응답업체의 응답 비중을 토대로 추정한 수치임

④ 업체당 평균 제작 영화 편수 및 매출액 (장르별)

영화 기획 및 제작업체들의 평균 제작 영화 편수 및 매출액을 장르별로 구분하여 보면, 극영화 제작 편수가 업체당 평균 2.6편으로 가장 많았고, 이어서 애니메이션, 다큐멘터리, 기타 편수는 각각 평균 0.1편에 그쳤다. 제작 영화 장르별 평균 매출액은 극영화 제작 매출액이 11억 2,100만 원으로 나타나, 영화 기획 및 제작업체들이 극영화 제작을 통

해 가장 많은 매출액을 발생시키고 있는 것으로 나타났다. 그 다음으로 높은 매출액을 발생시키는 장르는 애니메이션으로 평균 매출액이 1억 7,100만 원 정도인 것으로 나타났다. 기타 매출액은 평균 300만 원으로 나타났다(〈표 II-4-4〉 참조).

〈표 II-4-4〉 업체당 평균 제작 영화 편수 및 매출액 (장르별)

항목	평균 제작 편수(편)	평균 매출액(백만 원)
극영화	**2.6**	**1,121**
다큐멘터리	0.1	97
애니메이션	0.1	171
기타	0.1	3
합계	2.9	1,392

주 : 평균 제작 편수 및 평균 매출액은 조사응답업체의 응답을 토대로 추정한 수치임

⑤ 업체당 평균 제작 영화 편수 및 매출액 (1차 상영 윈도우별)

1차 상영 윈도우별로 업체당 평균 제작 영화 편수 및 매출액을 살펴보면, 1차 상영 윈도우별 업체당 평균 제작 편수는 평균 3편 정도인 것으로 조사되었다. 극장상영을 1차 상영 윈도우로 한 업체들의 평균 제작 편수가 2.9편으로 가장 높게 나타났으며, 그 다음으로는 홈비디오와 온라인 상영관이 각각 0.1편으로 나타났다.

매출액 부분에서는 극장상영이 평균 13억 원으로 가장 많은 매출액을 발생시키고 있는 것으로 나타났으며, 다음으로는 온라인 상영관이 평균 매출액 7,400만 원, 홈비디오가 1,600만 원 등의 순으로 나타났다(〈표 II-4-5〉 참조).

〈표 II-4-5〉 업체당 평균 제작 영화 편수 및 매출액 (1차 상영 윈도우별)

항목	평균 제작 편수(편)	평균 매출액(백만 원)
극장상영	**2.9**	**1,300**
홈비디오(블루레이/DVD/VHS)	0.1	16
온라인 상영관 (인터넷 상영관)	0.1	74
방송(지상파, 케이블, 위성 등)	-	-
기타	-	2
합계	3.1	1,392

주 : 평균 제작 편수 및 평균 매출액은 조사응답업체의 응답을 토대로 추정한 수치임

⑥ 업체당 평균 제작 영화 편수 및 매출액 (제작 완성도별)

제작 완성도별로 업체당 평균 제작 영화 편수 및 매출액을 살펴보면, 업체당 기획 중인 영화 제작 편수가 평균 1.8편으로 가장 높은 수치를 기록했다. 그 다음으로는 개봉 완료 한 영화가 평균 0.8편, 제작 중인 영화가 평균 0.4편으로 나타났다.

한편 업체당 평균 제작 매출액을 보면, 개봉 완료 영화 매출액이 8억 2,800만 원으로 가장 많은 매출을 발생시키는 것으로 조사되었으며, 다음으로는 제작 중인 영화가 3억 9,600만 원으로 높게 나타났다(〈표 II-4-6〉 참조).

〈표 II-4-6〉 업체당 평균 제작 영화 편수 및 매출액 (제작 완성도별)

항목	평균 제작 편수(편)	평균 매출액(백만 원)
기획 중인 영화	1.8	168
제작 중인 영화	0.4	396
개봉 완료 영화	0.8	828
기타	-	-
합계	3.0	1,392

주 : 평균 제작 편수 및 평균 매출액은 조사응답업체의 응답을 토대로 추정한 수치임

(2) 영화 수입업 이슈

① 영화 수입업 세부 수입 내역 (계약 유형별)

영화 수입업의 세부 수입 내역을 계약 유형별로 살펴보면, 미니멈 개런티 계약(M.G)으로 수입된 판권 구매 액이 548만 8천 달러(78.3%)로 가장 많았으며, 수익배분 계약(R/S)으로 60만 8천 달러(8.7%)의 판권을 수입한 것으로 나타났다(〈표 II-4-7〉 참조)

〈표 II-4-7〉 영화 수입업 세부 수입 내역 (계약 유형별)

구분	수입액(천 달러)	비중(%)
단매 계약 (Flat)	640	9.1
수익배분 계약 (R/S)	608	8.7
미니멈 개런티 계약 (M.G)	**5,488**	**78.3**
라이센스 계약 (License)	250	3.6
리메이크 등 2차적 저작물 작성권 허락(양도) 계약	-	-
기타	23	0.3
합계	7,009	100.0

주 : 총 27개 업체의 응답을 토대로 작성한 것이므로 참고치로만 활용할 수 있음

② 영화 수입업 세부 수입 내역 (권리 방식별)

영화 수입업의 수입 내역을 권리 방식별로 구분하여 보면, All rights 방식으로 수입된 영화들의 판권 금액이 691만 6천 달러로 전체 수입 판권 금액의 98.7%를 차지했다. Theatrical 방식 판권 금액은 7만 달러(1.0%), All except theatrical 방식은 2만 3천 달러(0.3%)로 나타났다(〈표 II-4-8〉 참조).

〈표 II-4-8〉 영화 수입업 세부 수입 내역 (권리 방식별)

구분	수입액(천 달러)	비중(%)
전 판권(All rights)	**6,916**	**98.7**
극장 판권(Theatrical)	70	1.0
극장 제외한 부가판권(All except theatrical)	23	0.3
기타	-	-
합계	7,009	100.0

주 : 총 27개 업체의 응답을 토대로 작성한 것이므로 참고치로만 활용할 수 있음

(3) 영화 제작 지원업 이슈

① 영화 제작 지원업 세부 매출 내역

영화 제작 지원업의 2013년 매출 내역을 한국영화/외국영화별로 구분하여 살펴보면,

한국영화를 통한 매출액은 1,912억(71.1%), 외국영화를 통한 매출액은 587억으로 나타났다. 영화 외 기타 작업을 통해 얻은 매출은 188억으로 조사되었다.

〈표 Ⅱ-4-9〉 영화 제작 지원업 세부 매출 내역 (한국영화/외국영화별)

구분	매출(백만원)	비중(%)
한국영화	191,209	71.1
외국영화	58,709	21.9
기타	18,874	7.0
합계	**268,792**	**100.0**

주 : 세부 매출 내역은 조사응답업체의 응답을 토대로 추정한 수치임

직군별로 세부적인 매출 내역을 살펴보면, 촬영 매출액이 825억으로 전체의 30.7%로 가장 높은 비중으로 나타났다. 다음으로 CGI 694억(25.8%), 3D 304억(11.3%) 등의 순으로 나타났다. 상대적으로 데이터매니저와 분장헤어 등의 매출액은 낮은 비중으로 조사되었다.

〈표 Ⅱ-4-10〉 영화 제작 지원업 세부 매출 내역(직군별)

		전체 매출(백만 원)	비중(%)
전체 평균		268,792	100.0
직군	3D제작	30,463	11.3
	CGI	69,427	25.8
	DI	7,441	2.8
	녹음	13,439	5.0
	데이터매니저	250	0.1
	동시녹음	1,350	0.5
	무술스턴트	4,974	1.9
	미술소품	9,212	3.4
	분장헤어	205	0.1
	세트	20,529	7.6

		전체 매출(백만 원)	비중(%)
	운송	507	0.2
	음악	1,497	0.6
	의상	1,740	0.6
	조명	8,901	3.3
	촬영	82,578	30.7
	특수분장	3,923	1.5
	특수촬영	5,537	2.1
	특수효과	3,555	1.3
	편집	3,264	1.2

주 : 세부 매출 내역은 조사응답업체의 응답을 토대로 추정한 수치임

② 영화 제작 지원업 평균 매출액 및 편수

2013년 기술서비스 산업 업체들은 평균 7.2편의 한국영화와 0.5편의 외국영화 작업을 진행한 것으로 조사되었다. 영화 제작 지원을 통한 매출액은 업체당 평균 약 8억 정도며, 한국영화는 5억 6,400만원, 외국영화는 1억 7,300만원의 매출액으로 조사되었다.

〈표 Ⅱ-4-11〉 영화 제작 지원업 평균 제작 지원 편수 및 평균 매출액

구분	평균 제작 관련 서비스 편수(편)	평균 매출액(백만원)
한국영화	7.2	564
외국영화	0.5	173
기타	1.8	56
합계	**9.5**	**793**

주 : 평균 제작 작품은 조사에 응답한 업체만 분석한 자료이며, 평균 매출 내역은 조사응답업체의 응답을 토대로 추정한 수치임

직군별로 업체당 평균 매출액을 살펴보면, 가장 많은 매출액을 발생시키고 있는 직군은 3D가 25억 3,900만원으로 나타났다. 이어 CGI가 23억 9,400만원, 촬영이 13억 7,600만원, DI가 9억 3,000만원 등으로 나타났다.

〈표 Ⅱ-4-12〉 영화 제작 지원업 평균 매출액(직군별)

		평균매출액(백만원)
전체		793
직군	3D제작	2,539
	CGI	2,394
	DI	930
	녹음	280
	데이터매니저	250
	동시녹음	450
	무술스턴트	415
	미술소품	368
	분장헤어	51
	세트	790
	운송	72
	음악	75
	의상	348
	조명	270
	촬영	1,376
	특수분장	785
	특수촬영	396
	특수효과	395
	편집	181

주 : 평균 매출 내역은 조사응답업체의 응답을 토대로 추정한 수치임

(4) 영화 배급업 이슈

① 영화 배급업 세부 매출 내역 (배급 유형별)

영화 배급업의 배급 유형별 매출 내역을 살펴보면, 메인투자 배급에 의한 매출이 6,062억 원(75.4%)으로 가장 큰 매출을 기록했다. 다음으로는 배급대행이 1,174억 원(14.6%)의 매출액을 기록했으며, 부분투자배급 경우 매출액이 216억 원으로 전체 배

급 영화 매출액의 2.7%를 점유하는 것으로 나타났다.(〈표 II-4-12〉 참조)

〈표 II-4-13〉 영화 배급업 세부 매출 내역 (배급 유형별)

구분	매출액(백만 원)	비중(%)
메인투자배급	**606,200**	**75.4**
부분투자배급	21,608	2.7
배급대행	117,354	14.6
기타	58,754	7.3
합계	803,916	100.0

주 : 세부 매출 내역은 조사응답업체의 응답 비중을 토대로 추정한 수치임

② 업체당 평균 배급 영화 편수 및 매출액 (배급 유형별)

배급 유형별로 배급업체들의 업체당 평균 배급 영화 편수 및 매출액을 살펴보면, 배급대행으로 배급된 영화가 평균 12.6편으로 가장 많았다. 그 다음으로는 부분투자배급으로 배급된 영화가 업체당 평균 7.6편으로 나타났다.

한편, 업체당 평균 매출액은 메인투자배급 영화가 평균 231억 원 정도의 가장 많은 매출액을 발생시켰으며, 이어 배급대행로 배급된 영화를 통해 발생한 매출액은 업체당 평균 45억 원 정도로 나타났다(〈표 II-4-13〉 참조).

〈표 II-4-14〉 업체당 평균 배급 영화 편수 및 매출액 (배급 유형별)

항목	평균 배급 영화 편수(편)	평균 매출액(백만 원)
메인투지비급	5.5	**23,104**
부분투자배급	7.6	824
배급대행	**12.6**	4,473
기타	0.7	2,239
합계	26.4	30,640

주 : 평균 배급 영화 편수 및 평균 매출액은 조사응답업체의 응답을 토대로 추정한 수치임

(5) 극장 상영업 이슈

① 극장 상영업 세부 매출 내역 (매출 유형별)

극장 상영업의 매출 내역을 매출 유형별로 살펴보면, 전체 매출액의 70.6%인 1조 5,365억 원의 매출이 제품 매출액(입장권 매출액)으로부터 발생한 것으로 나타났다. 그 다음은 매점 매출액으로 전체 매출의 18.2%에 해당하는 3,970억 원의 매출을 발생시킨 것으로 조사되어, 극장 상영업의 매출액이 제품 매출액(입장권 매출액)과 매점 매출액에 집중된 것으로 조사되었다. 그 다음으로는 극장 광고 유형의 매출액 1,847억 원, 위탁 경영 수수료 매출액이 292억 원으로 나타나 각각 전체 극장 상영 업 매출액의 8.5%와 1.3%로 나타났으며, 부동산 임대 매출액은 전체 매출액의 0.4%의 미미한 비중을 차지하고 있는 것으로 조사되었다.(〈표 II-4-14〉, 〈그림 II-4-1〉 참조)

〈표 II-4-15〉 극장 상영업 세부 매출 내역 (매출 유형별)

구분	매출액(백만 원)	비중(%)
제품 매출액 (입장권 매출액)	**1,536,491**	**70.6**
매점 매출액	397,007	18.2
부동산 임대 매출액	9,024	0.4
위탁 경영 수수료 매출액	29,167	1.3
극장 광고 매출액	184,749	8.5
기타 매출액	21,806	1.0
합계	2,178,244	100.0

〈그림 II-4-1〉 극장 상영업 세부 매출 비중 (매출 유형별)

(단위 : %)

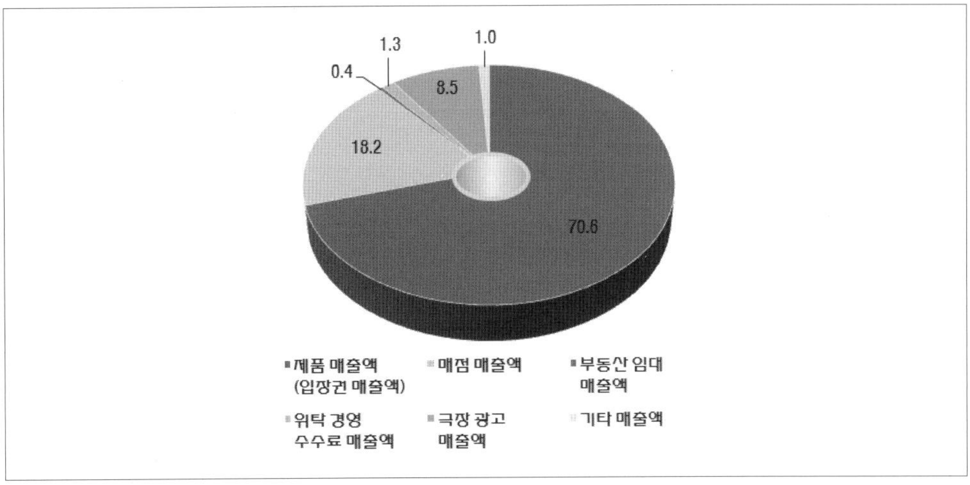

② 극장 상영업 세부 매출 내역 (주요 3개사 vs 그 외)

주요 3개사(CJ CGV, 롯데시네마, 메가박스)와 그 외 극장 상영 업체들의 매출액을 비교해 보면, 주요 3개사 업체의 경우 매출액이 1조 5,733억 원으로 전체 극장 상영업 매출액의 72.2%를 차지하는 것으로 나타났다. 한편, 주요 3개사 이외의 매출액은 6,050억 원으로 전체 극장 상영업 매출액의 27.8%로 나타나고 있다(〈표 II-4-15〉, 〈그림 II-4-2〉 참조).

〈표 II-4-16〉 극장 상영업 세부 매출 내역 (주요 3개사 vs 그 외)

구분	매출액(백만 원)	비중(%)
주요 3개사	**1,573,285**	**72.2**
그 외	604,959	27.8
합계	2,178,244	100.0

주 : 극장 상영업의 경우, 주요 3개사(CGV, 롯데시네마, 메가박스)에는 각 사의 직영만 포함시킴

〈그림 II-4-2〉 극장 상영업 세부 매출 비중 (주요 3개사 vs 그 외)

(단위 : %)

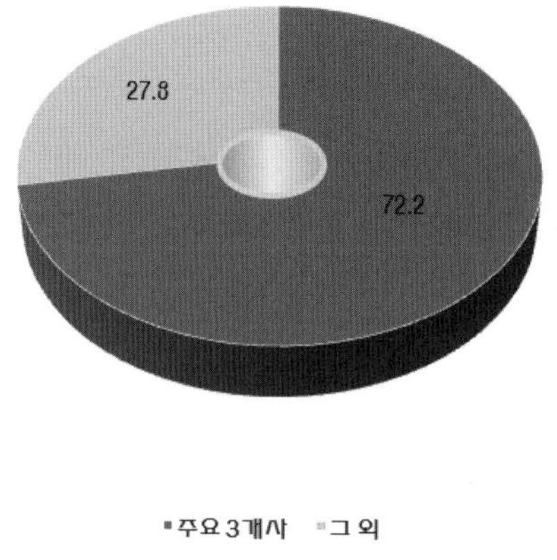

③ 극장 상영업 세부 매출 내역 (주요 3개사 vs 그 외/매출 유형별)

극장 상영업 매출을 CGV, 롯데시네마, 메가박스 등 주요 3개사와 그 외 극장 상영업체로 구분한 후 제품 매출(입장권 매출), 매점 매출, 부동산 임대 매출, 위탁 경영 수수료 매출, 극장 광고 매출, 기타 매출로 나누어 세부 내역을 살펴보면, 주요 3개사의 경우 제품 매출액(입장권 매출액)이 약 1조 616억 원으로 전체의 67.4%를 차지하고 있고, 매점 매출액이 2,889억 원으로 18.4%를 기록하고 있다. 주요 3개사를 제외한 나머지 극장 상영업의 경우, 제품 매출액(입장권 매출액) 4,749억 원(78.5%), 매점 매출액이 1,081억 원(17.9%) 등의 순으로 나타났다(〈표 II-4-16〉, 〈표 II-4-17〉, 〈그림 II-4-3〉참조).

〈표 II-4-17〉 극장 상영업 세부 매출 내역 (주요 3개사 vs 그 외/매출 유형별)

(단위 : 백만 원)

구분	주요 3개사	그 외	합계
제품 매출액 (입장권 매출액)	**1,061,598**	**474,893**	1,536,491
매점 매출액	288,917	108,090	397,007
부동산 임대 매출액	6,853	2,171	9,024
위탁 경영 수수료 매출액	27,723	1,444	29,167
극장 광고 매출액	169,668	15,081	184,749
기타 매출액	18,526	3,280	21,806
합계	1,573,285	604,959	2,178,244

주 : 극장 상영업의 경우, 주요 3개사(CGV, 롯데시네마, 메가박스)에는 각 사의 본사 직영극장만 포함시킴

〈표 II-4-18〉 극장 상영업 세부 매출 비중 (주요 3개사 vs 그 외/매출 유형별)

(단위 : %)

구분	주요 3개사	그 외	합계
제품 매출액 (입장권 매출액)	**67.4**	**78.5**	70.6
매점 매출액	18.4	17.9	18.2
부동산 임대 매출액	0.4	0.4	0.4
위탁 경영 수수료 매출액	1.8	0.2	1.3
극장 광고 매출액	10.8	2.5	8.5
기타 매출액	1.2	0.5	1.0
합계	100.0	100.0	100.0

주 : 극장 상영업의 경우, 주요 3개사(CGV, 롯데시네마, 메가박스)에는 각 사의 본사 직영극장만 포함시킴

〈그림 II-4-3〉 극장 상영업 세부 매출 비중 (주요 3개사 vs 그 외/매출 유형별)

(단위 : %)

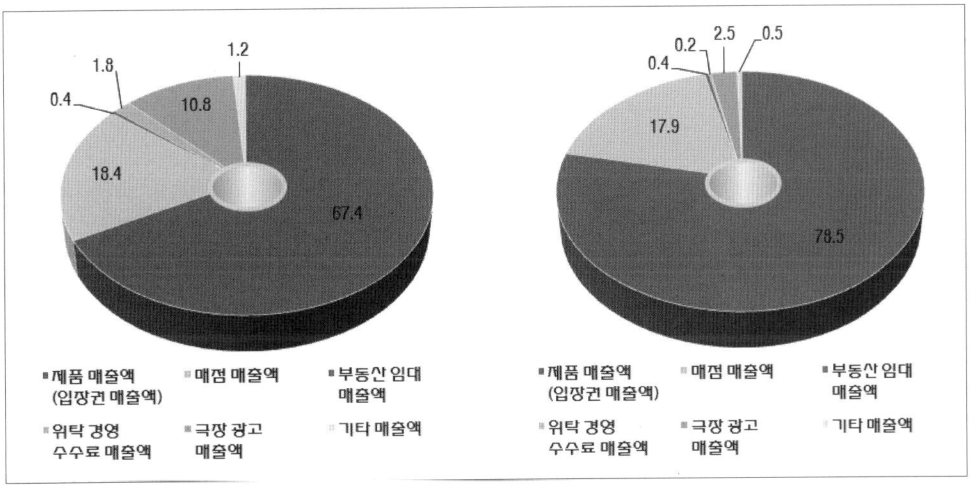

④ 극장 상영업 세부 매출 내역 (지역별/매출 유형별)

극장 상영업 매출 내역을 지역별로 살펴보면, 서울 지역의 경우 제품 매출액(입장권 매출액) 4,586억 원, 매점 매출액 1,203억 원, 극장 광고 매출액 611억 원, 위탁경영 수수료 매출이 108억 원, 그리고 기타 매출액 90억 원으로 집계되었다. 제품 매출(입장권 매출)이 전체 매출 규모의 69.2%, 매점 매출 18.1%, 극장 광고 매출 9.2%, 위탁경영 수수료 매출액 1.6%, 그리고 이외의 기타 매출이 1.4%를 차지하는 것으로 나타났다. 즉, 전체 매출 대비 제품 매출(입장권 매출) 비중이 비교적 크고, 나머지 매출 비중은 상대적으로 작은 것으로 볼 수 있다.

서울 외 지역에서는 제품 매출(입장권 매출) 1조 779억 원이 전체 매출의 71.1%로 가장 크고, 다음으로는 매점 매출 2,767억 원, 극장 광고 매출액 1,236억 원, 위탁경영 수수료 매출액 184억 원, 기타 매출액 128억 등의 순으로 나타났다(〈표 II-4-18〉, 〈표 II-4-19〉, 〈그림 II-4-4〉 참조).

〈표 II-4-19〉 극장 상영업 세부 매출 내역 (지역별/매출 유형별)

(단위 : 백만 원)

구분	서울	서울 외	합계
제품 매출액 (입장권 매출액)	**458,589**	**1,077,902**	1,536,491
매점 매출액	120,276	276,731	397,007
부동산 임대 매출액	3,129	5,895	9,024
위탁 경영 수수료 매출액	10,789	18,378	29,167
극장 광고 매출액	61,112	123,637	184,749
기타 매출액	8,976	12,830	21,806
합계	662,871	1,515,373	2,178,244

〈표 II-4-20〉 극장 상영업 세부 매출 비중 (지역별/매출 유형별)

(단위 : %)

구분	서울	서울 외	합계
제품 매출액 (입장권 매출액)	69.2	**71.1**	70.6
매점 매출액	18.1	18.3	18.2
부동산 임대 매출액	0.5	0.4	0.4
위탁 경영 수수료 매출액	1.6	1.2	1.3
극장 광고 매출액	9.2	8.2	8.5
기타 매출액	1.4	0.8	1.0
합계	100.0	100.0	100.0

〈그림 II-4-4〉 극장 상영업 세부 매출 비중(지역별)

(단위 : %)

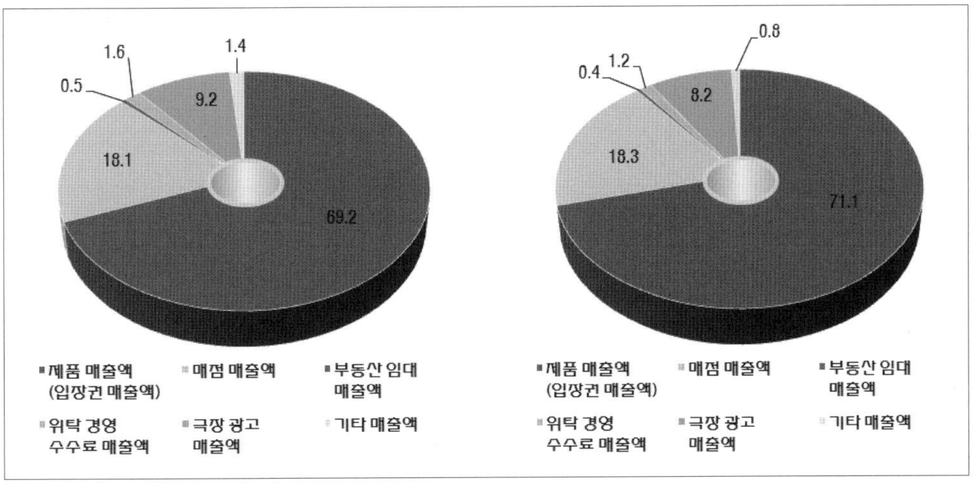

(6) 영화 홍보 및 마케팅업 이슈

영화 홍보 및 마케팅 업체들의 매출 규모를 한국영화/외국영화별로 구분하여 보면, 외국영화 홍보 및 마케팅을 통한 매출액은 968억 원으로 전체 홍보 및 마케팅 매출액의 50.9%의 비중을 차지하였다. 한국영화 홍보 및 마케팅을 통한 매출액은 934억 원으로 전체 홍보 및 마케팅 매출액의 49.1%를 차지한 것으로 나타났다(〈표 II-4-20〉 참조).

〈표 II-4-21〉 영화 홍보 및 마케팅업 세부 매출 내역 (한국영화/외국영화별)

구분	매출액(백만 원)	비중(%)
한국영화	93,363	49.1
외국영화	**96,785**	**50.9**
합계	190,148	100.0

주 : 세부 매출 내역은 조사응답업체의 응답 비중을 토대로 추정한 수치임

영화 홍보 및 마케팅업 매출액을 사업 부문별로 구분하여 보면, 온라인 마케팅과 오프라인 마케팅, 동영상 제작, 인쇄물 제작, 광고 에이전시로 나누어 볼 수 있다. 우선 온라인 마케팅 부문의 매출액은 603억 원으로 전체 영화 홍보 및 마케팅업 매출액의 31.6%를 차지하고 있고, 광고 에이전시의 매출액은 591억 원으로 전체 영화 홍

보 및 마케팅업 매출액의 31.1%를 차지하고 있어 두 개 업종의 매출 규모가 가장 컸다. 다음으로는 오프라인 마케팅이 294억 원(15.5%), 동영상 제작이 272억 원(14.3%), 인쇄물 제작이 142억 원(7.5%)의 비중을 차지했다(〈표 II-4-21〉 참조).

〈표 Ⅱ-4-22〉 영화 홍보 및 마케팅업 세부 매출내역 (사업 부문별)

구분	매출액(백만 원)	비중(%)
온라인 마케팅	**60,293**	**31.6**
오프라인 마케팅	29,386	15.5
동영상 제작	27,173	14.3
인쇄물 제작	14,201	7.5
광고 에이전시	**59,095**	**31.1**
합계	190,148	100.0

주 : 세부 매출 내역은 총매출액 추정치를 기준으로 사업 부문별로 재추정한 수치임

2) 디지털 온라인 유통업 시장 업종별 이슈

(1) DVD/블루레이 제작 및 유통업 이슈

DVD/블루레이 제작 및 유통업체들의 업체당 평균 DVD/블루레이 출시 편수를 한국영화와 외국영화별로 살펴보면, DVD의 경우 한국영화의 업체당 평균 출시 편수는 324편에 불과한 반면, 외국영화의 업체당 평균 DVD 출시 편수는 828편에 해당되어 한국영화 대비 외국영화의 평균 출시 편수가 약 2.6배가량 많았다. 블루레이의 경우에도 한국영화의 평균 출시 편수는 59편인데 반해 외국영화는 310편이었다.

평균 매출액에서는 DVD의 경우, 한국영화 출시를 통해 발생한 매출액은 7억 2,900만 원으로 나타났으며, 외국 영화 출시를 통한 매출액은 21억 7,400만 원으로 나타났다. 블루레이의 경우에는 한국영화 평균 매출액은 2억 2,700만 원, 외국영화는 9억 6,600만 원으로 나타났다. 결국 DVD/블루레이 제작 및 유통업에서 볼 때 평균 출시 편수, 평균 판매량, 평균 매출액 등에서 모두 DVD, 블루레이 순이었다(〈표 II-4-22〉 참조).

〈표 II-4-23〉 DVD/블루레이 제작 및 유통업 출시 내역 (한국영화/외국영화 별)

구분	평균 출시 편수(편)		평균 판매량(장)		평균 매출액(백만 원)	
	DVD	블루레이	DVD	블루레이	DVD	블루레이
한국영화	324	59	55,808	11,413	729	227
외국영화	828	310	188,531	40,126	2,174	966
기타	253	14	41,418	175	520	6
합계	1,405	383	285,757	51,714	3,423	1,199

주1 : 총 1개 업체의 응답을 토대로 작성한 것이므로 참고 치로만 활용할 수 있음
주2 : 디지털 온라인 유통업은 DVD/블루레이의 경우 세부 매출 응답이 1개, 온라인 상영업은 2개여서 매출 추정이 불가능하여 응답 결과로 기술함

DVD/블루레이 제작 및 유통업체들의 한국영화와 외국영화에 대한 판매용(Sell-Through) 및 대여용 DVD/블루레이 출시 비중을 살펴보면, 한국영화와 외국영화 모두 판매용으로만 판매된 것으로 나타났다.(〈표 II-4-23〉 참조)

〈표 II-4-24〉 DVD/블루레이 제작 및 유통업 출시 판매량 비중 (판매용(Sell-Through)/대여용별)

구분	DVD 판매량 비중(%)		블루레이 판매량 비중(%)	
	한국영화	외국영화	한국영화	외국영화
판매용(Sell-Through)	100.0	100.0	100.0	100.0
대여용	-	-	-	-
합계	100.0	100.0	100.0	100.0

주 : 총 1개 업체의 응답을 토대로 작성한 것이므로 참고 치로만 활용할 수 있음

DVD/블루레이 제작 및 유통을 장르별로 판매량을 살펴보면, DVD와 블루레이 모두 극영화(각각 70.0%, 79.5%)가 가장 많이 판매 되었으며, 그 다음으로 애니메이션(각각 25.5%, 20.5%)으로 나타났다(〈표 II-4-24〉 참조).

〈표 II-4-25〉 DVD/블루레이 제작 및 유통업 출시 판매량 비중 (장르별)

구분	DVD 판매량 비중(%)	블루레이 판매량 비중(%)
극영화	**70.0**	**79.5**
다큐멘터리	0.5	-
애니메이션	25.5	20.5
기타	4.0	-
합계	100.0	100.0

주 : 총 1개 업체의 응답을 토대로 작성한 것이므로 참고 치로만 활용할 수 있음

DVD/블루레이 제작 및 유통업은 영화 제작 편수(DVD 598편, 블루레이 204편)가 방송물 제작 편수(DVD 121편, 블루레이 7편)보다 많았으며, 매출액도 영화 매출액(DVD 29억 300만 원, 블루레이 11억 9,300만 원)이 방송물 매출액(DVD 2억 700만 원, 블루레이 600만 원)보다 많은 것으로 조사되었다(〈표 II-4-25〉 참조).

〈표 II-4-26〉 DVD/블루레이 제작 및 유통업 출시 제작편수 및 매출액 (항목별)

구분	DVD		블루레이	
	제작 편수(편)	매출액(백만 원)	제작 편수(편)	매출액(백만 원)
영화	**598**	**2,903**	**204**	**1,193**
방송물	121	207	7	6
기타	6	313	-	-
합계	725	3,423	211	1,199

주1 : 총 1개 업체의 응답을 토대로 작성한 것이므로 참고 치로만 활용할 수 있음

주2 : 디지털 온라인 유통업은 DVD/블루레이의 경우 세부 매출 응답이 1개, 온라인 상영업은 2개여서 매출 추정이 불가능하여 응답 결과로 기술함

(2) 온라인 상영업 이슈

온라인 상영업 중 콘텐츠유통업체(SP)의 경우 기타 방식이 편수/다운로드수/매출액 모두 가장 높았으나, 콘텐츠제공업체(CP)는 외국영화의 제공 편수/다운로드수/매출액이 높게 나타났다. 항목별, 장르별로 살펴보아도 기타가 제공 편수는 많으나 매출로 이어지는 것은 영화(877억)인 것으로 집계되었다. 한편 콘텐츠제공업체의 경우 인터넷

VOD로 제공하는 것이 다른 서비스 윈도우에 비해 다운로드하는 수도 많고 매출도 많은 것으로 나타났다(〈표 II-4-26〉, 〈표 II-4-27〉, 〈표 II-4-28〉, 〈표 II-4-29〉 참조).

〈표 II-4-27〉 온라인 상영 제공 내역 (제공 방식별)

항목	콘텐츠유통업체(SP)			콘텐츠제공업체(CP)		
	편수(편)	다운로드 수(건)	매출액(백만 원)	편수(편)	다운로드 수(건)	매출액(백만 원)
한국영화	8,310	13,703,606	47,945	505	5,391,820	9,824
외국영화	26,305	16,113,748	39,731	**3,236**	**10,851,170**	**11,986**
기타	**289,416**	**95,097,809**	**92,301**	2,774	3,723,289	3,291
합계	324,031	124,915,163	179,977	6,515	19,966,279	25,101

주1 : 총 2개 업체의 응답을 토대로 작성한 것이므로 참고 치로만 활용할 수 있음

주2 : 디지털 온라인 유통업은 DVD/블루레이의 경우 세부 매출 응답이 1개, 온라인 상영업은 2개여서 매출 추정이 불가능하여 응답 결과로 기술함

〈표 II-4-28〉 온라인 상영 제공 내역 (항목별)

항목	콘텐츠유통업체(SP)		
	편수(편)	다운로드 수(건)	매출액(백만 원)
영화	34,615	29,817,354	**87,677**
방송물	108,056	**72,819,771**	65,527
기타	**181,360**	22,278,038	26,773
합계	324,031	124,915,163	179,977

주1 : 총 2개 업체의 응답을 토대로 작성한 것이므로 참고 치로만 활용할 수 있음

주2 : 디지털 온라인 유통업은 DVD/블루레이의 경우 세부 매출 응답이 1개, 온라인 상영업은 2개여서 매출 추정이 불가능하여 응답 결과로 기술함

〈표 II-4-29〉 온라인 상영 제공 내역 (장르별)

항목	콘텐츠유통업체(SP)		
	편수(편)	다운로드 수(건)	매출액(백만 원)
극영화	34,615	29,817,354	**87,677**
다큐멘터리	1,397	16,069	13
애니매이션	39,168	11,408,201	7,594

항목	콘텐츠유통업체(SP)		
	편수(편)	다운로드 수(건)	매출액(백만 원)
기타	**248,851**	**83,673,539**	84,693
합계	324,031	124,915,163	179,977

주1 : 총 2개 업체의 응답을 토대로 작성한 것이므로 참고 치로만 활용할 수 있음

주2 : 디지털 온라인 유통업은 DVD/블루레이의 경우 세부 매출 응답이 1개, 온라인 상영업은 2개여서 매출 추정이 불가능하여 응답 결과로 기술함

〈표 II-4-30〉 온라인 상영 제공 내역 (서비스 윈도우별)

항목	콘텐츠제공업체(CP)	
	다운로드 수(건)	매출액(백만 원)
IPTV 및 디지털케이블	5,650,192	11,277
인터넷VOD(모바일, N스크린서비스 포함)	**14,310,361**	**12,008**
기타	7,080	1,816
합계	19,967,633	25,101

주1 : 총 2개 업체의 응답을 토대로 작성한 것이므로 참고 치로만 활용할 수 있음

주2 : 디지털 온라인 유통업은 DVD/블루레이의 경우 세부 매출 응답이 1개, 온라인 상영업은 2개여서 매출 추정이 불가능하여 응답 결과로 기술함

5. 한국 영화산업 경기 전망

1) 영화산업 경기 전망

(1) 한국 영화산업 경기 전망제작업 이슈

조사에 응답한 업체를 대상으로 '2014년~2015년의 한국영화산업 경기 전망'에 대한 의견을 분석한 결과, 2015년 전망을 상대적으로 더 긍정적으로 예상하고 있었다. 2014년의 한국 영화산업 경기에 대한 평균 점수는 63.2점으로 조사되었으며, 2015년의 한국 영화산업 경기에 대한 평균 점수는 64.0점으로 조사되었다(〈표 II-5-1〉 참조).

〈표 II-5-1〉 한국 영화산업 경기 전망

(단위 : 점)

구분	2014년	2015년
20점 이하	1.8	2.1
21~40점	17.1	16.4
41~60점	44.9	42.2
61~80점	30.0	32.6
81~100점	3.2	3.7
무응답	3.0	3.0
합계	100.0	100.0
전체평균(점)	**63.2**	**64.0**
영화 제작, 지원 및 유통업(점)	63.2	64.0
디지털 온라인 유통업(점)	63.6	64.5

주 : 한국 영화산업 경기 전망에 대한 평균 점수는 100점 만점 기준임(영화 제작 지원업 제외)

(2) 업종별 한국 영화산업 경기 전망

업종별로 경기 전망을 살펴보면, 전체 영화산업 시장 내에서 2014년의 경기 전망을 가장 긍정적으로 하고 있는 업종은 온라인 상영(72.5점)이며, 가장 부정적으로 전망하고 있는 업종은 DVD/블루레이 제작 및 유통 (40.0점)이다. 영화 제작, 지원 및 유통업/디지털 온라인 유통업 시장별로 살펴보면, 영화 제작, 지원 및 유통업 시장 내에서 2014년에 경기 전망이 가장 긍정적으로 예상되어진 업종은 극장 상영(65.7점) 분야이며, 부정적인 경기 전망을 예상한 업종은 수입(56.2점)로 나타났다. 디지털 온라인 유통업 시장 내에서 온라인 상영(72.5점)이 2014년을 가장 긍정적으로 내다보고 있는 것으로 나타난 반면, DVD/블루레이 제작 및 유통 (40.0점)에서 가장 부정적인 경기가 될 것이라고 전망하였다.

〈표 II-5-2〉 업종별 한국 영화 산업 경기 전망

(단위 : 점)

대분류	중분류	2014년	2015년
영화 제작, 지원 및 유통업	영화 기획 및 제작	64.9	65.8
	영화 수입	56.2	55.7
	영화 제작 지원		
	영화 배급	60.0	58.9
	극장 상영	**65.7**	**67.0**
	영화 홍보 및 마케팅	60.6	62.5
디지털 온라인 유통업	DVD/블루레이 제작 및 유통	40.0	53.3
	온라인 상영	**72.5**	**68.8**

2) 경영상의 애로점

(1) 영화 기획 및 제작업 경영상의 애로점

제작업 경영에 가장 악영향을 주고 있는 요인은 자금 및 투자부족(81.9%)으로 나타났으며, 다음으로 유통 시스템의 불합리성(40.1%), 전문인력 부족 및 인건비 부담(39.0%), 기획아이템 및 기획능력 부족(21.4%) 등이 경영상의 애로점으로 작용하는 것으로 나타났다(〈그림 II-5-1〉 참조).

〈그림 II-5-1〉 영화 기획 및 제작업 경영상의 애로점

(단위 : %)

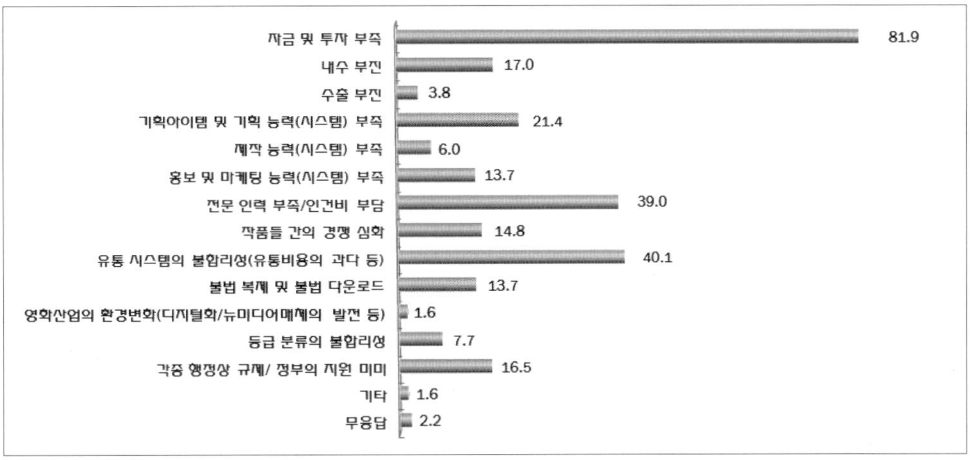

(2) 영화 수입업 경영상의 애로점

영화 수입업 경영에 가장 악영향을 주고 있는 요인은 자금 및 투자부족(65.8%)로 나타났으며, 영화 수입 시 국내 업체들 간의 경쟁 심화(50.0%), 작품들 간의 경쟁 심화(47.4%) 등이 경영상의 애로점으로 나타났다(〈그림 II-5-2〉 참조).

〈그림 II-5-2〉 영화 수입업 경영상의 애로점

(단위 : %)

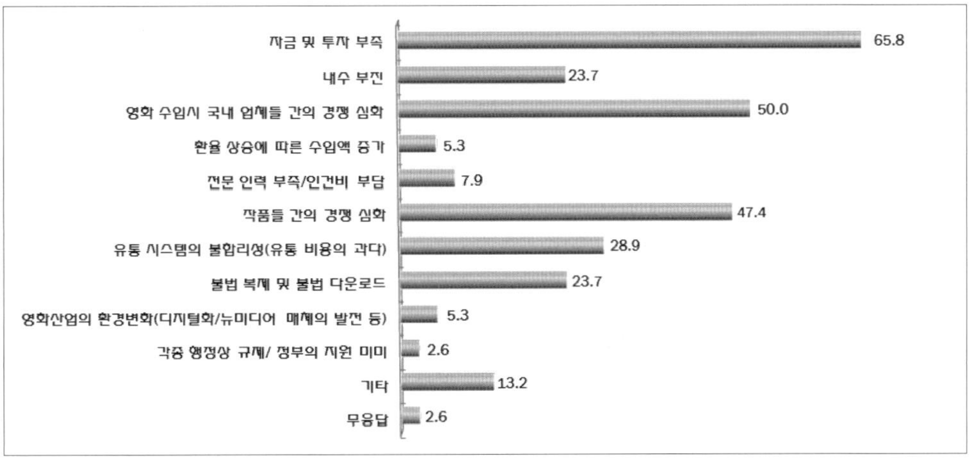

(3) 영화 배급업 경영상의 애로점

영화 배급업 경영에 가장 악영향을 주고 있는 요인은 유통시스템의 불합리(52.0%)이고, 다음으로 자금 및 투자부족(40.0%), 작품들 간의 경쟁심화(36.0%) 등으로 나타났다(<그림 II-5-3> 참조).

〈그림 II-5-3〉 영화 배급업 경영상의 애로점

(단위 : %)

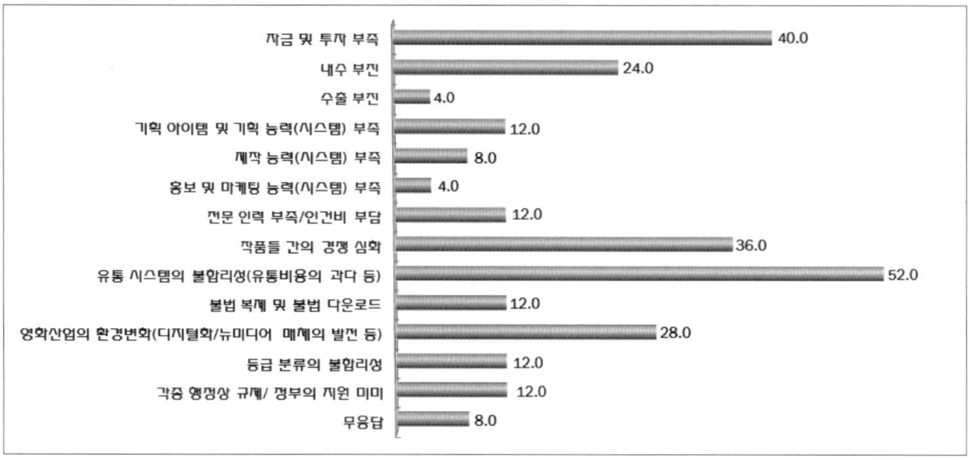

(4) 영화 제작 지원업 경영상의 애로점

기술서비스 산업의 경영상의 애로점은 자금 및 투자 부족이라는 응답이 45.4%로 가장 큰 애로점으로 나타났으며, 전문 인력 부족/인건비 부족 43.7%, 내수 부진 31.1%, 작업 이후 미수금 발생 29.4% 등의 순으로 나타났다(<그림 II-5-4> 참조).

〈그림 II-5-4〉 영화 제작 지원업 경영상의 애로점

(단위 : %)

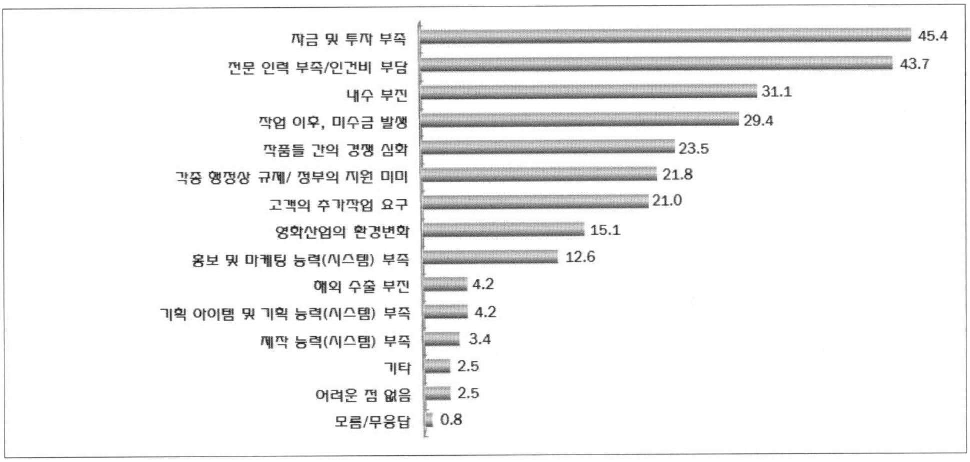

(5) 극장 상영업 경영상의 애로점

극장 상영업 경영에 가장 악영향을 주고 있다고 여겨지는 요인은 자금 및 투자 부족(39.4%), 근접 지역 내 극장 과다(36.2%), 전문인력 부족/인건비 부담(29.8%), 무리한 할인 경쟁(26.6%) 등의 순으로 조사되었다(〈그림 II-5-5〉 참조).

〈그림 II-5-5〉 극장 상영업 경영상의 애로점

(단위 : %)

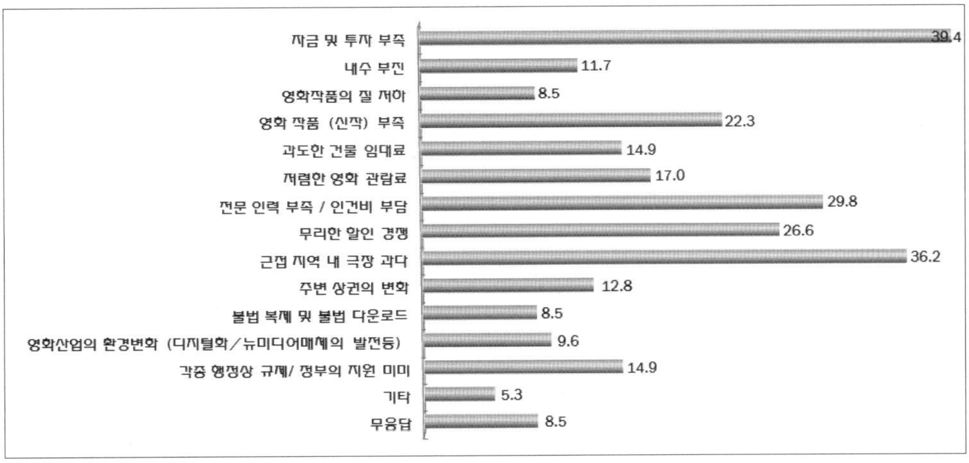

(6) 영화 홍보 및 마케팅업 경영상의 애로점

영화 홍보 및 마케팅업 경영에 가장 악영향을 주는 요인은 홍보 및 마케팅 수급단가 부족(65.4%)이었으며, 다음으로는 전문인력 및 인건비 부담(57.7%) 등의 순으로 조사되었다(〈그림 II-5-6〉 참조).

〈그림 II-5-6〉 영화 홍보 및 마케팅업 경영상의 애로점

(단위 : %)

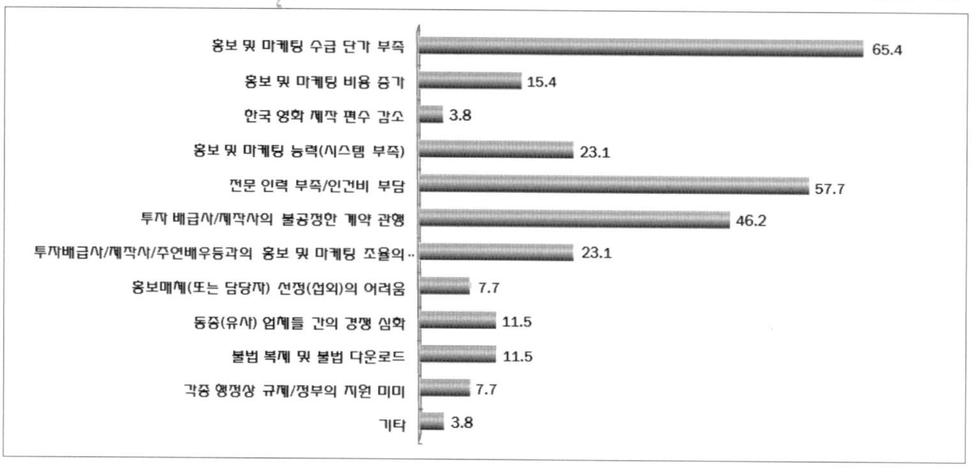

(7) DVD/블루레이 제작 및 유통업 경영상의 애로점

DVD/블루레이 제작 및 유통업의 경영에 가장 악영향을 주고 있다고 여겨지는 요인은 불법복제 및 불법 다운로드(75.0%), 그 다음으로 DVD 및 블루레이 플레이어 보급률 미미와 홀드백 질서의 파괴/재정립 미미가 각각 50.0%로 조사되었다(〈그림 II-5-7〉 참조).

〈그림 II-5-7〉 DVD/블루레이 제작 및 유통업 경영상의 애로점

(단위 : %)

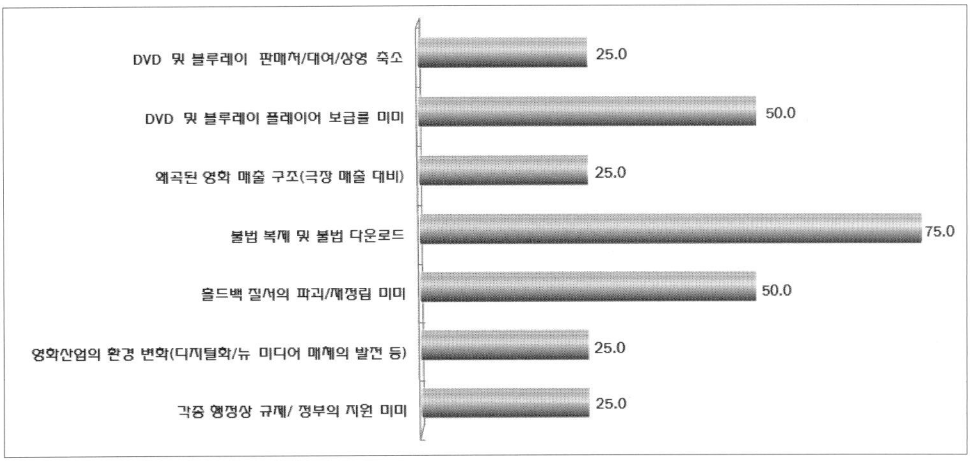

(8) 온라인 상영업 경영상의 애로점

온라인 상영업의 경영에 가장 악영향을 주고 있다고 여겨지는 요인은 불법 복제 및 불법 다운로드(62.5%)로 나타났으며, 동종(유사)업체들 간의 경쟁심화와 거래업체의 불합리한 계약행태(각각 43.8%) 등이 경영상의 애로점인 것으로 조사되었다(〈그림 II-5-8〉 참조).

〈그림 II-5-8〉 온라인 상영업 경영상의 애로점

(단위 : %)

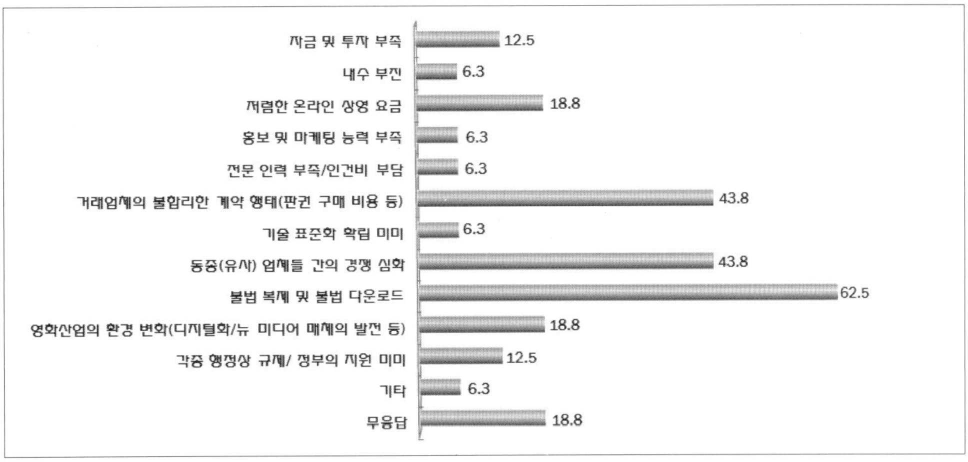

Ⅲ. 부록 : 설문지

ID					2013년 한국 영화산업 실태조사(제작)	

안녕하십니까? 귀사의 무궁한 발전을 기원합니다.
영화진흥위원회는 한국 영화산업의 실태를 파악하기 위해 실태조사를 진행하고 있습니다.
본 조사의 목적은 한국 영화산업 육성 및 지원정책 수립을 위한 기초자료 마련에 있습니다.
본 조사내용은 통계법 제13조에 의해 비밀이 보호되며 조사목적 외에 다른 어떤 용도로도 사용하지 않을 것임을 약속드립니다.
바쁘신 와중에 설문에 협조해 주신데 대해 진심으로 감사드립니다.

2014년 8월

연구기관	영화진흥위원회	조사기관	(주)비욘드리서치

■ 통계응답자의 의무 및 보호에 관한 법률

제33조(비밀의 보호)

1) 통계의 작성과정에서 알려진 사항으로서 개인이나 법인 또는 단체 등의 비밀에 속하는 사항은 보호되어야 한다.
2) 통계의 작성을 위하여 수립된 개인이나 법인 또는 단체 등의 비밀에 속하는 자료는 통계작성 외의 목적으로 사용되어서는 아니 된다.

응답 요령	○ 객관식 문항의 경우 보기문항에서 해당하는 번호를 골라 오른쪽 □칸에 작성해 주십시오. ○ 주관식 문항의 경우 해당란에 정확히 작성해 주십시오. ○ 모든 문항에 빠짐없이 답해 주시기 바랍니다. ○ 본 설문지는 **2013년 결산을 기준(2013.1.1~2013.12.31)**으로 하여 응답해 주시기 바랍니다.

문의처	조사 진행관련 문의처 : ㈜비욘드리서치 차민주 이사 (02-785-5100) 조사 내용관련 문의처 : ㈜비욘드리서치 정대관 차장 (070-4632-2358) 조사 연구관련 문의처 : 영화진흥위원회 정책연구부 박주영 연구원 (051-720-4822)
회수처	팩스 : 02-582-5112, E-mail : clamp@btresearch.co.kr

▶ 조사표를 작성해 주시는 업체 관계자 분의 인적 사항을 기록해 주세요.

조사표 응답자	부서		직책	
	성명		전화번호	
	팩스번호		E-mail	

KOFIC 영화진흥위원회 Korean Film Council

▶ 2013년 기준, **귀사의 업종에 해당되는 곳에 항목 번호를 적어주신 후, 해당업종의 매출 비중을 기록**해 주세요. (중복 기재 가능)

항목 번호	해당 업종 번호 기입	매출 비중 (전체 매출 대비) 세로 합이 100%가 되게 기록
1) 제작		%
2) 수입		%
3) 배급		%
4) 제작 서비스		%
5) 극장 상영		%
6) 홍보 및 마케팅		%
7) 온라인 상영		%
8) 홈비디오		%
9) 투자조합		%
10) 기타(기록: __________)		%
합계		%

* 매출의 합이 100%가 되도록 해주세요.
* 해당업종 표기 시, 아래의 업종 정의를 참고하여 작성해주세요.
* 해당업종 중 매출 비중이 가장 높은 유형의 설문지로 작성하여 주세요.
(해당 설문지가 다를 경우 담당자에게 재발송 요청)

※ 업종 정의

업종	업종 정의
제작	영화를 생산하는 업종 예) 명필름, 영화사 청어람(주) 등
수입	해외에서 만들어진 외국영화를 수입하여 들여오는 업종 예) 블루미지, 거원시네마
배급	영화를 상영 창구인 극장 등에 유통시키는 업종 예) CJ E&M, 롯데엔터테인먼트, 쇼박스(주)미디어플렉스, 넥스트엔터테인먼트월드(NEW) 등
제작 서비스	영화 제작 전반에 관한 것을 지원하는 업종 예) 세방현상소, (주)블루캡
극장 상영	영화를 상영하여 극장 관객들에게 판매하는 업종 예) 프랜차이즈 형태 극장: CJ CGV, 롯데시네마, 메가박스 등 예) 독립체 형태 극장: 대한극장, 서울극장 등
홍보 및 마케팅	영화의 정보와 광고를 제작 · 제공하는 업종 예) 올댓시네마, 영화인 등
온라인 상영	온라인을 이용하여 시청자들에게 영화를 제공하는 윈도우로서의 역할을 하거나 해당사업자에게 영화를 제공하는 업종 예) KT, SK브로드밴드, LG유플러스, 홈초이스, KTH, 다우기술, 캔들미디어, 더콘텐츠온 등
홈비디오 (DVD/블루레이)	홈비디오 업종은 영화를 DVD/블루레이 형태로 제작 · 유통하는 업종 예) 케이디미디어, 아트서비스 등
투자조합	정부, 창업투자회사, 일반 투자자 등이 공동으로 출자하여 영화에 투자하는 형태 예) 타임와이즈인베스트먼트, 이수창업투자, 캐피탈원 등

PART 1. 사업(기업)체 기초정보

문1. 2013년 기준, **귀사의 기초 정보**에 대한 질문입니다.

1) 사업(기업)체명		2) 사업자등록번호	
3) 홈페이지 주소	http://www.		
4) 전화 번호		5) 팩스번호	- -
6) 주소	시/도 군/구 읍/면/동		
7) 설립 일자	년 월 일		
8) 벤처기업 지정 여부	① 대상 ② 비대상		응답란
9) 기업 형태	① 개인 사업체 ② 회사 법인 (주식, 유한, 합자, 합명 회사) ③ 회사 외 법인 ④ 국가기관/공사 ⑤ 비법인 단체		응답란
10) 본사 유무	① 단독 사업체 ② 공장, 지사(점), 영업소 ③ 본사, 본점, 본부		응답란

문2. 2013년 기준, 귀사는 **상장 기업**인가요?

① 상장 기업임 ☞ 문2-1로 ② 비상장 기업임 ☞ 문3으로

응답란

문2-1. [**상장 기업만**] 귀사의 **상장유형**은 다음 중 어디에 해당합니까?

① 거래소 상장 ② 코스닥 시장 상장

응답란

문2-2. 귀사의 **상장 연도**는 몇 년도입니까?

( )년

문3. 2013년 기준, 귀사의 **대표자 정보를 기록**해 주세요.

1) 대표자 성명		2) 영화 관련 분야 경력	년
3) 대표자 연령	① 29세 이하 ② 30~34세 ③ 35~39세 ④ 40세 이상 응답란	4) 경영형태	① 창업 ② 가업계승 ③ 기업인수 ④ 전문 경영인 ⑤ 기타(기록: _ _ _ _ _ _) 응답란

PART 2. 사업(기업)체 재무 현황

문4. 다음의 **재무 정보를 2013년 기준으로 기록**해 주세요.

항목		금액
1) 총 매출액		백만 원
2) 비용	2-1) 매출 원가	백만 원
	2-2) 판매비와 관리비(판관비)	백만 원

※ 주 2-1) 매출 원가: 매출액을 벌어드리기 위해 발생한 비용으로, 영화 작품과 관련하여 소요된 원가 및 기타 경비 등이 포함됨

2-2) 판매비와 관리비(판관비): 인건비(급여, 수당, 복리후생, 퇴직금 등), 영업 활동, 부대 설비(수도광열비, 통신비, 수선비, 보험료 등) 관련 비용이 모두 포함됨

문5. 귀사에서는 **재무제표**를 작성하십니까?

① 작성한다 ☞ 문5-1로 ② 작성하지 않는다 ☞ 문5-2로

문5-1. [**재무제표 작성 기업만 작성**] 아래의 세부 항목을 기록해 주세요.

항목	금액
1) 영업이익	백만 원
2) 영업비용	백만 원
3) 영업 외 수익	백만 원
4) 영업 외 비용	백만 원
5) 경상이익	백만 원
6) 특별이익	백만 원
7) 특별손실	백만 원
8) 법인세 비용	백만 원
9) 판매비와 관리비 (판관비)	백만 원
9-1) 인건비	백만 원
9-2) 순금융비용	백만 원
9-3) 감가상각비	백만 원
9-4) 임차료	백만 원
9-5) 조세공과(세금 및 공과금)	백만 원

※ 주 5) 경상이익: 영업이익+영업 외 수익 - 영업 외 비용

9) 문4.의 2-2)판매비와 관리비(판관비)와 동일해야 함

9-2) 순금융비용: 이자비용 - 이자수익

9-5) 조세공과: 기업경영에서 필연적으로 발생하는 조세 및 공공적 부담금을 말하며, 세금 및 공과금을 말함

문5-2. [**재무제표 미작성 기업만 작성**] 2013년 납부부가가치세액을 기록해 주세요.

2013년 납부부가가치세액	백만 원

* 환급부분 포함 혹은 미포함과 관계없이 자사의 회계기준에 맞게 적어 주십시오.

PART 3. 사업(기업)체 종사자 현황

문6. 2013년 기준, **대표자를 포함한 귀사의 총 종사자 수**를 기록해 주세요. (   )명

문7. 2013년 기준, **임원(대표자 포함) 및 상시 직원 수(임원수 제외하고, 고용형태별 구분)를 기록**해 주세요.

항목		남자	여자
1) 임원 수(대표자 포함)		명	명
2) 직원 수(임원수 제외)	2-1) 정규직 수	명	명
	2-2) 비정규직 수	명	명
합계		명	명

* 귀사에 상주하는 직원을 기준으로 적어 주십시오(*영화 프로젝트에 참여를 위해 고용하는 단기계약 인력 제외).
* 문7.의 1)임원 수와 2)직원 수의 합계가 업체의 총 종사자 수가 됩니다.

문8. 2013년 기준, 학력별, 연령별 종사자 수를 기록해 주세요.

항목		종사자 수
1) 학력별	고졸 이하	명
	전문대졸(2~3년제)	명
	대졸	명
	대학원졸 이상	명
합계		명

항목		종사자 수
2) 연령별	29세 이하	명
	30~34세	명
	35~39세	명
	40세 이상	명
합계		명

* 문8.의 1)학력별과 2)연령별 합계부분이 일치해야 합니다.

문9. 2013년 기준, 직무별**로 귀사의 종사자 현황을 나누어 기록**해 주세요.

항목	종사자 수	항목	종사자 수	항목	종사자 수
① 시나리오/작가	명	② 연기	명	③ 투자	명
④ 연출	명	⑤ 음악	명	⑥ 기획개발	명
⑦ 제작(프로듀서)	명	⑧ 현상	명	⑨ 배급	명
⑩ 촬영	명	⑪ 편집	명	⑫ 경영관리	명
⑬ 조명	명	⑭ 사운드	명	㉑ 기타분야	명
⑮ 미술	명	⑯ CG	명	합계	명
⑰ 특수효과	명	⑱ 홍보 및 마케팅	명		
⑲ 동시녹음	명	⑳ 수입	명		

※ 크레딧을 기준으로 작성해 주세요.
※ 문6.문8.과 문9.의 합계부분이 일치해야 합니다.

PART 4. 해외 거래 현황(국제공동제작)

문10. 귀사는 2013년도에 해외 업체와의 공동제작을 한 실적이 있습니까?

① 있다 ☞ 문11으로 ② 없다 ☞ 문12로

응답란

문11. 2013년 기준, 귀사가 수행한 해외업체와의 국제공동제작 현황을 기록해 주세요.

공동제작국가	제작편수	순제작비
1) 중 국	편	천 달러
2) 일 본	편	천 달러
3) 미 국	편	천 달러
4) 동남아시아	편	천 달러
5) 유럽	편	천 달러
6) 기타(기록: ___________)	편	천 달러
합계	편	천 달러

* 순제작비의 단위는 USD 기준으로 작성해 주세요.

PART 5. 업종별 세부 현황

문12. 2013년 기준, 귀사의 영화 제작 현황을 기록해 주세요.

※ 문12. 의 각 문항에 제작 편수와 매출액 합계는 일치해야 합니다.

※ 해당 영화의 제작, 개봉 등을 통해 귀사에서 매출액(기업 회계)으로 인식되는 금액을 적어 주십시오.

문12-1. 귀사에서 **제작(프로덕션~개봉완료)하신 영화들의 편수 및 매출액**을 장르별로 기록해 주세요.

항목	제작 편수	매출액
1)극영화	편	백만 원
2)다큐멘터리	편	백만 원
3)애니메이션	편	백만 원
4)기타(기록 :_____________)	편	백만 원
합계	편	백만 원

문12-2. 귀사에서 **제작(기획~개봉완료)하신 영화들의 편수 및 매출액**을 제작 완성도별로 기록해 주세요.

항목	제작 편수	매출액
1)기획중인 영화	편	백만 원
2)제작중인 영화	편	백만 원
3)개봉완료 영화	편	백만 원
4)기타(기록 :_____________)	편	백만 원
합계	편	백만 원

※ 귀사의 회계 기준으로 적어 주십시오.

문12-3. 귀사에서 **제작(프로덕션~개봉완료)하신 영화들의 편수 및 매출액**을 촬영 포맷별로 기록해 주세요.

항목	제작 편수	매출액
1) 디지털로 촬영된 영화	편	백만 원
2) 3D · 4D로 촬영된 영화	편	백만 원
3) 필름으로 촬영된 영화	편	백만 원
4)기타(기록 :_____________)	편	백만 원
합계	편	백만 원

문12-4. 귀사에서 **제작(기획~개봉완료)하신 영화들의 편수 및 매출액**을 1차 목적의 상영 윈도우(창구)별로 기록해 주세요.

항목	제작 편수	매출액
1)극장상영용 영화	편	백만 원
2)TV상영용 영화 (공중파, 케이블, 위성 TV 등 지상파 DMB 포함)	편	백만 원
3)온라인 상영관용 영화 (IPTV, 인터넷 상영관 등)	편	백만 원
4)홈비디오용 영화 (DVD, 블루레이 등)	편	백만 원
5)기타(기록 :_____________)	편	백만 원
합계	편	백만 원

※ (예시1) 극장상영 중 온라인 상영관(IPTV 등)에서 동시상영하거나 극장상영 종료 후 온라인상영관에서 상영한 영화는 극장상영을 1차 목적으로 제작하였기 때문에 '극장상영용 영화' 1편으로 작성하고, 해당 영화의 극장 매출액뿐만 아니라 온라인상영관, 홈비디오 등을 통해 발생함 매출액도 '극장상영용 영화'의 매출액'에 포함합니다.

(예시2) 온라인상영관(IPTV 등)을 1차 목적으로 제작한 영화(ex. 〈발광하는 현대사〉 등)의 경우, 온라인상영관 상영 이후 성적이 좋아서 극장에서 추가로 상영하더라도 온라인상영을 1차 목적으로 제작하였기 때문에 '온라인상영관용 영화' 1편으로 작성하고, 해당 영화의 온라인상영관 매출액뿐만 아니라 극장, 홈비디오 등을 통해 발생한 매출액도 '온라인 상영관용 영화'의 매출액'에 포함합니다.

PART 6. 영화산업 경기 전망

문13. 귀사에서는 영화 산업 경기를 **어떻게 전**망하시는지 보기문항에서 해당하는 번호를 골라 오른쪽 □칸에 작성해 주십시오.

년도	매우 나쁠 것이다	대체로 나쁠 것이다	보통이다	대체로 좋아질 것이다	매우 좋아질 것이다	응답란
1) 2014년	①	②	③	④	⑤	
2) 2015년	①	②	③	④	⑤	

PART 7. 영화산업 경영상 애로점 및 건의사항

문14. 영화업을 운영하는 데 있어서 어려운 점이 무엇인지를 보기 문항에서 골라 **우선순위로 3가지**만 적어 주세요.

1순위		2순위		3순위	

1) 자금 및 투자 부족
2) 내수 부진
3) 수출 부진
4) 기획아이템 및 기획 능력(시스템) 부족
5) 제작 능력(시스템) 부족
6) 홍보 및 마케팅 능력(시스템) 부족
7) 전문 인력 부족/인건비 부담
8) 작품들 간의 경쟁 심화
9) 유통 시스템의 불합리성(유통비용의 과다 등)
10) 불법 복제 및 불법 다운로드
11) 영화산업의 환경변화(디지털화/뉴 미디어 매체의 발전 등)
12) 등급 분류의 불합리성
13) 각종 행정상 규제/ 정부의 지원 미미
14) 기타(기록: ______________________________)

문15. **경영상의 애로점**과 관련하여, 향후 영화진흥위원회와 같은 공적 기관에서 진행했으면 하는 정책지원방안 및 영화산업에 대해 어떤 의견이라도 좋으니 기록해 주세요.

♣ 오랫동안 설문에 응해 주셔서 대단히 감사합니다 ♣

ID					2013년 한국 영화산업 실태조사(수입)	

안녕하십니까? 귀사의 무궁한 발전을 기원합니다.
영화진흥위원회는 한국 영화산업의 실태를 파악하기 위해 실태조사를 진행하고 있습니다.
본 조사의 목적은 한국 영화산업 육성 및 지원정책 수립을 위한 기초자료 마련에 있습니다.
본 조사내용은 통계법 제13조에 의해 비밀이 보호되며 조사목적 외에 다른 어떤 용도로도 사용하지 않을 것임을 약속드립니다.
바쁘신 와중에 설문에 협조해 주신데 대해 진심으로 감사드립니다.

2014년 8월

연구기관	영화진흥위원회	조사기관	(주)비욘드리서치

■ 통계응답자의 의무 및 보호에 관한 법률

제33조(비밀의 보호)

1) 통계의 작성과정에서 알려진 사항으로서 개인이나 법인 또는 단체 등의 비밀에 속하는 사항은 보호되어야 한다.
2) 통계의 작성을 위하여 수립된 개인이나 법인 또는 단체 등의 비밀에 속하는 자료는 통계작성 외의 목적으로 사용되어서는 아니 된다.

응답 요령	○ 객관식 문항의 경우 보기문항에서 해당하는 번호를 골라 오른쪽 □칸에 작성해 주십시오. ○ 주관식 문항의 경우 해당란에 정확히 작성해 주십시오. ○ 모든 문항에 빠짐없이 답해 주시기 바랍니다. ○ 본 설문지는 <u>2013년 결산을 기준(2013.1.1~2013.12.31)</u>으로 하여 응답해 주시기 바랍니다.
문의처	조사 진행관련 문의처 : ㈜비욘드리서치 차민주 이사 (02-785-5100) 조사 내용관련 문의처 : ㈜비욘드리서치 정대관 차장 (070-4632-2358) 조사 연구관련 문의처 : 영화진흥위원회 정책연구부 박주영 연구원 (051-720-4822)
회수처	팩스 : 02-582-5112,　E-mail : clamp@btresearch.co.kr

▶ 조사표를 작성해 주시는 업체 관계자 분의 인적 사항을 기록해 주세요.

조사표 응답자	부서		직책	
	성명		전화번호	
	팩스번호		E-mail	

KOFIC 영화진흥위원회 Korean Film Council

▶ 2013년 기준, **귀사의 업종에 해당되는 곳에 항목 번호를 적어주신 후, 해당업종의 매출 비중을 기록**해 주세요. (중복 기재 가능)

항목 번호	해당 업종 번호 기입	매출 비중 (전체 매출 대비) 세로 합이 100%가 되게 기록
1) 제작		%
2) 수입		%
3) 배급		%
4) 제작 서비스		%
5) 극장 상영		%
6) 홍보 및 마케팅		%
7) 온라인 상영		%
8) 홈비디오		%
9) 투자조합		%
10) 기타(기록: __________)		%
합계		%

* 매출의 합이 100%가 되도록 해주세요.
* 해당업종 표기 시, 아래의 업종 정의를 참고하여 작성해주세요.
* 해당업종 중 매출 비중이 가장 높은 유형의 설문지로 작성하여 주세요.
(해당 설문지가 다를 경우 담당자에게 재발송 요청)

※ 업종 정의

업종	업종 정의
제작	영화를 생산하는 업종 예) 명필름, 영화사 청어람(주) 등
수입	해외에서 만들어진 외국영화를 수입하여 들여오는 업종 예) 블루미지, 거원시네마
배급	영화를 상영 창구인 극장 등에 유통시키는 업종 예) CJ E&M, 롯데엔터테인먼트, 쇼박수(주)미디어플렉스, 넥스트엔터테인먼트월드(NEW) 등
제작 서비스	영화 제작 전반에 관한 것을 지원하는 업종 예) 세방현상소, (주)블루캡
극장 상영	영화를 상영하여 극장 관객들에게 판매하는 업종 예) 프랜차이즈 형태 극장: CJ CGV, 롯데시네마, 메가박스 등 예) 독립체 형태 극장: 대한극장, 서울극장 등
홍보 및 마케팅	영화의 정보와 광고를 제작 · 제공하는 업종 예) 올댓시네마, 영화인 등
온라인 상영	온라인을 이용하여 시청자들에게 영화를 제공하는 윈도우로서의 역할을 하거나 해당사업자에게 영화를 제공하는 업종 예) KT, SK브로드밴드, LG유플러스, 홈초이스, KTH, 다우기술, 캔들미디어, 더콘텐츠온 등
홈비디오 (DVD/블루레이)	홈비디오 업종은 영화를 DVD/블루레이 형태로 제작 · 유통하는 업종 예) 케이디미디어, 아트서비스 등
투자조합	정부, 창업투자회사, 일반 투자자 등이 공동으로 출자하여 영화에 투자하는 형태 예) 타임와이즈인베스트먼트, 이수창업투자, 캐피탈원 등

PART 1. 사업(기업)체 기초정보

문1. 2013년 기준, **귀사의 기초 정보**에 대한 질문입니다.

1) 사업(기업)체명		2) 사업자등록번호	
3) 홈페이지 주소	http://www.		
4) 전화 번호		5) 팩스번호	- -
6) 주소	시/도	군/구	읍/면/동
7) 설립 일자	년	월	일
8) 벤처기업 지정 여부	① 대상 ② 비대상		응답란
9) 기업 형태	① 개인 사업체 ② 회사 법인 (주식, 유한, 합자, 합명 회사) ③ 회사 외 법인 ④ 국가기관/공사 ⑤ 비법인 단체		응답란
10) 본사 유무	① 단독 사업체 ② 공장, 지사(점), 영업소 ③ 본사, 본점, 본부		응답란

문2. 2013년 기준, 귀사는 **상장 기업**인가요? 응답란

① 상장 기업임 ☞ 문2-1로 ② 비상장 기업임 ☞ 문3으로

문2-1. [**상장 기업만**] 귀사의 **상장유형**은 다음 중 어디에 해당합니까? 응답란

① 거래소 상장 ② 코스닥 시장 상장

문2-2. 귀사의 **상장 연도**는 몇 년도입니까?

( )년

문3. 2013년 기준, 귀사의 **대표자 정보를 기록**해 주세요.

1) 대표자 성명		2) 영화 관련 분야 경력	년
3) 대표자 연령	① 29세 이하 ② 30~34세 ③ 35~39세 ④ 40세 이상 응답란	4) 경영형태	① 창업 ② 가업계승 ③ 기업인수 ④ 전문 경영인 ⑤ 기타(기록: ______) 응답란

PART 2. 사업(기업)체 재무 현황

문4. 다음의 **재무 정보를 2013년 기준으로 기록**해 주세요.

항목		금액
1) 총 매출액		백만 원
2) 비용	2-1) 매출 원가	백만 원
	2-2) 판매비와 관리비(판관비)	백만 원

※ 주 2-1) 매출 원가: 매출액을 벌어드리기 위해 발생한 비용으로, 영화 작품과 관련하여 소요된 원가 및 기타 경비 등이 포함됨
2-2) 판매비와 관리비(판관비): 인건비(급여, 수당, 복리후생, 퇴직금 등), 영업 활동, 부대 설비(수도광열비, 통신비, 수선비, 보험료 등) 관련 비용이 모두 포함됨

문5. 귀사에서는 **재무제표**를 작성하십니까?

① 작성한다 ☞ 문5-1로 ② 작성하지 않는다 ☞ 문5-2로

문5-1. [**재무제표 작성 기업만 작성**] 아래의 세부 항목을 기록해 주세요.

항목	금액
1) 영업이익	백만 원
2) 영업비용	백만 원
3) 영업 외 수익	백만 원
4) 영업 외 비용	백만 원
5) 경상이익	백만 원
6) 특별이익	백만 원
7) 특별손실	백만 원
8) 법인세 비용	백만 원
9) 판매비와 관리비 (판관비)	백만 원
9-1) 인건비	백만 원
9-2) 순금융비용	백만 원
9-3) 감가상각비	백만 원
9-4) 임차료	백만 원
9-5) 조세공과(세금 및 공과금)	백만 원

※ 주 5) 경상이익: 영업이익+영업 외 수익 - 영업 외 비용
9) 문4.의 2-2)판매비와 관리비(판관비)와 동일해야 함
9-2) 순금융비용: 이자비용 - 이자수익
9-5) 조세공과: 기업경영에서 필연적으로 발생하는 조세 및 공공적 부담금을 말하며, 세금 및 공과금을 말함

문5-2. [**재무제표 미작성 기업만 작성**] 2013년 납부부가가치세액을 기록해 주세요.

2013년 납부부가가치세액	백만 원

* 환급부분 포함 혹은 미포함과 관계없이 자사의 회계기준에 맞게 적어 주십시오.

PART 3. 사업(기업)체 종사자 현황

문6. 2013년 기준, **대표자를 포함한 귀사의 총 종사자 수**를 기록해 주세요. (   )명

문7. 2013년 기준, **임원(대표자 포함) 및 상시 직원 수(임원수 제외하고, 고용형태별 구분)를 기록**해 주세요.

항목		남자	여자
1) 임원 수(대표자 포함)		명	명
2) 직원 수(임원수 제외)	2-1) 정규직 수	명	명
	2-2) 비정규직 수	명	명
합계		명	명

* 귀사에 상주하는 직원을 기준으로 적어 주십시오(*영화 프로젝트에 참여를 위해 고용하는 단기계약 인력 제외).
* 문7.의 1)임원 수와 2)직원 수의 합계가 업체의 총 종사자 수가 됩니다.

문8. 2013년 기준, 학력별, 연령별 종사자 수를 기록해 주세요.

항목		종사자 수
1) 학력별	고졸 이하	명
	전문대졸(2~3년제)	명
	대졸	명
	대학원졸 이상	명
합계		명

항목		종사자 수
2) 연령별	29세 이하	명
	30~34세	명
	35~39세	명
	40세 이상	명
합계		명

* 문8.의 1)학력별과 2)연령별 합계부분이 일치해야 합니다.

문9. 2013년 기준, 직무별로 **귀사의 종사자 현황을 나누어 기록**해 주세요.

항목	종사자 수	항목	종사자 수	항목	종사자 수
① 시나리오/작가	명	② 연기	명	③ 투자	명
④ 연출	명	⑤ 음악	명	⑥ 기획개발	명
⑦ 제작(프로듀서)	명	⑧ 현상	명	⑨ 배급	명
⑩ 촬영	명	⑪ 편집	명	⑫ 경영관리	명
⑬ 조명	명	⑭ 사운드	명	㉑ 기타분야	명
⑮ 미술	명	⑯ CG	명	합계	명
⑰ 특수효과	명	⑱ 홍보 및 마케팅	명		
⑲ 동시녹음	명	⑳ 수입	명		

※ 크레딧을 기준으로 작성해 주세요.
※ 문6.문8.과 문9.의 합계부분이 일치해야 합니다.

PART 4. 업종별 세부 현황

문10. 2013년 기준, 귀사의 영화 수입 현황을 기록해 주세요.
※ 문10. 의 각 문항에 수입 편수와 매출액 합계는 일치해야 합니다.

문10-1. 귀사에서 **수입하신 영화들의 편수 및 수입액을 장르별로 기록**해 주세요.

항목	수입 편수	수입액
1)극영화	편	천 달러
2)다큐멘터리	편	천 달러
3)애니메이션	편	천 달러
4)기타(기록 :_______________)	편	천 달러
합계	편	천 달러

문10-2. 귀사에서 **수입하신 영화들의 편수 및 수입액을 계약유형별로 기록**해 주세요.

항목	수입 편수	수입액
1)단매 계약(Flat)	편	천 달러
2)수익배분 계약(R/S)	편	천 달러
3)미니멈 개런티 계약(M.G)	편	천 달러
4)라이센스 계약(License)	편	천 달러
5)리메이크 등 2차적 저작물 작성권 허락(양도)계약	편	천 달러
4)기타(기록 :_______________)	편	천 달러
합계	편	천 달러

문10-3. 귀사에서 **수입하신 영화들의 편수 및 수입액을 권리 방식별로 기록**해 주세요.

항목	수입 편수	수입액
1)전 판권(All rights)	편	천 달러
2)극장판권(Theatrical)	편	천 달러
3)극장 제외한 부가판권 (All exept theatrical)	편	천 달러
4)기타(기록 :_______________)	편	천 달러
합계	편	천 달러

문10-4. 귀사에서 **수입하신 영화들의 편수 및 수입액을 국적별로 기록**해 주세요.

항목	수입 편수	수입액
1)미국	편	천 달러
2)일본	편	천 달러
3)중국	편	천 달러
4)홍콩	편	천 달러
5)프랑스	편	천 달러
6)영국	편	천 달러
7)독일	편	천 달러
8)캐나다	편	천 달러
9)유럽(프랑스, 영국, 독일 제외)	편	천 달러
10)동남아시아	편	천 달러
11)기타(기록 :_ _ _ _ _ _ _ _ _ _ _ _ _ _)	편	천 달러
합계	편	천 달러

문11. 2013년 기준, 귀사의 수입하신 영화의 매출 현황을 기록해 주세요.

※ 문11. 의 각 문항에 개봉 편수와 매출액 합계는 일치해야 합니다.

※ 해당 영화의 개봉 등을 통해 귀사에서 매출액(기업 회계)으로 인식되는 매출액을 기록해 주세요.

문11-1. 귀사에서 **수입하신 영화들의 개봉 편수 및 매출액을 수입형태별로 기록**해 주세요.

항목	개봉 편수	매출액
1)단순수입	편	백만 원
2)수입 · 배급 병행	편	백만 원
3)기타(기록 :_ _ _ _ _ _ _ _ _ _ _ _ _ _)	편	백만 원
합계	편	백만 원

문11-2. 귀사에서 **수입하신 영화들의 개봉 편수 및 매출액을 국적별로 기록**해 주세요.

항목	개봉 편수	매출액
1)미국	편	백만 원
2)일본	편	백만 원
3)중국	편	백만 원
4)홍콩	편	백만 원
5)프랑스	편	백만 원
6)영국	편	백만 원
7)독일	편	백만 원
8)캐나다	편	백만 원
9)유럽(프랑스, 영국, 독일 제외)	편	백만 원
10)동남아시아	편	백만 원
11)기타(기록 : _____________)	편	백만 원
합계	편	백만 원

문11-3. 귀사에서 **수입하신 영화들의 개봉 편수 및 매출액을 1차 목적의 상영 윈도우(창구)별로 기록**해 주세요.

항목	개봉 편수	매출액
1)극장상영용 영화	편	백만 원
2)TV상영용 영화 (공중파, 케이블, 위성 TV 등 지상파 DMB 포함)	편	백만 원
3)온라인 상영관용 영화 (IPTV, 인터넷 상영관 등)	편	백만 원
4)홈비디오용 영화 (DVD, 블루레이 등)	편	백만 원
5)기타(기록 : _____________)	편	백만 원
합계	편	백만 원

※ (예시1) 극장상영 중 온라인 상영관(IPTV 등)에서 동시상영하거나 극장상영 종료 후 온라인상영관에서 상영한 영화는 극장상영을 1차 목적으로 수입하였기 때문에 '극장상영용 영화' 1편으로 작성하고, 해당 영화의 극장 매출액뿐만 아니라 온라인상영관, 홈비디오 등을 통해 발생한 매출액도 '극장상영용 영화'의 매출액'에 포함합니다.

(예시2) 온라인상영관(IPTV 등)을 1차 목적으로 제작한 영화의 경우, 온라인상영관 상영 이후 성적이 좋아서 극장에서 추가로 상영하더라도 온라인상영을 1차 목적으로 수입하였기 때문에 '온라인상영관용 영화' 1편으로 작성하고, 해당 영화의 온라인상영관 매출액뿐만 아니라 극장, 홈비디오 등을 통해 발생한 매출액도 '온라인 상영관용 영화'의 매출액'에 포함합니다.

PART 5. 영화산업 경기 전망

문12. 귀사에서는 영화 산업 경기를 **어떻게 전**망하시는지 보기문항에서 해당하는 번호를 골라 오른쪽 □칸에 작성해 주십시오.

년도	매우 나쁠 것이다	대체로 나쁠 것이다	보통이다	대체로 좋아질 것이다	매우 좋아질 것이다	응답란
1) 2014년	①	②	③	④	⑤	
2) 2015년	①	②	③	④	⑤	

PART 6. 영화산업 경영상 애로점 및 건의사항

문13. 영화업을 운영하는 데 있어서 어려운 점이 무엇인지를 보기 문항에서 골라 **우선순위로 3가지**만 적어 주세요.

1순위		2순위		3순위	

1) 자금 및 투자 부족
2) 내수 부진
3) 해외 업체의 불공정 계약 행태
4) 해외 업체의 인터넷 등 부가판권에 대한 인식 부족
5) 해외 업체의 디지털 소스 등의 자료 미제공
6) 영화 수입시 국내 업체들 간의 경쟁 심화
7) 환율 상승에 따른 수입액 증가
8) 전문 인력 부족/인건비 부담
9) 작품들 간의 경쟁 심화
10) 유통 시스템의 불합리성(유통 비용의 과다)
11) 불법 복제 및 불법 다운로드
12) 영화산업의 환경변화(디지털화/뉴 미디어 매체의 발전 등)
13) 등급 분류의 불합리성
14) 각종 행정상 규제/ 정부의 지원 미미
15) 기타(기록: ______________________)

문14. **경영상의 애로점**과 관련하여, 향후 영화진흥위원회와 같은 공적 기관에서 진행했으면 하는 정책지원방안 및 영화산업에 대해 어떤 의견이라도 좋으니 기록해 주세요.

♣ 오랫동안 설문에 응해 주셔서 대단히 감사합니다 ♣

ID					2013년 한국 영화산업 실태조사(배급)	

안녕하십니까? 귀사의 무궁한 발전을 기원합니다.
영화진흥위원회는 한국 영화산업의 실태를 파악하기 위해 실태조사를 진행하고 있습니다.
본 조사의 목적은 한국 영화산업 육성 및 지원정책 수립을 위한 기초자료 마련에 있습니다.
본 조사내용은 통계법 제13조에 의해 비밀이 보호되며 조사목적 외에 다른 어떤 용도로도 사용하지 않을 것임을 약속드립니다.
바쁘신 와중에 설문에 협조해 주신데 대해 진심으로 감사드립니다.

2014년 8월

연구기관	영화진흥위원회	조사기관	(주)비욘드리서치

■ 통계응답자의 의무 및 보호에 관한 법률

제33조(비밀의 보호)

1) 통계의 작성과정에서 알려진 사항으로서 개인이나 법인 또는 단체 등의 비밀에 속하는 사항은 보호되어야 한다.
2) 통계의 작성을 위하여 수립된 개인이나 법인 또는 단체 등의 비밀에 속하는 자료는 통계작성 외의 목적으로 사용되어서는 아니 된다.

응답 요령	○ 객관식 문항의 경우 보기문항에서 해당하는 번호를 골라 오른쪽 ㅁ칸에 작성해 주십시오. ○ 주관식 문항의 경우 해당란에 정확히 작성해 주십시오. ○ 모든 문항에 빠짐없이 답해 주시기 바랍니다. ○ 본 설문지는 **2013년 결산을 기준(2013.1.1~2013.12.31)**으로 하여 응답해 주시기 바랍니다.

문의처	조사 진행관련 문의처 : ㈜비욘드리서치 차민주 이사 (02-785-5100) 조사 내용관련 문의처 : ㈜비욘드리서치 정대관 차장 (070-4632-2358) 조사 연구관련 문의처 : 영화진흥위원회 정책연구부 박주영 연구원 (051-720-4822)
회수처	팩스 : 02-582-5112, E-mail : clamp@btresearch.co.kr

▶ 조사표를 작성해 주시는 업체 관계자 분의 인적 사항을 기록해 주세요.

조사표 응답자	부서		직책	
	성명		전화번호	
	팩스번호		E-mail	

KOFIC 영화진흥위원회 Korean Film Council

▶ 2013년 기준, 귀사의 업종에 해당되는 곳에 항목 번호를 적어주신 후, 해당업종의 매출 비중을 기록해 주세요. (중복 기재 가능)

항목 번호	해당 업종 번호 기입	매출 비중 (전체 매출 대비) 세로 합이 100%가 되게 기록
1) 제작		%
2) 수입		%
3) 배급		%
4) 제작 서비스		%
5) 극장 상영		%
6) 홍보 및 마케팅		%
7) 온라인 상영		%
8) 홈비디오		%
9) 투자조합		%
10) 기타(기록: __________)		%
합계		%

* 매출의 합이 100%가 되도록 해주세요.

* 해당업종 표기 시, 아래의 업종 정의를 참고하여 작성해주세요.

* 해당업종 중 매출 비중이 가장 높은 유형의 설문지로 작성하여 주세요. (해당 설문지가 다를 경우 담당자에게 재발송 요청)

※ 업종 정의

업종	업종 정의
제작	영화를 생산하는 업종 예) 명필름, 영화사 청어람(주) 등
수입	해외에서 만들어진 외국영화를 수입하여 들여오는 업종 예) 블루미지, 거원시네마
배급	영화를 상영 창구인 극장 등에 유통시키는 업종 예) CJ E&M, 롯데엔터테인먼트, 쇼박스(주)미디어플렉스, 넥스트엔터테인먼트월드(NEW) 등
제작 서비스	영화 제작 전반에 관한 것을 지원하는 업종 예) 세방현상소, (주)블루캡
극장 상영	영화를 상영하여 극장 관객들에게 판매하는 업종 예) 프랜차이즈 형태 극장: CJ CGV, 롯데시네마, 메가박스 등 예) 독립체 형태 극장: 대한극장, 서울극장 등
홍보 및 마케팅	영화의 정보와 광고를 제작 · 제공하는 업종 예) 올댓시네마, 영화인 등
온라인 상영	온라인을 이용하여 시청자들에게 영화를 제공하는 윈도우로서의 역할을 하거나 해당사업자에게 영화를 제공하는 업종 예) KT, SK브로드밴드, LG유플러스, 홈초이스, KTH, 다우기술, 캔들미디어, 더콘텐츠온 등
홈비디오 (DVD/블루레이)	홈비디오 업종은 영화를 DVD/블루레이 형태로 제작 · 유통하는 업종 예) 케이디미디어, 아트서비스 등
투자조합	정부, 창업투자회사, 일반 투자자 등이 공동으로 출자하여 영화에 투자하는 형태 예) 타임와이즈인베스트먼트, 이수창업투자, 캐피탈원 등

PART 1. 사업(기업)체 기초정보

문1. 2013년 기준, **귀사의 기초 정보**에 대한 질문입니다.

1) 사업(기업)체명		2) 사업자등록번호	
3) 홈페이지 주소	http://www.		
4) 전화 번호		5) 팩스번호	- -
6) 주소	시/도 군/구 읍/면/동		
7) 설립 일자	년 월 일		
8) 벤처기업 지정 여부	① 대상 ② 비대상		응답란
9) 기업 형태	① 개인 사업체 ② 회사 법인 (주식, 유한, 합자, 합명 회사) ③ 회사 외 법인 ④ 국가기관/공사 ⑤ 비법인 단체		응답란
10) 본사 유무	① 단독 사업체 ② 공장, 지사(점), 영업소 ③ 본사, 본점, 본부		응답란

문2. 2013년 기준, 귀사는 **상장 기업**인가요? (응답란)

① 상장 기업임 ☞ 문2-1로 ② 비상장 기업임 ☞ 문3으로

문2-1. [**상장 기업만**] 귀사의 **상장유형**은 다음 중 어디에 해당합니까? (응답란)

① 거래소 상장 ② 코스닥 시장 상장

문2-2. 귀사의 **상장 연도**는 몇 년도입니까?

(____________)년

문3. 2013년 기준, 귀사의 **대표자 정보를 기록**해 주세요.

1) 대표자 성명		2) 영화 관련 분야 경력	년
3) 대표자 연령	① 29세 이하 ② 30~34세 ③ 35~39세 ④ 40세 이상 (응답란)	4) 경영형태	① 창업 ② 가업계승 ③ 기업인수 ④ 전문 경영인 ⑤ 기타(기록: ______) (응답란)

PART 2. 사업(기업)체 재무 현황

문4. 다음의 **재무 정보를 2013년 기준으로 기록**해 주세요.

항목		금액
1) 총 매출액		백만 원
2) 비용	2-1) 매출 원가	백만 원
	2-2) 판매비와 관리비(판관비)	백만 원

※ 주 2-1) 매출 원가: 매출액을 벌어드리기 위해 발생한 비용으로, 영화 작품과 관련하여 소요된 원가 및 기타 경비 등이 포함됨
2-2) 판매비와 관리비(판관비): 인건비(급여, 수당, 복리후생, 퇴직금 등), 영업 활동, 부대 설비(수도광열비, 통신비, 수선비, 보험료 등) 관련 비용이 모두 포함됨

문5. 귀사에서는 **재무제표**를 작성하십니까?

① 작성한다 ☞ 문5-1로 ② 작성하지 않는다 ☞ 문5-2로

문5-1. [**재무제표 작성 기업만 작성**] 아래의 세부 항목을 기록해 주세요.

항목	금액
1) 영업이익	백만 원
2) 영업비용	백만 원
3) 영업 외 수익	백만 원
4) 영업 외 비용	백만 원
5) 경상이익	백만 원
6) 특별이익	백만 원
7) 특별손실	백만 원
8) 법인세 비용	백만 원
9) 판매비와 관리비 (판관비)	백만 원
9-1) 인건비	백만 원
9-2) 순금융비용	백만 원
9-3) 감가상각비	백만 원
9-4) 임차료	백만 원
9-5) 조세공과(세금 및 공과금)	백만 원

※ 주 5) 경상이익: 영업이익+영업 외 수익 - 영업 외 비용
9) 문4.의 2-2)판매비와 관리비(판관비)와 동일해야 함
9-2) 순금융비용: 이자비용 - 이자수익
9-5) 조세공과: 기업경영에서 필연적으로 발생하는 조세 및 공공적 부담금을 말하며, 세금 및 공과금을 말함

문5-2. [**재무제표 미작성 기업만 작성**] 2013년 납부부가가치세액을 기록해 주세요.

2013년 납부부가가치세액	백만 원

* 환급부분 포함 혹은 미포함과 관계없이 자사의 회계기준에 맞게 적어 주십시오.

PART 3. 사업(기업)체 종사자 현황

문6. 2013년 기준, **대표자를 포함한 귀사의 총 종사자 수**를 기록해 주세요. (　　　　)명

문7. 2013년 기준, **임원(대표자 포함) 및 상시 직원 수(임원수 제외하고, 고용형태별 구분)를 기록**해 주세요.

항목		남자	여자
1) 임원 수(대표자 포함)		명	명
2) 직원 수(임원수 제외)	2-1) 정규직 수	명	명
	2-2) 비정규직 수	명	명
합계		명	명

* 귀사에 상주하는 직원을 기준으로 적어 주십시오(*영화 프로젝트에 참여를 위해 고용하는 단기계약 인력 제외).
* 문7.의 1)임원 수와 2)직원 수의 합계가 업체의 총 종사자 수가 됩니다.

문8. 2013년 기준, 학력별, 연령별 종사자 수를 기록해 주세요.

항목		종사자 수
1) 학력별	고졸 이하	명
	전문대졸(2~3년제)	명
	대졸	명
	대학원졸 이상	명
합계		명

항목		종사자 수
2) 연령별	29세 이하	명
	30~34세	명
	35~39세	명
	40세 이상	명
합계		명

* 문8.의 1)학력별과 2)연령별 합계부분이 일치해야 합니다.

문9. 2013년 기준, 직무별**로 귀사의 종사자 현황을 나누어 기록**해 주세요.

항목	종사자 수	항목	종사자 수	항목	종사자 수
① 시나리오/작가	명	② 연기	명	③ 투자	명
④ 연출	명	⑤ 음악	명	⑥ 기획개발	명
⑦ 제작(프로듀서)	명	⑧ 현상	명	⑨ 배급	명
⑩ 촬영	명	⑪ 편집	명	⑫ 경영관리	명
⑬ 조명	명	⑭ 사운드	명	㉑ 기타분야	명
⑮ 미술	명	⑯ CG	명	합계	명
⑰ 특수효과	명	⑱ 홍보 및 마케팅	명		
⑲ 동시녹음	명	⑳ 수입	명		

※ 크레딧을 기준으로 작성해 주세요.
※ 문6.문8.과 문9.의 합계부분이 일치해야 합니다.

PART 4. 해외 거래 현황

문10. 귀사는 2013년도에 해외 업체와의 거래 실적이 있습니까?
① 있다 ☞ 문11으로 ② 없다 ☞ 문12로

응답란

문11. 2013년 기준, 귀사가 수행한 해외업체와의 관련 투자 현황을 기록해 주세요.

(금액 단위 : 천 달러)

구분	해외에서 투자 받은 현황				해외에 투자한 현황				비고
국적	기업(회사) 투자		영화 프로젝트 투자		기업(회사) 투자		영화 프로젝트 투자		
	건수	금액	편수	금액	건수	금액	편수	금액	
1)중 국									
2)일 본									
3)미 국									
4)동남아시아									
5)유럽									
6)기타(기록: ______)									
합 계									

※ 순제작비의 단위는 USD 기준으로 작성해 주세요.

※ 수익 창출을 목적으로 영화 프로젝트 등에 직접 투자한 내역뿐만 아니라, 영화 관련 기업(회사)을 대상으로 한 직접 투자도 포함합니다(단, 판권 구입·구매는 포함되지 않음).

PART 5. 업종별 세부 현황

문12. 2013년 기준, 귀사의 영화 배급 현황을 기록해 주세요.

※ 문12. 의 각 문항에 배급 편수와 매출액 합계는 일치해야 합니다.

※ 해당 영화의 개봉 등을 통해 귀사에서 매출액(기업 회계)으로 인식되는 매출액을 기록해 주세요.

문12-1. 귀사께서 배급하신 영화들의 편수 및 매출액을 국적별로 구분하여 기록해 주세요.

항목	배급 편수	매출액
1)한국영화	편	백만 원
2)외국영화	편	백만 원
3)기타(기록 :______________)	편	백만 원
합계	편	백만 원

문12-2. 귀사께서 배급하신 영화들의 편수 및 매출액을 배급유형별로 구분하여 기록해 주세요.

항목	배급 편수	매출액
1)메인투자배급	편	백만 원
2)부분투자배급	편	백만 원
3)배급대행	편	백만 원
4)기타(기록 :______________)	편	백만 원
합계	편	백만 원

※ 배급영화편수와 매출액은 12-1과 동일해야 합니다.

PART 6. 영화산업 경기 전망

문13. 귀사에서는 영화 산업 경기를 **어떻게 전**망하시는지 보기문항에서 해당하는 번호를 골라 오른쪽 □칸에 작성해 주십시오.

년도	매우 나쁠 것이다	대체로 나쁠 것이다	보통이다	대체로 좋아질 것이다	매우 좋아질 것이다	응답란
1) 2014년	①	②	③	④	⑤	
2) 2015년	①	②	③	④	⑤	

PART 7. 영화산업 경영상 애로점 및 건의사항

문14. 영화업을 운영하는 데 있어서 어려운 점이 무엇인지를 보기 문항에서 골라 **우선순위로 3가지**만 적어 주세요.

1순위		2순위		3순위	

1) 자금 및 투자 부족	2) 내수 부진
3) 수출 부진	4) 기획아이템 및 기획 능력(시스템) 부족
5) 제작 능력(시스템) 부족	6) 홍보 및 마케팅 능력(시스템) 부족
7) 전문 인력 부족/인건비 부담	8) 작품들 간의 경쟁 심화
9) 유통 시스템의 불합리성(유통비용의 과다 등)	10) 불법 복제 및 불법 다운로드
11) 영화산업의 환경변화(디지털화/뉴 미디어 매체의 발전 등)	
12) 등급 분류의 불합리성	13) 각종 행정상 규제/ 정부의 지원 미미
14) 기타(기록: ______________________)	

문15. **경영상의 애로점**과 관련하여, 향후 영화진흥위원회와 같은 공적 기관에서 진행했으면 하는 정책지원방안 및 영화산업에 대해 어떤 의견이라도 좋으니 기록해 주세요.

♣ 오랫동안 설문에 응해 주셔서 대단히 감사합니다 ♣

ID					2013년 한국 영화산업 실태조사(극장상영)

안녕하십니까? 귀사의 무궁한 발전을 기원합니다.
영화진흥위원회는 한국 영화산업의 실태를 파악하기 위해 실태조사를 진행하고 있습니다.
본 조사의 목적은 한국 영화산업 육성 및 지원정책 수립을 위한 기초자료 마련에 있습니다.
본 조사내용은 통계법 제13조에 의해 비밀이 보호되며 조사목적 외에 다른 어떤 용도로도 사용하지 않을 것임을 약속드립니다.
바쁘신 와중에 설문에 협조해 주신데 대해 진심으로 감사드립니다.

2014년 8월

연구기관	영화진흥위원회	조사기관	(주)비욘드리서치

■ 통계응답자의 의무 및 보호에 관한 법률

제33조(비밀의 보호)

1) 통계의 작성과정에서 알려진 사항으로서 개인이나 법인 또는 단체 등의 비밀에 속하는 사항은 보호되어야 한다.
2) 통계의 작성을 위하여 수립된 개인이나 법인 또는 단체 등의 비밀에 속하는 자료는 통계작성 외의 목적으로 사용되어서는 아니 된다.

응답 요령	○ 객관식 문항의 경우 보기문항에서 해당하는 번호를 골라 오른쪽 □칸에 작성해 주십시오. ○ 주관식 문항의 경우 해당란에 정확히 작성해 주십시오. ○ 모든 문항에 빠짐없이 답해 주시기 바랍니다. ○ 본 설문지는 **2013년 결산을 기준(2013.1.1~2013.12.31)**으로 하여 응답해 주시기 바랍니다.
문의처	조사 진행관련 문의처 : ㈜비욘드리서치 차민주 이사 (02-785-5100) 조사 내용관련 문의처 : ㈜비욘드리서치 정대관 차장 (070-4632-2358) 조사 연구관련 문의처 : 영화진흥위원회 정책연구부 박주영 연구원 (051-720-4822)
회수처	팩스 : 02-582-5112, E-mail : clamp@btresearch.co.kr

▶ 조사표를 작성해 주시는 업체 관계자 분의 인적 사항을 기록해 주세요.

조사표 응답자	부서		직책	
	성명		전화번호	
	팩스번호		E-mail	

KOFIC 영화진흥위원회 Korean Film Council

▶ 2013년 기준, **귀사의 업종에 해당되는 곳에 항목 번호를 적어주신 후, 해당업종의 매출 비중을 기록**해 주세요. (중복 기재 가능)

항목 번호	해당 업종 번호 기입	매출 비중 (전체 매출 대비) 세로 합이 100%가 되게 기록
1) 제작		%
2) 수입		%
3) 배급		%
4) 제작 서비스		%
5) 극장 상영		%
6) 홍보 및 마케팅		%
7) 온라인 상영		%
8) 홈비디오		%
9) 투자조합		%
10) 기타(기록: _ _ _ _ _ _ _ _ _ _)		%
합계		%

* 매출의 합이 100%가 되도록 해주세요.
* 해당업종 표기 시, 아래의 업종 정의를 참고하여 작성해주세요.
* 해당업종 중 매출 비중이 가장 높은 유형의 설문지로 작성하여 주세요. (해당 설문지가 다를 경우 담당자에게 재발송 요청)

※ 업종 정의

업종	업종 정의
제작	영화를 생산하는 업종 예) 명필름, 영화사 청어람(주) 등
수입	해외에서 만들어진 외국영화를 수입하여 들여오는 업종 예) 블루미지, 거원시네마
배급	영화를 상영 창구인 극장 등에 유통시키는 업종 예) CJ E&M, 롯데엔터테인먼트, 쇼박수(주)미디어플렉스, 넥스트엔터테인먼트월드(NEW) 등
제작 서비스	영화 제작 전반에 관한 것을 지원하는 업종 예) 세방현상소, (주)블루캡
극장 상영	영화를 상영하여 극장 관객들에게 판매하는 업종 예) 프랜차이즈 형태 극장: CJ CGV, 롯데시네마, 메가박스 등 예) 독립체 형태 극장: 대한극장, 서울극장 등
홍보 및 마케팅	영화의 정보와 광고를 제작 · 제공하는 업종 예) 올댓시네마, 영화인 등
온라인 상영	온라인을 이용하여 시청자들에게 영화를 제공하는 윈도우로서의 역할을 하거나 해당사업자에게 영화를 제공하는 업종 예) KT, SK브로드밴드, LG유플러스, 홈초이스, KTH, 다우기술, 캔들미디어, 더콘텐츠온 등
홈비디오 (DVD/블루레이)	홈비디오 업종은 영화를 DVD/블루레이 형태로 제작 · 유통하는 업종 예) 케이디미디어, 아트서비스 등
투자조합	정부, 창업투자회사, 일반 투자자 등이 공동으로 출자하여 영화에 투자하는 형태 예) 타임와이즈인베스트먼트, 이수창업투자, 캐피탈원 등

PART 1. 사업 (기업) 체 기초정보

문1. 2013년 기준, **귀사의 기초 정보**에 대한 질문입니다.

1) 사업(기업)체명		2) 사업자등록번호	
3) 홈페이지 주소	http://www.		
4) 전화 번호		5) 팩스번호	- -
6) 주소	시/도 군/구 읍/면/동		
7) 설립 일자	년 월 일		
8) 벤처기업 지정 여부	① 대상 ② 비대상		응답란
9) 기업 형태	① 개인 사업체 ② 회사 법인 (주식, 유한, 합자, 합명 회사) ③ 회사 외 법인 ④ 국가기관/공사 ⑤ 비법인 단체		응답란
10) 본사 유무	① 단독 사업체 ② 공장, 지사(점), 영업소 ③ 본사, 본점, 본부		응답란

문2. 2013년 기준, 귀사는 **상장 기업**인가요? 응답란

① 상장 기업임 ☞ 문2-1로 ② 비상장 기업임 ☞ 문3으로

문2-1. [**상장 기업만**] 귀사의 **상장유형**은 다음 중 어디에 해당합니까? 응답란

① 거래소 상장 ② 코스닥 시장 상장

문2-2. 귀사의 **상장 연도**는 몇 년도입니까?

(________________)년

문3 . 2013년 기준, 귀사의 **대표자 정보를 기록**해 주세요.

1) 대표자 성명		2) 영화 관련 분야 경력	년
3) 대표자 연령	① 29세 이하 ② 30~34세 ③ 35~39세 ④ 40세 이상 응답란	4) 경영형태	① 창업 ② 가업계승 ③ 기업인수 ④ 전문 경영인 ⑤ 기타(기록: ______) 응답란

PART 2. 사업(기업)체 재무 현황

문4. 다음의 **재무 정보를 2013년 기준으로 기록**해 주세요.

항목		금액
1) 총 매출액		백만 원
2) 비용	2-1) 매출 원가	백만 원
	2-2) 판매비와 관리비(판관비)	백만 원

※ 주 2-1) 매출 원가: 매출액을 벌어드리기 위해 발생한 비용으로, 영화 작품과 관련하여 소요된 원가 및 기타 경비 등이 포함됨

2-2) 판매비와 관리비(판관비): 인건비(급여, 수당, 복리후생, 퇴직금 등), 영업 활동, 부대 설비(수도광열비, 통신비, 수선비, 보험료 등) 관련 비용이 모두 포함됨

문5. 귀사에서는 **재무제표**를 작성하십니까?

① 작성한다 ☞ 문5-1로 ② 작성하지 않는다 ☞ 문5-2로

문5-1. [**재무제표 작성 기업만 작성**] 아래의 세부 항목을 기록해 주세요.

항목	금액
1) 영업이익	백만 원
2) 영업비용	백만 원
3) 영업 외 수익	백만 원
4) 영업 외 비용	백만 원
5) 경상이익	백만 원
6) 특별이익	백만 원
7) 특별손실	백만 원
8) 법인세 비용	백만 원
9) 판매비와 관리비 (판관비)	백만 원
9-1) 인건비	백만 원
9-2) 순금융비용	백만 원
9-3) 감가상각비	백만 원
9-4) 임차료	백만 원
9-5) 조세공과(세금 및 공과금)	백만 원

※ 주 5) 경상이익: 영업이익+영업 외 수익 - 영업 외 비용

9) 문4.의 2-2)판매비와 관리비(판관비)와 동일해야 함

9-2) 순금융비용: 이자비용 - 이자수익

9-5) 조세공과: 기업경영에서 필연적으로 발생하는 조세 및 공공적 부담금을 말하며, 세금 및 공과금을 말함

문5-2. [**재무제표 미작성 기업만 작성**] 2013년 납부부가가치세액을 기록해 주세요.

2013년 납부부가가치세액	백만 원

* 환급부분 포함 혹은 미포함과 관계없이 자사의 회계기준에 맞게 적어 주십시오.

PART 3. 사업(기업)체 종사자 현황

문6. 2013년 기준, **대표자를 포함한 귀사의 총 종사자 수**를 기록해 주세요. ( )명

문7. 2013년 기준, **임원(대표자 포함) 및 상시 직원 수(임원수 제외하고, 고용형태별 구분)를 기록**해 주세요.

항목		남자	여자
1) 임원 수(대표자 포함)		명	명
2) 직원 수(임원수 제외)	2-1) 정규직 수	명	명
	2-2) 비정규직 수	명	명
합계		명	명

* 문7.의 2-1)정규직 수와 2-2)비정규직 수의 합계가 직원 수가 됩니다. (단, 임원수 제외)
* 문7.의 1)임원 수와 2)직원 수의 합계가 업체의 총 종사자 수가 됩니다.

문8. 2013년 기준, 학력별, 연령별 종사자 수를 기록해 주세요.

항목		종사자 수
1) 학력별	고졸 이하	명
	전문대졸(2~3년제)	명
	대졸	명
	대학원졸 이상	명
합계		명

항목		종사자 수
2) 연령별	29세 이하	명
	30~34세	명
	35~39세	명
	40세 이상	명
합계		명

* 문8.의 1)학력별과 2)연령별 합계부분이 일치해야 합니다.

문9. 2013년 기준, 직무별**로 귀사의 종사자 현황을 나누어 기록**해 주세요.

항목	종사자 수
① 경영관리	명
② 작품수급	명
③ 홍보 및 마케팅	명
④ 시설 운영	명
⑤ 매표 및 수표	명
⑥ 영사	명
⑦ 기타(기록 : _ _ _ _ _ ________)	명
합계	명

PART 4. 해외 거래 현황(국제공동제작)

문10. 귀사는 2013년도에 해외 업체와의 거래 실적이 있습니까?

① 있다 ☞ 문11으로 ② 없다 ☞ 문12로

응답란

문11. 2013년 기준, 귀사가 수행한 해외업체와의 영화 관련 투자 현황을 기록해 주세요.

항목		건수	금액
1) 해외로의 투자 (해외 프로젝트, 제작서비스 업체 등에 대한 투자)	단독	건	천 달러
	합작	건	천 달러
2) 해외로의 투자 (귀사 프로젝트, 귀사 등에 대한 투자)	단독	건	천 달러
	합작	건	천 달러
합계		건	천 달러

※ 수익 창출을 목적으로 영화 등 프로젝트 단위에 진행되었던 직접 투자뿐만 아니라, 업체를 대상으로 한 직접 투자도 포함됨(단, 판권 구입 · 구매는 포함되지 않음)

PART 5. 영화산업 경기 전망

문12. 귀사에서는 영화 산업 경기를 **어떻게 전**망하시는지 보기문항에서 해당하는 번호를 골라 오른쪽 □칸에 작성해 주십시오.

년도	매우 나쁠 것이다	대체로 나쁠 것이다	보통이다	대체로 좋아질 것이다	매우 좋아질 것이다	응답란
1) 2014년	①	②	③	④	⑤	
2) 2015년	①	②	③	④	⑤	

PART 5. 업종별 세부 현황

문13. 2013년 기준, **극장상영 분야별 매출액 내역을 항목별로 구분**하여 기록해 주세요.

항목	매출액
① 제품 매출액(입장권 매출액)	백만 원
② 매점 매출액	백만 원
③ 부동산 임대 매출액	백만 원
④ 위탁 경영 수수료 매출액	백만 원
⑤ 극장 광고 매출액	백만 원
⑥ 기타 매출액(기록 :_________________)	백만 원
합계	백만 원

문14. 2013년 기준, **극장상영 세부적인 비용 내역을 항목별로 구분**하여 기록해 주세요.

항목	매출액
① 제품 수급 비용(영화작품 수급 비용)	백만 원
② 장비 구입/ 대여 비용(스크린, 영사기 등)	백만 원
③ 매점 운영 비용	백만 원
④ 시설 확충 및 개선 비용	백만 원
⑤ 부동산 임차 비용	백만 원
⑥ 위탁 경영 수수료 비용	백만 원
⑦ 기타(기록 :_________________)	백만 원
합계	백만 원

문15. 2013년 기준, 귀 사의 **극장 시설현황 및 매출액을 항목별로 구분**하여 기록해 주세요.

항목	스크린 수	매출액
① 필름 스크린	개	백만 원
② 디지털 스크린	개	백만 원
③ 3D 스크린	개	백만 원
④ 4D 스크린	개	백만 원
⑤ 기타(기록 :_________________)	개	백만 원
합계	개	백만 원

※ 스크린 정의(작성요령)
- 필름 스크린 : '필름'으로만 상영이 가능한 스크린 수
- 디지털 스크린 : '디지털' 상영 또는 '디지털과 필름' 혼용 상영이 가능한 스크린 수
- 3D 스크린 : '3D' 상영 또는 '3D와 디지털' 혼용 상영이 가능한 스크린 수
- 4D 스크린 : '4D' 상영 또는 '4D와 3D' 혼용 상영이 가능한 스크린 수

PART 7. 영화산업 경영상 애로점 및 건의사항

문16. 영화업을 운영하는 데 있어서 어려운 점이 무엇인지를 보기 문항에서 골라 **우선순위로 3가지** 만 적어 주세요.

1순위		2순위		3순위	

1) 자금 및 투자 부족
2) 내수 부진
3) 영화작품의 질 저하
4) 영화 작품(신작)부족
5) 과도한 건물 임대료
6) 저렴한 영화 관람료
7) 전문 인력 부족 / 인건비 부담
8) 무리한 할인 경쟁
9) 근접 지역 내 극장 과다
10) 주변 상권의 변화
11) 불법 복제 및 불법 다운로드
12) 영화산업의 환경변화(디지털화 / 뉴미디어 매체의 발전 등)
13) 각종 행정상 규제/ 정부의 지원 미미
14) 기타(기록: ______________________________)

문17. **경영상의 애로점**과 관련하여, 향후 영화진흥위원회와 같은 공적 기관에서 진행했으면 하는 정책지원방안 및 영화산업에 대해 어떤 의견이라도 좋으니 기록해 주세요.

♣ 오랫동안 설문에 응해 주셔서 대단히 감사합니다 ♣

ID					2013년 한국 영화산업 실태조사(홍보 및 마케팅)

안녕하십니까? 귀사의 무궁한 발전을 기원합니다.
영화진흥위원회는 한국 영화산업의 실태를 파악하기 위해 실태조사를 진행하고 있습니다.
본 조사의 목적은 한국 영화산업 육성 및 지원정책 수립을 위한 기초자료 마련에 있습니다.
본 조사내용은 통계법 제13조에 의해 비밀이 보호되며 조사목적 외에 다른 어떤 용도로도 사용하지 않을 것임을 약속드립니다.
바쁘신 와중에 설문에 협조해 주신데 대해 진심으로 감사드립니다.

2014년 8월

연구기관	영화진흥위원회	조사기관	(주)비욘드리서치

■ 통계응답자의 의무 및 보호에 관한 법률

제33조(비밀의 보호)

1) 통계의 작성과정에서 알려진 사항으로서 개인이나 법인 또는 단체 등의 비밀에 속하는 사항은 보호되어야 한다.
2) 통계의 작성을 위하여 수립된 개인이나 법인 또는 단체 등의 비밀에 속하는 자료는 통계작성 외의 목적으로 사용되어서는 아니 된다.

응답 요령	○ 객관식 문항의 경우 보기문항에서 해당하는 번호를 골라 오른쪽 □칸에 작성해 주십시오. ○ 주관식 문항의 경우 해당란에 정확히 작성해 주십시오. ○ 모든 문항에 빠짐없이 답해 주시기 바랍니다. ○ 본 설문지는 **2013년 결산을 기준(2013.1.1~2013.12.31)**으로 하여 응답해 주시기 바랍니다.
문의처	조사 진행관련 문의처 : ㈜비욘드리서치 차민주 이사 (02-785-5100) 조사 내용관련 문의처 : ㈜비욘드리서치 정대관 차장 (070-4632-2358) 조사 연구관련 문의처 : 영화진흥위원회 정책연구부 박주영 연구원 (051-720-4822)
회수처	팩스 : 02-582-5112, E-mail : clamp@btresearch.co.kr

▶ 조사표를 작성해 주시는 업체 관계자 분의 인적 사항을 기록해 주세요.

조사표 응답자	부서		직책	
	성명		전화번호	
	팩스번호		E-mail	

KOFIC 영화진흥위원회 Korean Film Council

▶ 2013년 기준, **귀사의 업종에 해당되는 곳에 항목 번호를 적어주신 후, 해당업종의 매출 비중을 기록**해 주세요. (중복 기재 가능)

항목 번호	해당 업종 번호 기입	매출 비중 (전체 매출 대비) 세로 합이 100%가 되게 기록
1) 제작		%
2) 수입		%
3) 배급		%
4) 제작 서비스		%
5) 극장 상영		%
6) 홍보 및 마케팅		%
7) 온라인 상영		%
8) 홈비디오		%
9) 투자조합		%
10) 기타(기록: __________)		%
합계		%

* 매출의 합이 100%가 되도록 해주세요.
* 해당업종 표기 시, 아래의 업종 정의를 참고하여 작성해주세요.
* 해당업종 중 매출 비중이 가장 높은 유형의 설문지로 작성하여 주세요.
(해당 설문지가 다를 경우 담당자에게 재발송 요청)

※ 업종 정의

업종	업종 정의
제작	영화를 생산하는 업종 예) 명필름, 영화사 청어람(주) 등
수입	해외에서 만들어진 외국영화를 수입하여 들여오는 업종 예) 블루미지, 거원시네마
배급	영화를 상영 창구인 극장 등에 유통시키는 업종 예) CJ E&M, 롯데엔터테인먼트, 쇼박스(주)미디어플렉스, 넥스트엔터테인먼트월드(NEW) 등
제작 서비스	영화 제작 전반에 관한 것을 지원하는 업종 예) 세방현상소, (주)블루캡
극장 상영	영화를 상영하여 극장 관객들에게 판매하는 업종 예) 프랜차이즈 형태 극장: CJ CGV, 롯데시네마, 메가박스 등 예) 독립체 형태 극장: 대한극장, 서울극장 등
홍보 및 마케팅	영화의 정보와 광고를 제작 · 제공하는 업종 예) 올댓시네마, 영화인 등
온라인 상영	온라인을 이용하여 시청자들에게 영화를 제공하는 윈도우로서의 역할을 하거나 해당사업자에게 영화를 제공하는 업종 예) KT, SK브로드밴드, LG유플러스, 홈초이스, KTH, 다우기술, 캔들미디어, 더콘텐츠온 등
홈비디오 (DVD/블루레이)	홈비디오 업종은 영화를 DVD/블루레이 형태로 제작 · 유통하는 업종 예) 케이디미디어, 아트서비스 등
투자조합	정부, 창업투자회사, 일반 투자자 등이 공동으로 출자하여 영화에 투자하는 형태 예) 타임와이즈인베스트먼트, 이수창업투자, 캐피탈원 등

PART 1. 사업 (기업) 체 기초정보

문1. 2013년 기준, **귀사의 기초 정보**에 대한 질문입니다.

1) 사업(기업)체명		2) 사업자등록번호	
3) 홈페이지 주소	http://www.		
4) 전화 번호		5) 팩스번호	- -
6) 주소	시/도 군/구 읍/면/동		
7) 설립 일자	년 월 일		
8) 벤처기업 지정 여부	① 대상 ② 비대상		응답란
9) 기업 형태	① 개인 사업체 ② 회사 법인 (주식, 유한, 합자, 합명 회사) ③ 회사 외 법인 ④ 국가기관/공사 ⑤ 비법인 단체		응답란
10) 본사 유무	① 단독 사업체 ② 공장, 지사(점), 영업소 ③ 본사, 본점, 본부		응답란

문2. 2013년 기준, 귀사는 **상장 기업**인가요? 응답란

① 상장 기업임 ☞ 문2-1로 ② 비상장 기업임 ☞ 문3으로

문2-1. [**상장 기업만**] 귀사의 **상장유형**은 다음 중 어디에 해당합니까? 응답란

① 거래소 상장 ② 코스닥 시장 상장

문2-2. 귀사의 **상장 연도**는 몇 년도입니까?

(____________)년

문3 . 2013년 기준, 귀사의 **대표자 정보를 기록**해 주세요.

1) 대표자 성명		2) 영화 관련 분야 경력	년
3) 대표자 연령	① 29세 이하 ② 30~34세 ③ 35~39세 ④ 40세 이상 응답란	4) 경영형태	① 창업 ② 가업계승 ③ 기업인수 ④ 전문 경영인 ⑤ 기타(기록: ______) 응답란

PART 2. 사업(기업)체 재무 현황

문4. 다음의 **재무 정보를 2013년 기준으로 기록**해 주세요.

항목		금액
1) 총 매출액		백만 원
2) 비용	2-1) 매출 원가	백만 원
	2-2) 판매비와 관리비(판관비)	백만 원

※ 주 2-1) 매출 원가: 매출액을 벌어드리기 위해 발생한 비용으로, 영화 작품과 관련하여 소요된 원가 및 기타 경비 등이 포함됨

2-2) 판매비와 관리비(판관비): 인건비(급여, 수당, 복리후생, 퇴직금 등), 영업 활동, 부대 설비(수도광열비, 통신비, 수선비, 보험료 등) 관련 비용이 모두 포함됨

문5. 귀사에서는 **재무제표**를 작성하십니까?

① 작성한다 ☞ 문5-1로 ② 작성하지 않는다 ☞ 문5-2로

문5-1. [**재무제표 작성 기업만 작성**] 아래의 세부 항목을 기록해 주세요.

항목	금액
1) 영업이익	백만 원
2) 영업비용	백만 원
3) 영업 외 수익	백만 원
4) 영업 외 비용	백만 원
5) 경상이익	백만 원
6) 특별이익	백만 원
7) 특별손실	백만 원
8) 법인세 비용	백만 원
9) 판매비와 관리비 (판관비)	백만 원
9-1) 인건비	백만 원
9-2) 순금융비용	백만 원
9-3) 감가상각비	백만 원
9-4) 임차료	백만 원
9-5) 조세공과(세금 및 공과금)	백만 원

※ 주 5) 경상이익: 영업이익+영업 외 수익 - 영업 외 비용

9) 문4.의 2-2)판매비와 관리비(판관비)와 동일해야 함

9-2) 순금융비용: 이자비용 - 이자수익

9-5) 조세공과: 기업경영에서 필연적으로 발생하는 조세 및 공공적 부담금을 말하며, 세금 및 공과금을 말함

문5-2. [**재무제표 미작성 기업만 작성**] 2013년 납부부가가치세액을 기록해 주세요.

2013년 납부부가가치세액	백만 원

* 환급부분 포함 혹은 미포함과 관계없이 자사의 회계기준에 맞게 적어 주십시오.

PART 3. 사업(기업)체 종사자 현황

문6. 2013년 기준, **대표자를 포함한 귀사의 총 종사자 수**를 기록해 주세요. ( )명

문7. 2013년 기준, **임원(대표자 포함) 및 상시 직원 수(임원수 제외하고, 고용형태별 구분)를 기록**해 주세요.

항목		남자	여자
1) 임원 수(대표자 포함)		명	명
2) 직원 수(임원수 제외)	2-1) 정규직 수	명	명
	2-2) 비정규직 수	명	명
합계		명	명

* 귀사에 상주하는 직원을 기준으로 적어 주십시오.
* 문7.의 1)임원 수와 2)직원 수의 합계가 업체의 총 종사자 수가 됩니다.

문8. 2013년 기준, 학력별, 연령별 종사자 수를 기록해 주세요.

항목		종사자 수
1) 학력별	고졸 이하	명
	전문대졸(2~3년제)	명
	대졸	명
	대학원졸 이상	명
합계		명

항목		종사자 수
2) 연령별	29세 이하	명
	30~34세	명
	35~39세	명
	40세 이상	명
합계		명

* 문8.의 1)학력별과 2)연령별 합계부분이 일치해야 합니다.

문9. 2013년 기준, 직무별**로 귀사의 종사자 현황을 나누어 기록**해 주세요.

항목	종사자 수
① 홍보 및 마케팅	명
② 인쇄물 제작(포스터 등)	명
③ 광고 디자인	명
④ 광고 에이전시 담당	명
⑤ 동영상 제작(예고편 등)	명
⑥ 경영관리	명
⑦ 홈페이지 제작	명
⑧ 기타(기록 :_ _ _ _ _ _ _ _ _ _)	명
합계	명

PART 4. 업종별 세부 현황

문10. 2013년 기준, **귀사께서 홍보 및 마케팅 하신 콘텐츠들의 편수 및 매출액을 콘텐츠 유형별 (영화/영화 外), 국적별(한국영화/외국영화)으로 기록**해 주세요.

(온라인/오프라인 마케팅, 온라인 마케팅, 동영상 제작, 인쇄물 제작, 광고 에이전시 등 포함)

구분	항목	영화 편수	매출액
영화	1)한국영화	편	백만 원
	2)외국영화	편	백만 원
소계		편	백만 원
영화 外(외)	3)기타(기록 :_ _ _ _ _ _ _ _ _)	편	백만 원
합계		편	백만 원

문11. 2013년 기준, 세부 내역별로 귀사께서 홍보 및 마케팅 하신 한국영화/외국영화들의 영화편수 및 매출액을 업무 유형별로 기록해 주세요.

항목	영화편수	매출액
1)온라인 마케팅	편	백만 원
2)오프라인 마케팅	편	백만 원
3)동영상 제작	편	백만 원
4)인쇄물 제작	편	백만 원
5)광고에이전시	편	백만 원
6)기타(기록 :_ _ _ _ _ _ _ _ _ _ _ _ _ _ _ _)	편	백만 원
합계	편	백만 원

※ 문 11.의 영화편수와 매출액은 문 10.의 영화 부문 '소계'의 영화 편수와 매출액와 동일하게 작성해 주십시오.

※ 업무유형(온라인 마케팅, 오프라인 마케팅 등)의 중복이 있는 경우 영화편수는 '영화편수/유형 항목 수'로 나누어 작성해 주십시오.

(예시) 귀사에서 '영화A'의 홍보 마케팅에 있어 '온라인 마케팅'과 '오프라인 마케팅'을 함께 진행하여 매출액이 발생한 경우, 영화편수는 '온라인 마케팅' 0.5편, '오프라인 마케팅' 0.5편으로 작성해 주시고, 매출액은 '온라인 마케팅'과 '오프라인 마케팅'에서 발생한 각각의 매출액을 명기해 주십시오.

PART 5. 영화산업 경기 전망

문12. 귀사에서는 영화 산업 경기를 **어떻게 전**망하시는지 보기문항에서 해당하는 번호를 골라 오른쪽 □칸에 작성해 주십시오.

년도	매우 나쁠 것이다	대체로 나쁠 것이다	보통이다	대체로 좋아질 것이다	매우 좋아질 것이다	응답란
1) 2014년	①	②	③	④	⑤	
2) 2015년	①	②	③	④	⑤	

PART 6. 영화산업 경영상 애로점 및 건의사항

문13. 영화업을 운영하는 데 있어서 어려운 점이 무엇인지를 보기 문항에서 골라 **우선순위로 3가지**만 적어 주세요.

1순위		2순위		3순위	

1) 홍보 및 마케팅 수급 단가 부족
2) 홍보 및 마케팅 비용 증가
3) 한국 영화 제작 편수 감소
4) 홍보 및 마케팅 능력(시스템 부족)
5) 전문 인력 부족/인건비 부담
6) 투자 배급사/제작사의 불공정한 계약 관행
7) 투자배급사/제작사/주연배우등과의 홍보 및 마케팅 조율의 어려움
8) 홍보매체(또는 담당자) 선정(섭외)의 어려움
9) 동종(유사) 업체들 간의 경쟁 심화
10) 불법 복제 및 불법 다운로드
11) 각종 행정상 규제/정부의 지원 미미
12) 기타(기록: ____________________)

문14. **경영상의 애로점**과 관련하여, 향후 영화진흥위원회와 같은 공적 기관에서 진행했으면 하는 정책지원방안 및 영화산업에 대해 어떤 의견이라도 좋으니 기록해 주세요.

♣ 오랫동안 설문에 응해 주셔서 대단히 감사합니다 ♣

ID					2013년 한국 영화산업 실태조사(DVD/블루레이)	

안녕하십니까? 귀사의 무궁한 발전을 기원합니다.
영화진흥위원회는 한국 영화산업의 실태를 파악하기 위해 실태조사를 진행하고 있습니다.
본 조사의 목적은 한국 영화산업 육성 및 지원정책 수립을 위한 기초자료 마련에 있습니다.
본 조사내용은 통계법 제13조에 의해 비밀이 보호되며 조사목적 외에 다른 어떤 용도로도 사용하지 않을 것임을 약속드립니다.
바쁘신 와중에 설문에 협조해 주신데 대해 진심으로 감사드립니다.

2014년 8월

연구기관	영화진흥위원회	조사기관	(주)비욘드리서치

■ 통계응답자의 의무 및 보호에 관한 법률

제33조(비밀의 보호)

1) 통계의 작성과정에서 알려진 사항으로서 개인이나 법인 또는 단체 등의 비밀에 속하는 사항은 보호되어야 한다.
2) 통계의 작성을 위하여 수립된 개인이나 법인 또는 단체 등의 비밀에 속하는 자료는 통계작성 외의 목적으로 사용되어서는 아니 된다.

응답 요령	○ 객관식 문항의 경우 보기문항에서 해당하는 번호를 골라 오른쪽 □칸에 작성해 주십시오. ○ 주관식 문항의 경우 해당란에 정확히 작성해 주십시오. ○ 모든 문항에 빠짐없이 답해 주시기 바랍니다. ○ 본 설문지는 **2013년 결산을 기준(2013.1.1~2013.12.31)**으로 하여 응답해 주시기 바랍니다.
문의처	조사 진행관련 문의처 : ㈜비욘드리서치 차민주 이사 (02-785-5100) 조사 내용관련 문의처 : ㈜비욘드리서치 정대관 차장 (070-4632-2358) 조사 연구관련 문의처 : 영화진흥위원회 정책연구부 박주영 연구원 (051-720-4822)
회수처	팩스 : 02-582-5112, E-mail : clamp@btresearch.co.kr

▶ 조사표를 작성해 주시는 업체 관계자 분의 인적 사항을 기록해 주세요.

조사표 응답자	부서		직책	
	성명		전화번호	
	팩스번호		E-mail	

영화진흥위원회 Korean Film Council

▶ 2013년 기준, **귀사의 업종에 해당되는 곳에 항목 번호를 적어주신 후, 해당업종의 매출 비중을 기록**해 주세요. (중복 기재 가능)

항목 번호	해당 업종 번호 기입	매출 비중 (전체 매출 대비) 세로 합이 100%가 되게 기록
1) 제작		%
2) 수입		%
3) 배급		%
4) 제작 서비스		%
5) 극장 상영		%
6) 홍보 및 마케팅		%
7) 온라인 상영		%
8) 홈비디오		%
9) 투자조합		%
10) 기타(기록: __________)		%
합계		%

* 매출의 합이 100%가 되도록 해주세요.
* 해당업종 표기 시, 아래의 업종 정의를 참고하여 작성해주세요.
* 해당업종 중 매출 비중이 가장 높은 유형의 설문지로 작성하여 주세요.
(해당 설문지가 다를 경우 담당자에게 재발송 요청)

※ 업종 정의

업종	업종 정의
제작	영화를 생산하는 업종 예) 명필름, 영화사 청어람(주) 등
수입	해외에서 만들어진 외국영화를 수입하여 들여오는 업종 예) 블루미지, 거원시네마
배급	영화를 상영 창구인 극장 등에 유통시키는 업종 예) CJ E&M, 롯데엔터테인먼트, 쇼박스(주)미디어플렉스, 넥스트엔터테인먼트월드(NEW) 등
제작 서비스	영화 제작 전반에 관한 것을 지원하는 업종 예) 세방현상소, (주)블루캡
극장 상영	영화를 상영하여 극장 관객들에게 판매하는 업종 예) 프랜차이즈 형태 극장: CJ CGV, 롯데시네마, 메가박스 등 예) 독립체 형태 극장: 대한극장, 서울극장 등
홍보 및 마케팅	영화의 정보와 광고를 제작 · 제공하는 업종 예) 올댓시네마, 영화인 등
온라인 상영	온라인을 이용하여 시청자들에게 영화를 제공하는 윈도우로서의 역할을 하거나 해당사업자에게 영화를 제공하는 업종 예) KT, SK브로드밴드, LG유플러스, 홈초이스, KTH, 다우기술, 캔들미디어, 더콘텐츠온 등
홈비디오 (DVD/블루레이)	홈비디오 업종은 영화를 DVD/블루레이 형태로 제작 · 유통하는 업종 예) 케이디미디어, 아트서비스 등
투자조합	정부, 창업투자회사, 일반 투자자 등이 공동으로 출자하여 영화에 투자하는 형태 예) 타임와이즈인베스트먼트, 이수창업투자, 캐피탈원 등

PART 1. 사업(기업)체 기초정보

문1. 2013년 기준, **귀사의 기초 정보**에 대한 질문입니다.

1) 사업(기업)체명		2) 사업자등록번호	
3) 홈페이지 주소	http://www.		
4) 전화 번호		5) 팩스번호	- -
6) 주소	시/도	군/구	읍/면/동
7) 설립 일자	년	월	일
8) 벤처기업 지정 여부	① 대상 ② 비대상		응답란
9) 기업 형태	① 개인 사업체 ② 회사 법인 (주식, 유한, 합자, 합명 회사) ③ 회사 외 법인 ④ 국가기관/공사 ⑤ 비법인 단체		응답란
10) 본사 유무	① 단독 사업체 ② 공장, 지사(점), 영업소 ③ 본사, 본점, 본부		응답란

문2. 2013년 기준, 귀사는 **상장 기업**인가요? 응답란

① 상장 기업임 ☞ 문2-1로 ② 비상장 기업임 ☞ 문3으로

문2-1. [**상장 기업만**] 귀사의 **상장유형**은 다음 중 어디에 해당합니까? 응답란

① 거래소 상장 ② 코스닥 시장 상장

문2-2. 귀사의 **상장 연도**는 몇 년도입니까?

(____________)년

문3 . 2013년 기준, 귀사의 **대표자 정보를 기록**해 주세요.

1) 대표자 성명		2) 영화 관련 분야 경력	년
3) 대표자 연령	① 29세 이하 ② 30~34세 ③ 35~39세 ④ 40세 이상 응답란	4) 경영형태	① 창업 ② 가업계승 ③ 기업인수 ④ 전문 경영인 ⑤ 기타(기록: ______) 응답란

PART 2. 사업(기업)체 재무 현황

문4. 다음의 **재무 정보를 2013년 기준으로 기록**해 주세요.

항목		금액
1) 총 매출액		백만 원
2) 비용	2-1) 매출 원가	백만 원
	2-2) 판매비와 관리비(판관비)	백만 원

※ 주 2-1) 매출 원가: 매출액을 벌어드리기 위해 발생한 비용으로, 영화 작품과 관련하여 소요된 원가 및 기타 경비 등이 포함됨

2-2) 판매비와 관리비(판관비): 인건비(급여, 수당, 복리후생, 퇴직금 등), 영업 활동, 부대 설비(수도광열비, 통신비, 수선비, 보험료 등) 관련 비용이 모두 포함됨

문5. 귀사에서는 **재무제표**를 작성하십니까?

① 작성한다 ☞ 문5-1로 ② 작성하지 않는다 ☞ 문5-2로

문5-1. [**재무제표 작성 기업만 작성**] 아래의 세부 항목을 기록해 주세요.

항목	금액
1) 영업이익	백만 원
2) 영업비용	백만 원
3) 영업 외 수익	백만 원
4) 영업 외 비용	백만 원
5) 경상이익	백만 원
6) 특별이익	백만 원
7) 특별손실	백만 원
8) 법인세 비용	백만 원
9) 판매비와 관리비 (판관비)	백만 원
9-1) 인건비	백만 원
9-2) 순금융비용	백만 원
9-3) 감가상각비	백만 원
9-4) 임차료	백만 원
9-5) 조세공과(세금 및 공과금)	백만 원

※ 주 5) 경상이익: 영업이익+영업 외 수익 - 영업 외 비용

9) 문4.의 2-2)판매비와 관리비(판관비)와 동일해야 함

9-2) 순금융비용: 이자비용 - 이자수익

9-5) 조세공과: 기업경영에서 필연적으로 발생하는 조세 및 공공적 부담금을 말하며, 세금 및 공과금을 말함

문5-2. [**재무제표 미작성 기업만 작성**] 2013년 납부부가가치세액을 기록해 주세요.

2013년 납부부가가치세액	백만 원

* 환급부분 포함 혹은 미포함과 관계없이 자사의 회계기준에 맞게 적어 주십시오.

PART 3. 사업(기업)체 종사자 현황

문6. 2013년 기준, **대표자를 포함한 귀사의 총 종사자 수**를 기록해 주세요. ( )명

문7. 2013년 기준, **임원(대표자 포함) 및 상시 직원 수(임원수 제외하고, 고용형태별 구분)를 기록**해 주세요.

항목		남자	여자
1) 임원 수(대표자 포함)		명	명
2) 직원 수(임원수 제외)	2-1) 정규직 수	명	명
	2-2) 비정규직 수	명	명
합계		명	명

* 프로젝트 단위가 아닌 상시직원을 기준으로 적어 주십시오.
* 문7.의 1)임원 수와 2)직원 수의 합계가 업체의 총 종사자 수가 됩니다.

문8. 2013년 기준, 학력별, 연령별 종사자 수를 기록해 주세요.

항목		종사자 수
1) 학력별	고졸 이하	명
	전문대졸(2~3년제)	명
	대졸	명
	대학원졸 이상	명
합계		명

항목		종사자 수
2) 연령별	29세 이하	명
	30~34세	명
	35~39세	명
	40세 이상	명
합계		명

* 문8.의 1)학력별과 2)연령별 합계부분이 일치해야 합니다.

PART 4. 업종별 세부 현황

문9. 2013년 기준, 귀사께서 출시하신 DVD/블루레이 매출 내역을 한국영화/외국영화로 나누어 기록해주세요(극장용 영화가 아닌 DVD/블루레이는 기타에 포함함)

[DVD]

항목	DVD		
	출시 편수	판매량	매출액
1)한국영화	편	장	백만 원
2)외국영화	편	장	백만 원
3)기타(기록 :___________)	편	장	백만 원
합계	편	장	백만 원

[블루레이]

항목	블루레이		
	출시 편수	판매량	매출액
1)한국영화	편	장	백만 원
2)외국영화	편	장	백만 원
3)기타(기록 :___________)	편	장	백만 원
합계	편	장	백만 원

문10. 귀사께서 출시하신 한국영화/외국영화의 DVD/블루레이매출 비중을 유형별로 나누어 기록해 주세요.

[DVD]

항목	DVD			
	판매량 비중		매출 비중	
	한국 영화	외국 영화	한국 영화	외국 영화
1)판매용(Sell-Through)	%	%	%	%
2)대여용	%	%	%	%
합계	100 %	100 %	100 %	100 %

[블루레이]

항목	블루레이			
	판매량 비중		매출 비중	
	한국 영화	외국 영화	한국 영화	외국 영화
1)판매용(Sell-Through)	%	%	%	%
2)대여용	%	%	%	%
합계	100 %	100 %	100 %	100 %

문11. 귀사에서 출시하신 **영화들의 판매량 비중 및 매출비중을 장르별로 기록**해 주세요.

[DVD]

항목	판매량 비중	매출비중
1)극영화	%	%
2)다큐멘터리	%	%
3)애니메이션	%	%
4)기타(기록 :_____________)	%	%
합계	100.0 %	100.0 %

[블루레이]

항목	판매량 비중	매출비중
1)극영화	%	%
2)다큐멘터리	%	%
3)애니메이션	%	%
4)기타(기록 :_____________)	%	%
합계	100.0 %	100.0 %

문12. 2013년 기준, 귀사께서 제공하신 출시하신 DVD/블루레이의 항목별 제작편수, 매출액을 기록해 주세요.

[DVD]

항목	제작 편수	매출액
1)영화	편	백만 원
2)방송물	편	백만 원
4)기타(기록 :_____________)	편	백만 원
합계	편	백만 원

[블루레이]

항목	제작 편수	매출액
1)영화	편	백만 원
2)방송물	편	백만 원
4)기타(기록 :_____________)	편	백만 원
합계	편	백만 원

PART 5. 영화산업 경기 전망

문13. 귀사에서는 영화 산업 경기를 **어떻게 전**망하시는지 보기문항에서 해당하는 번호를 골라 오른쪽 □칸에 작성해 주십시오.

년도	매우 나쁠 것이다	대체로 나쁠 것이다	보통이다	대체로 좋아질 것이다	매우 좋아질 것이다	응답란
1) 2014년	①	②	③	④	⑤	
2) 2015년	①	②	③	④	⑤	

PART 6. 영화산업 경영상 애로점 및 건의사항

문14. 영화업을 운영하는 데 있어서 어려운 점이 무엇인지를 보기 문항에서 골라 **우선순위로 3가지**만 적어 주세요.

1순위		2순위		3순위	

1) DVD 및 블루레이 판매처/대여/상영 축소
2) 지나치게 저렴한 DVD 및 블루레이 판매/대여/상영 요금
3) 홍보 및 마케팅 비용 부족
4) 다양한 DVD 및 블루레이 타이틀 부족
5) DVD 및 블루레이 플레이어 보급률 미미
6) 영세한 DVD 및 블루레이 판매/대여/상영 시스템
7) 전문 인력 부족/인건비 부담
8) 콘텐츠 제공 업체의 불공정한 계약 형태/과도한 판권 구매 비율
9) 왜곡된 영화 매출 구조(극장 매출 대비)
10) 불법 복제 및 불법 다운로드
11) 홀드백 질서의 파괴/재정립 미미
12) 영화산업의 환경 변화(디지털화/뉴 미디어 매체의 발전 등)
13) 각종 행정상 규제/ 정부의 지원 미미
14) 기타(기록: ______________________________)

문15. **경영상의 애로점**과 관련하여, 향후 영화진흥위원회와 같은 공적 기관에서 진행했으면 하는 정책지원방안 및 영화산업에 대해 어떤 의견이라도 좋으니 기록해 주세요.

♣ 오랫동안 설문에 응해 주셔서 대단히 감사합니다 ♣

ID					2013년 한국 영화산업 실태조사(온라인상영)	

안녕하십니까? 귀사의 무궁한 발전을 기원합니다.
영화진흥위원회는 한국 영화산업의 실태를 파악하기 위해 실태조사를 진행하고 있습니다.
본 조사의 목적은 한국 영화산업 육성 및 지원정책 수립을 위한 기초자료 마련에 있습니다.
본 조사내용은 통계법 제13조에 의해 비밀이 보호되며 조사목적 외에 다른 어떤 용도로도 사용하지 않을 것임을 약속드립니다.
바쁘신 와중에 설문에 협조해 주신데 대해 진심으로 감사드립니다.

2014년 8월

연구기관	영화진흥위원회	조사기관	(주)비욘드리서치

■ 통계응답자의 의무 및 보호에 관한 법률

제33조(비밀의 보호)

1) 통계의 작성과정에서 알려진 사항으로서 개인이나 법인 또는 단체 등의 비밀에 속하는 사항은 보호되어야 한다.
2) 통계의 작성을 위하여 수립된 개인이나 법인 또는 단체 등의 비밀에 속하는 자료는 통계작성 외의 목적으로 사용되어서는 아니 된다.

응답 요령	○ 객관식 문항의 경우 보기문항에서 해당하는 번호를 골라 오른쪽 □칸에 작성해 주십시오. ○ 주관식 문항의 경우 해당란에 정확히 작성해 주십시오. ○ 모든 문항에 빠짐없이 답해 주시기 바랍니다. ○ 본 설문지는 **2013년 결산을 기준(2013.1.1~2013.12.31)**으로 하여 응답해 주시기 바랍니다.
문의처	조사 진행관련 문의처 : ㈜비욘드리서치 차민주 이사 (02-785-5100) 조사 내용관련 문의처 : ㈜비욘드리서치 정대관 차장 (070-4632-2358) 조사 연구관련 문의처 : 영화진흥위원회 정책연구부 박주영 연구원 (051-720-4822)
회수처	팩스 : 02-582-5112, E-mail : clamp@btresearch.co.kr

▶ 조사표를 작성해 주시는 업체 관계자 분의 인적 사항을 기록해 주세요.

조사표 응답자	부서		직책	
	성명		전화번호	
	팩스번호		E-mail	

KOFIC 영화진흥위원회 Korean Film Council

▶ 2013년 기준, **귀사의 업종에 해당되는 곳에 항목 번호를 적어주신 후, 해당업종의 매출 비중을 기록**해 주세요. (중복 기재 가능)

항목 번호	해당 업종 번호 기입	매출 비중 (전체 매출 대비) 세로 합이 100%가 되게 기록
1) 제작		%
2) 수입		%
3) 배급		%
4) 제작 서비스		%
5) 극장 상영		%
6) 홍보 및 마케팅		%
7) 온라인 상영		%
8) 홈비디오		%
9) 투자조합		%
10) 기타(기록: __________)		%
합계		%

* 매출의 합이 100%가 되도록 해주세요.
* 해당업종 표기 시, 아래의 업종 정의를 참고하여 작성해주세요.
* 해당업종 중 매출 비중이 가장 높은 유형의 설문지로 작성하여 주세요.
(해당 설문지가 다를 경우 담당자에게 재발송 요청)

※ 업종 정의

업종	업종 정의
제작	영화를 생산하는 업종 예) 명필름, 영화사 청어람(주) 등
수입	해외에서 만들어진 외국영화를 수입하여 들여오는 업종 예) 블루미지, 거원시네마
배급	영화를 상영 창구인 극장 등에 유통시키는 업종 예) CJ E&M, 롯데엔터테인먼트, 쇼박수(주)미디어플렉스, 넥스트엔터테인먼트월드(NEW) 등
제작 서비스	영화 제작 전반에 관한 것을 지원하는 업종 예) 세방현상소, (주)블루캡
극장 상영	영화를 상영하여 극장 관객들에게 판매하는 업종 예) 프랜차이즈 형태 극장: CJ CGV, 롯데시네마, 메가박스 등 예) 독립체 형태 극장: 대한극장, 서울극장 등
홍보 및 마케팅	영화의 정보와 광고를 제작 · 제공하는 업종 예) 올댓시네마, 영화인 등
온라인 상영	온라인을 이용하여 시청자들에게 영화를 제공하는 윈도우로서의 역할을 하거나 해당사업자에게 영화를 제공하는 업종 예) KT, SK브로드밴드, LG유플러스, 홈초이스, KTH, 다우기술, 캔들미디어, 더콘텐츠온 등
홈비디오 (DVD/블루레이)	홈비디오 업종은 영화를 DVD/블루레이 형태로 제작 · 유통하는 업종 예) 케이디미디어, 아트서비스 등
투자조합	정부, 창업투자회사, 일반 투자자 등이 공동으로 출자하여 영화에 투자하는 형태 예) 타임와이즈인베스트먼트, 이수창업투자, 캐피탈원 등

PART 1. 사업(기업)체 기초정보

문1. 2013년 기준, **귀사의 기초 정보**에 대한 질문입니다.

1) 사업(기업)체명		2) 사업자등록번호	
3) 홈페이지 주소	http://www.		
4) 전화 번호		5) 팩스번호	- -
6) 주소	시/도 군/구 읍/면/동		
7) 설립 일자	년 월 일		
8) 벤처기업 지정 여부	① 대상 ② 비대상	응답란	
9) 기업 형태	① 개인 사업체 ② 회사 법인 (주식, 유한, 합자, 합명 회사) ③ 회사 외 법인 ④ 국가기관/공사 ⑤ 비법인 단체	응답란	
10) 본사 유무	① 단독 사업체 ② 공장, 지사(점), 영업소 ③ 본사, 본점, 본부	응답란	

문2. 2013년 기준, 귀사는 **상장 기업**인가요? [응답란]

① 상장 기업임 ☞ 문2-1로 ② 비상장 기업임 ☞ 문3으로

문2-1. [**상장 기업만**] 귀사의 **상장유형**은 다음 중 어디에 해당합니까? [응답란]

① 거래소 상장 ② 코스닥 시장 상장

문2-2. 귀사의 **상장 연도**는 몇 년도입니까?

( )년

문3 . 2013년 기준, 귀사의 **대표자 정보를 기록**해 주세요.

1) 대표자 성명		2) 영화 관련 분야 경력	년
3) 대표자 연령	① 29세 이하 ② 30~34세 ③ 35~39세 ④ 40세 이상 응답란	4) 경영형태	① 창업 ② 가업계승 ③ 기업인수 ④ 전문 경영인 ⑤ 기타(기록: ______) 응답란

PART 2. 사업(기업)체 재무 현황

문4. 다음의 **재무 정보를 2013년 기준으로 기록**해 주세요.

항목		금액
1) 총 매출액		백만 원
2) 비용	2-1) 매출 원가	백만 원
	2-2) 판매비와 관리비(판관비)	백만 원

※ 주 2-1) 매출 원가: 매출액을 벌어드리기 위해 발생한 비용으로, 영화 작품과 관련하여 소요된 원가 및 기타 경비 등이 포함됨
2-2) 판매비와 관리비(판관비): 인건비(급여, 수당, 복리후생, 퇴직금 등), 영업 활동, 부대 설비(수도광열비, 통신비, 수선비, 보험료 등) 관련 비용이 모두 포함됨

문5. 귀사에서는 **재무제표**를 작성하십니까?

① 작성한다 ☞ 문5-1로 ② 작성하지 않는다 ☞ 문5-2로

문5-1. [**재무제표 작성 기업만 작성**] 아래의 세부 항목을 기록해 주세요.

항목	금액
1) 영업이익	백만 원
2) 영업비용	백만 원
3) 영업 외 수익	백만 원
4) 영업 외 비용	백만 원
5) 경상이익	백만 원
6) 특별이익	백만 원
7) 특별손실	백만 원
8) 법인세 비용	백만 원
9) 판매비와 관리비 (판관비)	백만 원
9-1) 인건비	백만 원
9-2) 순금융비용	백만 원
9-3) 감가상각비	백만 원
9-4) 임차료	백만 원
9-5) 조세공과(세금 및 공과금)	백만 원

※ 주 5) 경상이익: 영업이익+영업 외 수익 - 영업 외 비용
9) 문4.의 2-2)판매비와 관리비(판관비)와 동일해야 함
9-2) 순금융비용: 이자비용 - 이자수익
9-5) 조세공과: 기업경영에서 필연적으로 발생하는 조세 및 공공적 부담금을 말하며, 세금 및 공과금을 말함

문5-2. [**재무제표 미작성 기업만 작성**] 2013년 납부부가가치세액을 기록해 주세요.

2013년 납부부가가치세액	백만 원

* 환급부분 포함 혹은 미포함과 관계없이 자사의 회계기준에 맞게 적어 주십시오.

PART 3. 사업 (기업) 체 종사자 현황

문6. 2013년 기준, **대표자를 포함한 귀사의 총 종사자 수**를 기록해 주세요. ( )명

문7. 2013년 기준, **임원(대표자 포함) 및 상시 직원 수(임원수 제외하고, 고용형태별 구분)를 기록**해 주세요.

항목		남자	여자
1) 임원 수(대표자 포함)		명	명
2) 직원 수(임원수 제외)	2-1) 정규직 수	명	명
	2-2) 비정규직 수	명	명
합계		명	명

* 프로젝트 단위가 아닌 상시직원을 기준으로 적어 주십시오.
* 문7.의 1)임원 수와 2)직원 수의 합계가 업체의 총 종사자 수가 됩니다.

문8. 2013년 기준, 학력별, 연령별 종사자 수를 기록해 주세요.

항목		종사자 수
1) 학력별	고졸 이하	명
	전문대졸(2~3년제)	명
	대졸	명
	대학원졸 이상	명
합계		명

항목		종사자 수
2) 연령별	29세 이하	명
	30~34세	명
	35~39세	명
	40세 이상	명
합계		명

* 문8.의 1)학력별과 2)연령별 합계부분이 일치해야 합니다.

PART 4. 업종별 세부 현황

문9. 귀사는 SP 업체입니까, 아니면 CP 업체 입니까?

① 콘텐츠유통업체(SP) ☞ 문10으로 ② 콘텐츠 제공업체(CP) ☞ 문11로

콘텐츠유통업체(SP) : 온라인을 이용하여 시청자들에게 영화를 제공하는 윈도우로서의 역할 콘텐츠제공업체(CP) : 해당사업자인 콘텐츠유통업체(SP)에 영화를 제공하는 업종

[콘텐츠유통업체(SP) 해당 문항]

문10. 2013년 기준, 귀사께서 제공하신 **온라인 상영 콘텐츠들의 항목별 다운로드 수, 매출액을 기록**해 주세요.

항목	제공 편수	다운로드 수	매출액
1)영화	편	회	백만 원
2)방송물	편	회	백만 원
3)기타(기록 :_ _ _ _ _ _ _ _ _ _ _)	편	회	백만 원
합계	편	회	백만 원

문10-1. 2013년 기준, 귀사께서 제공하신 **온라인 상영 콘텐츠들의 항목별 다운로드 수, 매출액을 기록**해 주세요.

항목	제공 편수	다운로드 수	매출액
1)한국영화	편	회	백만 원
2)외국영화	편	회	백만 원
3)기타(기록 :_ _ _ _ _ _ _ _ _ _ _)	편	회	백만 원
합계	편	회	백만 원

* 위 문10의 '영화' 제공편수와 다운로드, 매출액은 문10-1의 제공편수/다운로드수/매출액의 합과 동일해야합니다.

문10-2. 2013년 기준, 귀사께서 제공하신 **온라인 상영 콘텐츠들의 장르별 편수 및 매출액을 장르별로 기록**해 주세요.

항목	제공 편수	다운로드 수	매출액
1)극영화	편	회	백만 원
2)다큐멘터리	편	회	백만 원
3)애니메이션	편	회	백만 원
4)기타(기록 :_ _ _ _ _ _ _ _ _ _ _)	편	회	백만 원
합계	편	회	백만 원

* 위 문10의 '영화' 제공편수와 다운로드, 매출액은 문10-2의 제공편수/다운로드수/매출액의 합과 동일해야합니다.

[콘텐츠제공업체(CP) 해당 문항]

문11. 2013년 기준, 귀사께서 제공하신 **온라인 상영 콘텐츠들의 편수 및 다운로드 수, 매출액을 기록**해 주세요.

항목	제공 편수	다운로드 수	매출액
1)한국영화	편	회	백만 원
2)외국영화	편	회	백만 원
3)기타(기록 :_ _ _ _ _ _ _ _ _ _ _)	편	회	백만 원
합계	편	회	백만 원

문11-1. 2013년 기준, 귀사께서 제공하신 **온라인 상영 콘텐츠들의 서비스 윈도우별 다운로드 수, 매출액을 기록**해 주세요.

항목	다운로드 수	매출액
1)IPTV 및 디지털케이블	회	백만 원
2)인터넷VOD(모바일, N스크린서비스 포함)	회	백만 원
3)기타(기록 :_ _ _ _ _ _ _ _ _ _ _ _ _ _ _ _ _)	회	백만 원
합계	회	백만 원

PART 5. 영화산업 경기 전망

문12. 귀사에서는 영화 산업 경기를 **어떻게 전**망하시는지 보기문항에서 해당하는 번호를 골라 오른쪽 □칸에 작성해 주십시오.

년도	매우 나쁠 것이다	대체로 나쁠 것이다	보통이다	대체로 좋아 질 것이다	매우 좋아질 것이다	응답란
1) 2014년	①	②	③	④	⑤	
2) 2015년	①	②	③	④	⑤	

PART 6. 영화산업 경영상 애로점 및 건의사항

문13. 영화업을 운영하는 데 있어서 어려운 점이 무엇인지를 보기 문항에서 골라 **우선순위로 3가지**만 적어 주세요.

1순위		2순위		3순위	

1) 자금 및 투자 부족
2) 내수 부진
3) 저렴한 온라인 상영 요금
4) 다양한 콘텐츠 부족
5) 홍보 및 마케팅 능력 부족
6) 전문 인력 부족/인건비 부담
7) 거래업체의 불합리한 계약 행태(판권 구매 비용 등)
8) 기술 표준화 확립 미미
9) 동종(유사) 업체들 간의 경쟁 심화
10) 불법 복제 및 불법 다운로드
11)홀드백 질서의 파괴/재정립 미미
12) 영화산업의 환경 변화(디지털화/뉴 미디어 매체의 발전 등)
13) 각종 행정상 규제/ 정부의 지원 미미
14) 기타(기록: ______________________)

문14. **경영상의 애로점**과 관련하여, 향후 영화진흥위원회와 같은 공적 기관에서 진행했으면 하는 정책지원방안 및 영화산업에 대해 어떤 의견이라도 좋으니 기록해 주세요.

♣ 오랫동안 설문에 응해 주셔서 대단히 감사합니다 ♣

GLOBAL RESEARCH™
1582-16 Seocho-dong, Seocho-gu Seoul, Korea Tel 82-2-6253-1400~1403 / Fax 82-2-6253-1544 www.globalri.co.kr

국내 기술서비스 산업 실태조사 - 사업체

ID				

안녕하십니까? 귀사의 무궁한 발전을 기원합니다
영화진흥위원회는 영화관련 국내 기술서비스 업체 및 종사자 현황을 파악하기 위한 실태조사를 진행하고 있습니다.
본 조사는 연구의 기초자료 수집에 일차적인 목적이 있고, 국내 기술서비스 산업과 관련된 지원정책 및 학술연구에만 활용됩니다.
이 조사내용은 통계법 제 13조에 의해 비밀이 보호되며, 통계법 제33조(비밀의 보호)에 의거하여 비밀이 엄격히 보호됩니다. 이 설문지는 조사목적 외에 다른 어떤 용도로도 사용하지 않을 것임을 약속드립니다.
바쁘시더라도 잠시만 시간을 내어 협조하여 주시면 감사하겠습니다.

■ 주관기관 : ■ 수행기관 : KOFIC 영화진흥위원회 Korean Film Council GLOBAL RESEARCH™

■ 문 의 처
- 조사 진행관련 문의: (주)글로벌리서치 장두용 과장 (02) 3438-1735, 차현우 대리 (02) 3438-1725
- 조사 연구관련 문의: 영화진흥위원회 정책연구부 양정철 연구원 (051) 720-4824

조사표 응답자	부서		직책	
	성명		전화번호	
	팩스번호		E-mail	

※ 질문을 읽으신 후 해당되는 응답 번호에 O 혹은 V 로 표시하여 주시면 됩니다.
※ 주관식 문항의 경우 해당란에 정확히 작성하여 주십시오.
※ 모든 문항에 빠짐없이 답하여 주십시오
※ 회사 경영 및 실태의 경우 2013년 결산을 기준으로 하여 연 단위로 작성해 주십시오.

1. 사업 (기업) 체 기초정보

문1) 2014년 현재 기준으로 귀사의 사업장에 대한 기초정보를 각각 기입해 주시기 바랍니다.

1) 사업(기업)체명		2) 사업자등록번호	
3) 홈페이지 주소	http://www.		
4) 전화 번호		5) 팩스번호	- -
6) 주소	시/도 군/구 읍/면/동		
7) 설립 일자	년 월 일		
8) 벤처기업 지정 여부	① 대상 ② 비대상		
9) 기업 형태	① 개인 사업체 ② 회사 법인 (주식, 유한, 합자, 합명 회사) ③ 회사 외 법인 ④ 국가기관/공사 ⑤ 비법인 단체		
10) 본사 유무	① 단독 사업체 ② 공장, 지사(점), 영업소 ③ 본사, 본점, 본부		
11) 사업체 분류 (1개만 선택)	1. 무술 · 스턴트 2. 특수효과 3. 조명장비 렌탈 4. 촬영장비 렌탈 5. 특수촬영 6. 미술 / 소품 7. 세트제작 8. 스튜디오 운영 9. 분장 / 헤어 10. 특수분장 11. 의상 12. 현장편집 13. 데이터매니저 14. 동시녹음 15. 운송 16. 3D 제작 17. 편집 18. 자막 19. 음악 20. 녹음 21. 텔레시네 22. DI 23. CGI 24. 현상 25. 스틸 · 포스터 26. 예고편 제작		

문2) 2014년 기준, 귀사는 **상장 기업**인가요?

① 상장 기업임 ☞ 문2-1로 ② 비상장 기업임 ☞ 문3으로

문2-1) [**상장 기업만**] 귀사의 **상장유형**은 다음 중 어디에 해당합니까?

① 거래소 상장 ② 코스닥 시장 상장

문2-2) 귀사의 **상장 연도**는 몇 년도입니까?

(________________)년

문3) 2013년 기준, 귀사의 **대표자 정보를 기록**해 주세요.

1) 대표자 성명		2) 영화 관련 분야 경력	년
3) 대표자 연령	① 29세 이하 ② 30~34세 ③ 35~39세 ④ 40세 이상	4) 경영형태	① 창업 ② 가업계승 ③ 기업인수 ④ 전문 경영인 ⑤ 기타(기록: ______)

문4) 2013년 기준, 귀사의 해당 업종 번호에 체크해 주신 후, 해당 업종의 매출 비중과 작업자수를 기록해 주십시오(중복 기재 가능)

* **작업자는 해당 기술업무 담당자를 말하며, 1명이 여러 업무를 맡을 경우 1/n(해당 업무)로 계산해서 기록**해 주십시오

예) A 작업자가 녹음(음악), 녹음(믹싱) 둘 다 담당할 경우 해당작업자는 각각 0.5명으로 기록

* **매출비중의 합이 100%가 되도록 응답**해 주십시오

항 목		해당 업종	매출 비중(전체 매출 대비)	해당 작업자
무술 · 스턴트	1) 무술 · 스턴트	1	%	명
특수효과	2) 특수효과	2	%	명
조명장비 렌탈	3) 조명장비 렌탈	3	%	명
촬영장비 렌탈	4) 카메라 렌탈	4	%	명
	5) 그립장비 렌탈	5	%	명
특수촬영	6) 특수촬영(지미집, 슈팅카 등)	6	%	명
	7) 수중촬영	7	%	명
	8) 항공촬영	8	%	명
미술 / 소품	9) 미술	9	%	명
	10) 소품	10	%	명
세트제작	11) 세트제작	11	%	명
스튜디오 운영	12) 스튜디오 운영	12	%	명
분장 / 헤어	13) 분장	13	%	명
	14) 헤어	14	%	명
특수분장	15) 특수분장	15	%	명
의상	16) 의상	16	%	명
현장편집	17) 현장편집	17	%	명
데이터매니저	18) 데이터매니저	18	%	명
동시녹음	19) 동시녹음	19	%	명
운송	20) 운송	20	%	명
3D 제작	21) 3D 제작	21	%	명
	22) 3D 컨버팅	22	%	명
편집	23) 편집	23	%	명
자막	24) 자막	24	%	명
음악	25) 음악	25	%	명
녹음	26) 녹음(음악)	26	%	명
	27) 녹음(믹싱)	27	%	명
텔레시네	28) 텔레시네	28	%	명
DI	29) DI	29	%	명
	30) DCP	30	%	명

CGI	31) CGI	31	%	명
현상	32) 현상	32	%	명
스틸 · 포스터	33) 스틸	33	%	명
	34) 포스터	34	%	명
예고편 제작	35) 예고편 제작	35	%	명
합계			100%	명

문5) 2013년을 기준으로 귀사께서 영화 제작 지원 하신 콘텐츠(한국영화/외국영화 모두 포함)의 편수 및 매출액을 기록해 주십시오

항목	2013년 제작 편수	2013년 회계기준 매출액
1)한국영화	편	백만 원
2)외국영화	편	백만 원
4)기타(기록 :_ _ _ _ _ _ _ _ _ _ _ _ _ _)	편	백만 원
합계	편	백만 원

2. 사업(기업)체 일반 사항 및 종사자 현황

문6) 귀사에서 영화 프로젝트를 진행할 때 평균 작업기간과 참여 인력수는 어느 정도 입니까?

항목	응답
1) 평균 작업 기간	개월
2) 평균 참여 인력 수	명

문7) 귀사께서 영화 프로젝트를 수주하는 경로는 어떻게 되십니까?

1. 영화 투자사를 통해 2. 영화 제작사를 통해
3. 영화 감독을 통해 4. 기타(적어주세요:)

문8) 2013년 기준, **임원(대표자 포함) 및 상시 직원수(임원수 제외하고, 고용형태별 구분)를 기록**해 주세요.

항목		남자	여자
1) 임원 수(대표자 포함)		명	명
2) 직원 수(임원수 제외)	2-1) 정규직 수	명	명
	2-2) 비정규직 수	명	명
합계		명	명

* 귀사에 상주하는 직원을 기준으로 적어 주십시오(*영화 프로젝트에 참여를 위해 고용하는 단기계약 인력 제외).
* 문8.의 1)임원 수와 2)직원 수의 합계가 업체의 총 종사자 수가 됩니다.

문9) 2013년 기준, 학력별, 연령별 종사자 수를 기록해 주세요.

항목		종사자 수
1) 학력별	고졸 이하	명
	전문대졸(2~3년제)	명
	대졸	명
	대학원졸 이상	명
합계		명

항목		종사자 수
2) 연령별	29세 이하	명
	30~34세	명
	35~39세	명
	40세 이상	명
합계		명

* 문9.의 1)학력별과 2)연령별 합계부분이 일치해야 합니다.

3. 사업(기업)체 재무 현황

문10) 다음의 **재무 정보를 2013년 기준으로 기록**해 주세요.

항목		금액
1) 총 매출액		백만 원
2) 비용	2-1) 매출 원가	백만 원
	2-2) 판매비와 관리비(판관비)	백만 원

※ 주 2-1) 매출 원가: 매출액을 벌어드리기 위해 발생한 비용으로, 영화 작품과 관련하여 소요된 원가 및 기타 경비 등이 포함됨
2-2) 판매비와 관리비(판관비): 인건비(급여, 수당, 복리후생, 퇴직금 등), 영업 활동, 부대 설비(수도광열비, 통신비, 수선비, 보험료 등) 관련 비용이 모두 포함됨

문11) 귀사에서는 **재무제표**를 작성하십니까?

① 작성한다 ☞ 문12-1로　　② 작성하지 않는다 ☞ 문12-2로

문12-1) [**재무제표 작성 기업만 작성**] 아래의 세부 항목을 기록해 주세요.

항목	금액
1) 영업이익	백만 원
2) 영업 외 수익	백만 원
3) 영업 외 비용	백만 원
4) 경상이익	백만 원
5) 특별이익	백만 원
6) 특별손실	백만 원
7) 법인세 비용	백만 원
8) 판매비와 관리비 (판관비)	백만 원
8-1) 인건비	백만 원
8-2) 순금융비용	백만 원
8-3) 감가상각비	백만 원
8-4) 임차료	백만 원

항목	금액
8-5) 조세공과(세금 및 공과금)	백만 원

※ 주 4) 경상이익: 영업이익+영업 외 수익 - 영업 외 비용
8) 문4.의 2-2)판매비와 관리비(판관비)와 동일해야 함
8-2) 순금융비용: 이자비용 - 이자수익
8-5) 조세공과: 기업경영에서 필연적으로 발생하는 조세 및 공공적 부담금을 말하며, 세금 및 공과금을 말함

문12-2) [**재무제표 미작성 기업만 작성**] 2013년 납부부가가치세액을 기록해 주세요.

2013년 납부부가가치세액	백만 원

* 환급부분 포함 혹은 미포함과 관계없이 자사의 회계기준에 맞게 적어 주십시오.

4. 해외작품 수주현황

문13) 귀사는 2013년도에 해외 작품을 수주한 경험이 있습니까?

1. 있다 ☞ 문14)로 가세요
2. 없다 ☞ 문16)으로 가세요

문14) 귀사에서 해외 작품을 수주하는 경로는 어떻게 됩니까?(중복응답)

1. 경쟁입찰을 통해
2. 영화제작사를 통해
3. 영화감독을 통해
4. 마켓참가 등의 공식행사를 통해
5. 기타(적어주세요: _____________)

문15) 2013년 기준, 귀사가 수주한 해외작품 현황(국가별)을 기록해 주세요.

수주국가	작품편수	수주액	수주작품 장르
1) 중국	편	천달러	
2) 일본	편	천달러	
3) 미국	편	천달러	
4) 동남아시아	편	천달러	
5) 유럽	편	천달러	
6) 기타(기록: ______)	편	천달러	
합계	편	천달러	

※ 〈수주작품 장르 보기〉
1. 액션 2. 멜로/로맨스 3. 코미디 4. 애니메이션 5. 드라마 6. 스릴러 7. 공포(호러) 8. 미스터리9. 어드벤처 10. 범죄
11. 가족 12. 판타지 13. SF 14. 서부극(웨스턴) 15. 사극/시대극 16. 애니메이션 17. 다큐멘터리 18. 전쟁 19. 뮤지컬
20. 성인물(에로) 21. 공연 22. 기타(적어주세요: _____________)

6. 경영상 애로점 및 건의사항

문16) 귀사를 운영하는 데 있어 어려운 점이 무엇인지를 보기 문항에서 골라 우선순위로 3가지만 적어 주세요.

1순위		2순위		3순위	

1. 자금 및 투자 부족	2. 내수 부진
3. 해외 수출(수주) 부진	4. 기획 아이템 및 기획 능력(시스템) 부족
5. 제작 능력(시스템)부족	6. 홍보 및 마케팅 능력(시스템) 부족
7. 전문 인력 부족/인건비 부담	8. 작품들 간의 경쟁 심화
9. 작업 이후, 미수금 발생	10. 고객의 추가작업 요구(무보수)
11. 영화산업의 환경변화	
12. 각종 행정상 규제/정부의 지원 미미(디지털화/뉴미디어 매체의 발전등)	
13. 기타(적어주십시오: _ _ _ _ _ _ _ _ _ _ _ _ _)	

문16-1) (**1순위 응답 항목**)에 대해 어렵다고 생각하시는 이유는 무엇입니까?

문17) 최근 3년 귀사가 참여한 작품중, 대표 작품을 기록해 주십시오.

문18) 경영상의 애로점과 관련하여, 향후 영화진흥위원회와 같은 공적 기관에서 진행했으면 하는 정책 지원방안 및 영화산업에 대해 어떤 의견이라도 좋으니 기록해 주십시오.

◐ 대단히 감사합니다 ◑

2013년
한국영화 투자 수익성 분석

연구 기획 : 김현수(영화진흥위원회 정책연구부 부장)

책임 연구 : 윤 하(영화진흥위원회 정책연구부 산업정보팀장)

공동 연구원 : 최경진(영화진흥위원회 국내진흥부 과장)

보조 연구원 : 김다정

요약문

▶ 조사 개요

· 분석대상 : 총 63편1) (2013년 개봉 한국영화)

· 분석내용 및 방법 : 투자 수익성 조사표를 통한 작품별 설문조사

- 조사 대상 : 작품별 해당 투자사, 제작사, 배급사

- 자료 수집 내역

수거 자료	수거 대상	수거 내역	비율	분석 방법
매출 내역	63편	51편	81.0%	전수 추정
원가 내역	63편	51편	81.0%	전수 추정

▶ 한국영화 투자 수익성 분석

· 2013년 한국영화의 전체 투자수익률은 14.14%로 621.6억 원 규모의 이익이 발생함

· 2013년 한국영화 총매출과 총비용은 전년 대비 모두 큰 폭으로 상승하였고 투자 수익률은 소폭 증가함

· 총매출과 총비용의 동반 상승과 함께 2년 연속 10% 이상의 투자수익률을 기록함으로써 한국영화 시장은 점차 안정적인 궤도에 진입함

---

1) 2013년도 한국영화 투자수익성 분석 조사대상은 2013년 개봉한 한국영화 182편 중 상업적인 기획으로 제작·배급되는 경향의 영화(총비용 10억원 이상이거나 전국 개봉 스크린 수가 100개 이상인 작품) 63편으로 한정함. 따라서 총비용 10억원 미만이고 전국 개봉 스크린 수가 100개 미만인 작품 119편은 조사대상에서 제외함.

〈표 1〉 2004~2013년 한국영화 투자 수익률

(단위 : 백만 원)

구분	2004	2005	2006	2007	2008	2009	2010	2011	2012	2013
총매출	285,462	336,786	388,058	266,927	200,839	245,821	263,449	293,916	438,458	501,783
총비용	276,958	312,117	513,640	448,813	355,667	282,945	296,001	344,700	386,873	439,622
총이익	8,504	24,669	-125,582	-181,886	-154,827	-37,123	-32,552	-50,784	51,585	62,161
투자 수익률	3.07%*	7.90%	-24.46%	-40.53%	-43.53%	-13.12%	-11.00%	-14.73%	13.33%	14.14%

주1 : 2004년의 수익률은 표본 분석한 결과이고, 2005년부터는 한 해 극장 개봉된 한국영화에 대한 전수 추정치임

주2 : 2004년부터 전국 관객 수 십계가 실시됨에 따라 2004년 투자 수익성 분석 종료 이후 2004년도 진체 개봉 영화에 대한 전수 추정치를 다시 산정하였으며, 이 경우 2004년 투자 수익률은 -6.20%임

주3 : 2010년부터는 극장 개봉된 한국영화 중 통상적으로 상업적인 기획으로 제작 · 배급되는 경향의 영화를 조사 대상으로 한정함(총비용 10억원 미만이고 전국 개봉 스크린 수가 100개 미만인 작품 제외)

▶ 손익 분기점(BEP)에 따른 한국영화 투자 수익성 분석[2)]

· 손익 분기점(BEP)을 넘긴 영화는 21편으로 전체 33.3%를 차지함

-전년도 23편(32.9%)에 비해, 수익이 발생한 영화의 편수는 약간 감소(2012년 23편 →2013년 21편)하였지만 비율은 조금 증가(2012년 32.9%)함

-손익분기점 이상 영화의 평균 투자 수익률은 전년에 비해 감소(91.1%→83.8%)하였지만, 손익 분기점 미만 영화의 수익률이 호전(-46.1%→-39.6%)되면서 전반적인 한국영화 편당 평균 수익률이 조금 증가(13.3%→14.1%)함

〈표 2〉 손익 분기점 이상 영화 및 손익 분기점 미만 한국영화 투자 수익률

(단위 : 백만 원)

		전체 영화					손익 분기점 이상					손익 분기점 미만				
		2009	2010	2011	2012	2013	2009	2010	2011	2012	2013	2009	2010	2011	2012	2013
매출액	평균	2,083	4,391	4,522	6,264	7,965	9,396	9,266	12,443	13,924	16,756	767	2,302	2,145	2,515	3,569
	표준편차	5,176	4,900	6,029	8,764	10,603	10,174	5,665	7,405	11,345	10,834	1,556	2,516	2,614	3,155	7,305
비용	평균	2,398	4,933	5,303	5,527	6,978	6,323	6,172	6,764	7,286	9,116	1,691	4,403	4,865	4,666	5,909
	표준편차	3,684	3,393	4,625	4,136	8,223	6,663	2,995	2,709	4,735	3,654	2,260	3,448	5,000	3,553	9,604
순제작비	평균	1,463	2,820	3,223	3,055	4,092	3,441	2,876	3,270	3,351	4,574	1,106	2,797	3,209	2,911	3,851
	표준편차	2,181	2,480	3,582	2,414	5,964	4,003	1,698	1,468	2,251	2,226	1,424	2,767	4,017	2,501	7,155
P&A 비용 등	평균	935	2,113	2,080	2,472	2,886	2,882	3,296	3,494	3,935	4,542	585	1,606	1,656	1,755	2,058
	표준편차	1,567	1,353	1,466	2,057	2,593	2,736	1,509	1,404	2,615	1,903	896	902	1,204	1,216	2,509

2) 2010년도 이후 한국영화 투자수익성 분석 조사대상은 상업적으로 기획된 한국영화에 국한하였으므로 과거 수치와 비교할 때 다소 편차가 발생할 수 있음

	전체 영화					손익 분기점 이상					손익 분기점 미만				
	2009	2010	2011	2012	2013	2009	2010	2011	2012	2013	2009	2010	2011	2012	2013
평균 편당 투자 수익률 (%)	-13.1	-11.0	-14.7	13.3	14.1	48.6	50.1	84.0	91.1	83.8	-54.7	-47.7	-55.9	-46.1	-39.6
영화 편수 (분석 편수)	118편	60편	65편	70편	63편	18편	18편	15편	23편	21편	100편	42편	50편	47편	42편

▶ 한국영화 매출 구조

· 2013년 매출 구조의 극장 집중도는 83.98%를 기록해 여전히 높았지만, 2011년 최고점을 찍은 이후 비중이 점차 축소되는 경향을 보임

· 〈설국열차〉, 〈미스터 고〉, 〈이별계약〉 등 글로벌 프로젝트의 해외 수출액 증가로 인해 전년 대비 해외 수출 부분의 비중이 증가하였고, DVD/블루레이, TV, 디지털 부문의 비중은 조금씩 축소되었음

〈표 3〉 2004~2013년 한국영화 매출 구조

(단위 : %)

구분	2004	2005	2006	2007	2008	2009	2010	2011	2012	2013
극장	77.32	78.55	75.42	81.92	87.20	88.13	85.41	88.16	85.13	83.98
DVD/블루레이	8.72	4.14	4.15	2.27	1.24	0.86	0.46	0.27	0.15	0.06
TV(공중파, 케이블, 위성)	4.77	4.31	8.73	6.55	4.22	2.57	4.76	1.90	0.55	0.27
디지털(IPTV 등)	0.28	0.35	1.17	1.30	3.62	4.12	4.34	7.14	10.58	8.92
해외 수출	7.95	12.30	9.01	6.98	2.91	3.17	3.11	1.56	3.14	5.90
기타	0.96	0.35	1.51	0.98	0.81	1.15	1.92	0.97	0.45	0.87
합계	100	100	100	100	100	100	100	100	100	100

▶ 한국영화 원가 분석

· 2013년 원가 분석 결과, 전년과 비교하여 순제작비 비중은 증가하고 P&A 비용, 수수료 등의 비중이 감소함

· 순제작비는 전년 대비 후반작업비, 인건비, 기재비 비중이 상승하였고, P&A 비용 등에서는 기타 비용의 비중이 증가함

· 인건비(25.20%), P&A 비용(24.35%), 수수료(12.46%) 등의 순으로 총비용에서 많은 비중을 차지함

〈표 4〉 한국영화 총비용 대비 원가 분석

원가 구분	금액 (2013년) 단위: 백만원	총비용 대비					원가 구분	금액 (2013년) 단위: 백만원	총비용 대비				
		2013	2012	2011	2010	2009			2013	2012	2011	2010	2009
기획 개발비	12,306	2.80%	3.59%	4.34%	3.73%	3.31%	기획비	4,523	1.03%	1.50%	1.81%	1.19%	1.32%
							판권/ 저작권비	1,317	0.30%	0.48%	0.19%	0.39%	0.18%
							시나리오	3,976	0.90%	0.90%	1.18%	1.29%	1.13%
							기획 진행비	2,490	0.57%	0.71%	1.16%	0.86%	0.68%
인건비	110,767	25.20%	24.20%	25.07%	28.01%	25.32%	스텝료	53,124	12.09%	10.49%	11.57%	14.86%	12.17%
							출연료	57,643	13.11%	13.71%	13.50%	13.15%	13.15%
진행비	37,163	8.45%	9.01%	7.58%	8.62%	9.77%	프로덕션 진행비	31,793	7.23%	7.67%	5.63%	6.61%	7.50%
							기타 진행비	4,324	0.98%	1.17%	1.83%	1.83%	2.03%
							보험료	1,046	0.24%	0.17%	0.12%	0.18%	0.24%
기재비	51,921	11.81%	11.14%	15.19%	10.71%	12.68%	필름	575	0.13%	0.20%	0.47%	1.16%	1.36%
							촬영 기자재	11,793	2.68%	2.94%	3.23%	2.38%	2.78%
							조명 기자재	7,737	1.76%	1.84%	1.97%	1.72%	2.02%
							특수 기자재	3,190	0.73%	0.72%	1.64%	0.45%	0.50%
							미술비	12,005	2.73%	2.26%	5.35%	1.88%	2.69%
							세트	16,621	3.78%	3.18%	2.53%	3.12%	3.32%
후반 작업비	40,197	9.14%	6.10%	6.98%	4.26%	8.56%	현상/ DI	2,475	0.56%	0.44%	0.41%	0.59%	0.43%
							편집	2,278	0.52%	0.61%	0.44%	0.37%	0.69%
							녹음	2,786	0.63%	1.22%	0.81%	0.93%	1.06%
							음악	4,085	0.93%	0.69%	0.91%	0.57%	0.89%
							컴퓨터 그래픽	25,681	5.84%	2.64%	4.05%	1.40%	5.13%
							후반작업 진행	2,892	0.66%	0.50%	0.36%	0.40%	0.37%
경상비	5,260	1.20%	1.20%	1.51%	1.67%	1.18%	경상비	5,260	1.20%	1.20%	1.51%	1.67%	1.18%
예비비	176	0.04%	0.04%	0.10%	0.17%	0.17%	예비비	176	0.04%	0.04%	0.10%	0.17%	0.17%
순제 비용 합계	257,790	58.64%	55.28%	60.77%	57.17%	60.99%	순제 비용 합계	257,790	58.64%	55.28%	60.77%	57.17%	60.99%
P&A 비용	107,047	24.35%	27.91%	27.61%	30.33%	26.51%	배급비	22,157	5.04%	6.31%	6.27%	8.86%	9.17%
							광고홍보비	84,890	19.31%	21.60%	21.34%	21.47%	17.34%
수수료	54,789	12.46%	13.01%	10.24%	10.51%	9.93%	국내배급수수료	42,414	9.65%	10.08%	7.81%	7.82%	8.10%
							지방배급수수료	3,660	0.83%	1.01%	0.58%	0.97%	0.37%
							해외배급수수료	2,703	0.61%	0.39%	0.28%	0.39%	0.30%
							제작관리수수료	6,012	1.37%	1.53%	1.57%	1.33%	1.08%
기타 비용	19,996	4.55%	3.80%	1.38%	1.99%	2.57%	금융비용	3,025	0.69%	0.29%	0.31%	0.33%	0.92%
							부가시장 제작비용	115	0.03%	0.67%	0.03%	0.09%	0.02%
							해외 비용	7,654	1.74%	0.59%	0.57%	0.44%	0.72%
							기타 비용	9,202	2.09%	2.25%	0.47%	1.13%	0.91%
P&A 비용 등 합계	181,832	41.36%	44.72%	39.23%	42.83%	39.01%	P&A 비용 등 합계	181,832	41.36%	44.72%	39.23%	42.83%	39.01%
총비용 합계	439,622	100%	100%	100%	100%	100%	총비용 합계	439,622	100%	100%	100%	100%	100%

Ⅰ. 2013년 한국영화 투자 수익성 주요 분석

1. 조사 대상 및 조사 방법

'2013년 한국영화 투자 수익성 분석'은 2013년 1월 1일부터 12월 31일까지 국내 극장에서 개봉한 한국영화 182편[3] 중 상업적인 기획으로 제작 · 배급되는 경향의 영화 63편[4]을 분석 대상으로 삼는다. '개봉작' 기준이란 순수하게 2013년도에 개봉된 작품만을 조사 대상으로 한다는 것으로, 2012년 말에 개봉하여 2013년 초까지 두 해에 걸쳐 극장에서 상영된 이월작품은 포함하지 않는다.[5]

수집 자료는 투자 수익률을 측정하기 위한 매출 내역과 원가 내역이며, 그 외에 투자 수익성에 영향을 미치는 요인들로 추정되는 변수인 상영 일수, 전국 개봉 스크린 수, 전국 관객 수 등의 자료를 취합하였다.

매출 자료의 경우, 극장 흥행 통계를 통해 파악된 극장 입장권 매출액(박스오피스)을 기본으로 각 수익 창구(2차 부가시장)별 매출 자료를 수집하고자 하였다. 그 결과 매출 내역 자료는 51편(81.0%)이 확보되었다. 한편 자료를 확보하지 못한 작품 12편(19.0%)에 대해서는 영화관입장권 통합전산망에서 이미 확보하고 있는 전국 관객 수 데이터와 제작사, 배급사, 투자사 등의 간이조사 결과를 활용하였다. 2004년부터 실시한 전국 관객수 집계는 매출 조사가 불가능한 영화에 대해서도 1차 수익 창구인 극장 매출(박스오피스)를 기

3) 2013년 개봉작 183편 중 〈은밀하게 위대하게(확장판)〉은 제외함

4) 2013년도 한국영화 투자수익성 분석 조사대상은 2013년 개봉한 한국영화 182편 중 상업적인 기획으로 제작 · 배급되는 경향의 영화(총비용 10억원 이상이거나 전국 개봉 스크린 수가 100개 이상인 작품) 63편으로 한정함

5) 즉, '상영작'을 기준으로 하지 않음

준으로 한 기본적인 매출 추정을 가능하게 해주었다. 따라서 부가판권 내역이 없는 경우라도 '보수적인 산정방식'에 따라 전수 추정이 가능하게 되었다.

원가 내역의 경우, 영화산업 결산을 위해 간이로 파악하는 제작비 조사 결과를 기본으로 작품별로 세부 항목별 비용 내역을 조사하였다. 그 결과 순제작비, P&A 비용, 총제작비 액수에 대해서는 전수가 파악되었으며, 추가적으로 세부 항목별 원가 내역을 수집한 작품은 51편(81.0%)이었다.

자료 수집은 해당 영화의 투자사(영상전문투자조합 등), 제작사, 배급사에 설문조사를 실시하여 진행하였다. 또한 작품별로 중복 응답이 이루어진 경우에는 가장 타당성이 있는 값[6]을 선택하여 자료의 신뢰성과 대표성을 높였다(〈표 I-1-1〉 참조).

〈표 I-1-1〉 한국영화 투자 수익성 분석 자료 수집 내역

수거 자료	수거 대상	수거 내역	비율	분석 방법
매출 내역	63편	51편	81.0%	전수 추정
원가 내역	63편	51편	81.0%	전수 추정

본 수익성 분석의 조사표에서 사용한 '총매출'의 개념은 극장에서 부금정산 후 계산된 박스오피스 매출과 2차 부가판권 시장(디지털, DVD/블루레이, TV, 해외, 기타 등)에서 팔린 판권매출을 모두 포함하는 개념으로 사용된다. 이번 조사에서는 전년도 매출 항목에 대한 조사표를 사용하되 해당 영화 관계사의 매출 항목이 상이한 부분이 있어 TV 매출 항목에 기타 항목을 포함시켰다. (〈표 I-1-2〉 참조).

6) 동일한 영화에 대해 3개 이상의 자료가 있는 경우 공통되는 자료를 선택하였고, 공통되는 것이 없거나 2개 미만인 자료는 정산시점이 가장 늦은 자료를 선택하였음. 만일 정산시점이 같은데 서로 차이가 나는 수치에 대해서는 담당자와의 전화면접을 통해 수치를 재확인하였음. 그러한 경우 메인투자사의 확인 자료(정산보고서)에 근거함.

〈표 I-1-2〉 한국영화 투자 수익성 분석 매출 항목표

<table>
<tr><th>구분</th><th colspan="3">매출 내역</th></tr>
<tr><td rowspan="18">매출액</td><td rowspan="2">극장 매출</td><td colspan="2">극장 입장권 매출액(부금 정산 전)</td></tr>
<tr><td colspan="2">극장 입장권 매출액(부금 정산 후)</td></tr>
<tr><td rowspan="15">부가시장
(판권 판매+RS)[7]</td><td rowspan="4">디지털</td><td>IPTV(PPV/VOD+Flat)</td></tr>
<tr><td>디지털 케이블(PPV/VOD+Flat)</td></tr>
<tr><td>온라인 상영(VOD+Flat)</td></tr>
<tr><td>기타</td></tr>
<tr><td rowspan="2">DVD/
블루레이</td><td>DVD/블루레이</td></tr>
<tr><td>기타</td></tr>
<tr><td rowspan="4">TV</td><td>공중파 TV(지상파 DMB 포함)</td></tr>
<tr><td>케이블 TV(Basic + 프리미엄)</td></tr>
<tr><td>위성방송 TV(위성 DMB 포함)</td></tr>
<tr><td>기타</td></tr>
<tr><td>해외</td><td>판권 + Overage(교포 판권 포함)</td></tr>
<tr><td rowspan="4">기타</td><td>PPL</td></tr>
<tr><td>OST</td></tr>
<tr><td>항공판권/KTX</td></tr>
<tr><td>기타 부가판권</td></tr>
<tr><td colspan="3">부가판권 합계</td></tr>
<tr><td colspan="4">매출 합계(극장 매출(부금 정산 후) + 부가판권 매출 합계)</td></tr>
</table>

한편, 원가표는 영화의 제작 과정 가운데 발생한 비용을 정리한 것으로, 기본 양식은 영화진흥위원회에서 발행된 『영화산업 회계처리 기준안』과 실제 영화사에서 사용되는 원가표를 기준으로 작성되었다. 그리고 업계 관계자들(투자사, 제작사, 배급사, 극장)의 수요 조사를 통해 가장 필요로 한 비용 항목을 점검한 뒤, 이를 위주로 원가표 양식을 다시 정리하였다. 순제작비는 크게 기획 개발비, 인건비, 진행비, 기재비, 후반 작업비, 경상비, 예비비로 구성되며, 총제작비는 순제작비에 P&A비용, 수수료, 기타비용을 합산한 값으로 정리된다. 그리고 각 항목에는 세부 계정들이 있어 항목에서 지출된 비용의 세부 내역을 파악할 수 있다.

7) RS(Revenue Sharing) : 건당 수익배분. 판권 판매가 1차 저작권자가 특정 부가시장의 사업권을 일정 금액을 받고 넘겨주는 형태라면, 건당 수익배분 방식은 특정 부가시장의 매출에 대해 건당 1차 저작권자와 부가시장 사업자가 미리 약정한 수익 분배 비율에 따라 수익을 분배하는 것을 말한다. 간단히 말해 극장에서 티켓 1장의 매출을 극장과 투자/배급/제작사가 5:5로 나누는 수익 배분 방식이 바로 RS방식이다. 비디오 등 부가시장에 대해서는 집계 등의 어려움을 이유로 판권 판매 방식이 일반적이었으나, 최근 인터넷 및 IPTV VOD 등에서는 건당 집계가 가능해져 RS방식이 늘어나고 있다.

〈표 I-1-3〉 한국영화 투자 수익성 분석 원가 항목표

원가	내역	
순제 비용	기획 개발비	기획비
		판권/저작권비(원작, 원안, 스토리, 리메이크 판권, 구매 번역, 판권 구매 대행, 법적 자문 등)
		시나리오(각본료, 각색료, 윤색료 등)
		기획 진행비(시나리오 작가, 연출 감독, 프로듀서의 각본, 각색, 콘티 진행비 등)
	인건비	스텝료
		출연료(주/조연, 단역, 엑스트라, 동물 등)
	진행비	프로덕션 진행비(숙박, 식대, 유류비 등)
		기타 진행비(헌팅 등 프리단계 진행비, 기타 파트별 진행비 등)
		보험료(사람, 장비 보험 등)
	기재비	필름(네거티브 필름, 사운드 필름 등)
		촬영 기자재(카메라, 렌즈, 스테디캠, 지미짚, 달리, 크레인 등)
		조명 기자재(기본 조명, 탑차, 발전차, 조명크레인 등)
		특수 기자재(와이어, 강우기 등 특효장비)
		미술비(의상, 분장, 소품 등)
		세트(세트 제작, 임대, 전기료 등)
	후반 작업비	현상/DI(네가현상, 텔레시네, 색보정, 필름 작업료 등)
		편집(편집실 사용료 등)
		녹음(믹싱, 광학, 돌비 로열티 등)
		음악(음악 저작권료 등)
		컴퓨터 그래픽(CG)
		후반작업 진행
	경상비	
	예비비	
순제 비용 합계		
P&A 비용 등	P&A 비용	배급비(프린트 현상, 입회비, 배송비, 필름 소각비 등)
		광고 홍보비(대행사, 프로모션, 홍보물, 매체 광고비 등)
	수수료	국내 배급 수수료
		지방 배급 수수료
		해외 배급 수수료
		제작 관리 수수료
	기타 비용	금융 비용(총제작비용의 이자)
		부가시장 제작 비용
		해외 비용
		기타 비용(송금 수수료, 지급 수수료. 외부 감사 수수료, 금융 관련 수수료 등)
P&A 비용 등 합계		

2. 한국영화 투자 수익성 분석

2013년 한국영화의 투자 수익률을 제시하기에 앞서 본 조사에서 사용한 투자 수익률의 개념과 해석 방식에 대해 언급하고자 한다. 투자 수익률의 개념 및 해석은 2001년부터 한국영화 투자 수익성 조사가 시작된 이후 전년도까지 같은 방식을 취하고 있으나, 분석 자료 및 분석 방법의 일관성을 다시 한 번 강조하고, 분석 결과를 이해하는데 도움을 주기 위해 다시 한 번 거론하고자 한다.

본 연구에서 사용한 '투자 수익률'의 개념을 정리하면 다음과 같다. 투자에 대한 수익성을 나타내는 대표적인 지표인 투자 수익률(收益率, earning rate)은 투자한 자본에 대해 거둬들인 수익의 비율이다. 수익률은 대상이 되는 시간, 매출의 범위, 이익에 대한 정의 등 관점에 따라 여러 가지로 구분된다. 매출 중심의 관점에서는 재화를 팔거나 용역을 제공함으로써 매출이 발생하고, 매출 총액에서 제반 비용을 차감함으로써 이익이 도출된다. 이때 매출액에 대한 이익을 비교함으로써 수익률을 산정할 수 있다. 반면 투자 중심으로 보게 되면 투자 즉, 수익을 얻기 위해 투자한 금액에 대해 투자로 인해 발생한 이익을 비교하게 된다.

영화산업의 경우 개별 영화들은 일반 제조업체의 제품과 달리 각각이 별도의 프로젝트로 진행되므로, 영화 작품 하나하나를 일종의 개별적인 사업으로 파악하고 각 영화에 대한 투자 대비 이익률(투자 금액 대비 이익률, 투자 수익률)을 파악하는 것이 적합하다. 또한 작품별로 투입된 금액에 대한 극장 흥행 성과와 이후 부가시장에서의 2차 수익까지 고려된 개념이 영화산업 투자 수익성 분석에 적합한 개념이라 판단된다.

> 매출액 = 경영상의 활동으로서 재화를 팔거나 용역을 제공함으로써 받는 반대급부의 총액
>
> 비용 = 영화제작 및 배급에 필요한 각종 제반 금액
>
> 이익 = 매출액-비용
>
> 투자 수익률 = (매출액-비용/비용) x 100 = (이익/비용) x 100

이를 정리하여 2013년 한국영화의 전반적인 투자 수익성 관련 현황을 살펴보면 〈표 I-2-1〉와 같다. 2013년 한국영화 총매출과 총비용은 전년 대비 모두 큰 폭으로 상승하였고, 총이익과 투자 수익률의 경우 전년에 비해 소폭으로 증가하여 2년 연속

10% 이상의 투자수익률을 기록하였다.

〈표 I-2-1〉 2003~2012년 한국영화 투자 수익률

(단위 : 백만 원)

구분	2004	2005	2006	2007	2008	2009	2010	2011	2012	2013
총매출	285,462	336,786	388,058	266,927	200,839	245,821	263,449	293,916	438,458	501,783
총비용	276,958	312,117	513,640	448,813	355,667	282,945	296,001	344,700	386,873	439,622
총이익	8,504	24,669	-125,582	-181,886	-154,827	-37,123	-32,552	-50,784	51,585	62,161
투자 수익률	3.07%*	7.90%	-24.46%	-40.53%	-43.53%	-13.12%	-11.00%	-14.73%	13.33%	14.14%

주1 : 2004년의 수익률은 표본 분석한 결과이고, 2005년부터는 한 해 극장 개봉된 한국영화에 대한 전수 추정치임

주2 : 2004년부터 전국 관객 수 집계가 실시됨에 따라 2004년 투자 수익성 분석 종료 이후 2004년도 전체 개봉 영화에 대한 전수 추정치를 다시 산정하였으며, 이 경우 2004년 투자 수익률은 -6.20%임

주3 : 2010년부터는 극장 개봉된 한국영화 중 통상적으로 상업적인 기획으로 제작·배급되는 경향의 영화를 조사 대상으로 한정함(총비용 10억원 미만이고 전국 개봉 스크린 수가 100개 미만인 작품 제외)

2013년 한국영화 총매출액은 5,017.8억 원, 총비용은 4,396.2억 원을 차지하면서 총이익(총매출-총비용)은 621.6억 원을 기록하였다. 이는 전년도 총이익인 515.9억 원에서 다소 증가한 수치이며, 한국영화 투자수익률도 전년도 13.33%에서 14.14%로 소폭 상승하였다. 총매출과 총비용 역시 상승하였고, 투자 수익률도 2년 연속 두 자릿수를 기록해 한국영화 시장이 점차 안정화되고 있는 것으로 분석된다.

〈그림 I-2-1〉 연도별 한국영화 총매출, 총비용, 총이익 추이

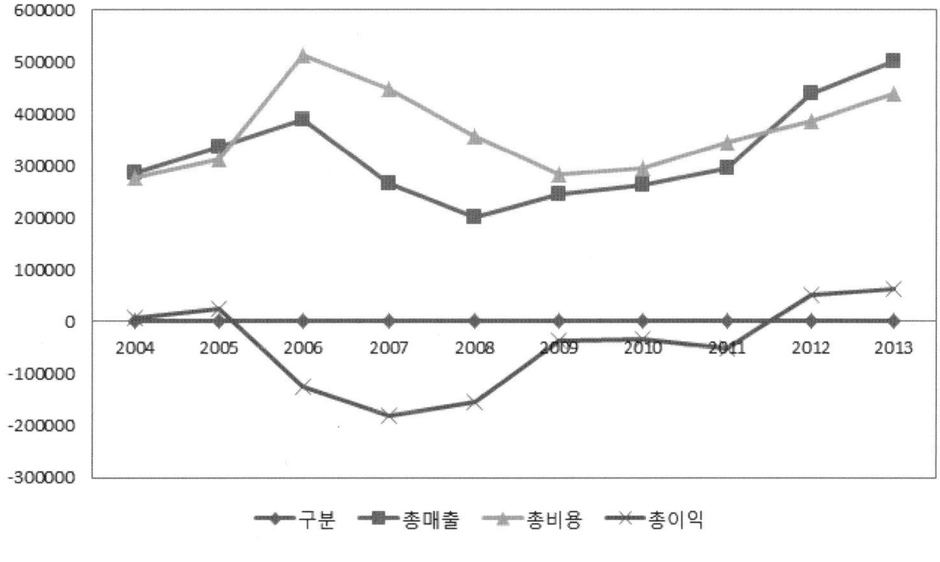

〈그림 I-2-2〉 연도별 한국영화 투자 수익률 추이

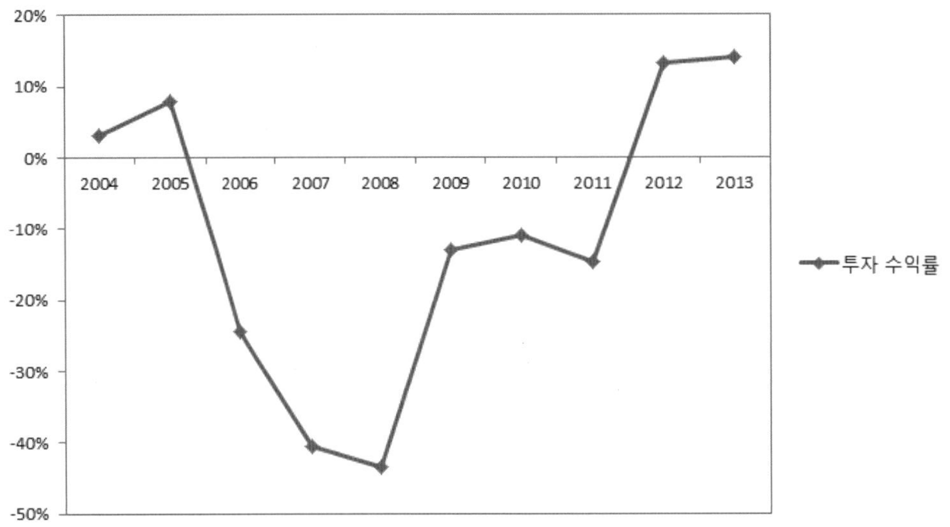

3. 한국영화 주요 특성

1) 특이치 포함 분석

본 절에서는 2013년 극장 개봉된 한국영화 중 분석대상이 되는 63편[8]의 주요 특성 값을 살펴보고자 한다. 실제 수거된 내역뿐만 아니라 전수 추정의 방법을 통해 전체 영화에 대한 특성 값을 분석하였다. 전체 영화 중 최대 매출액 1위에 오른 영화는 456.0억 원, 2위는 439.2억 원, 3위는 385.2억 원의 매출을 기록하였다.

2013년 극장 개봉된 한국영화 63편의 영화당 평균(mean) 매출액은 79.6억 원을 기록했고, 매출액 순서대로 영화들을 정렬했을 때 가장 중앙에 오는 영화의 매출액(중앙값)은 42.9억 원을 기록하였다. 평균값과 중앙값의 차이가 36.7억 원이 된다는 것은 여전히 일부 영화의 흥행이 평균 매출액 상승에 큰 영향을 미치고 있음을 의미한다. (〈표 I-3-1〉 참조).

8) 2013년도 한국영화 투자수익성 분석 조사대상은 2013년 개봉한 한국영화 182편 중 상업적인 기획으로 제작·배급되는 경향의 영화(총비용 10억원 이상이거나 전국 개봉 스크린 수가 100개 이상인 작품) 63편으로 한정함

〈표 I-3-1〉 극장 개봉 한국영화 특성

(단위 : 원, %)

	매출액	비용	이익	투자 수익률
자료 수	63편	63편	63편	63편
최소값	158,700	67,200,159	-22,676,354,489	-99.99
최대값	45,595,008,372	54,285,524,314	33,286,133,922	312.94
차이	45,594,849,672	54,218,324,155	55,962,488,411	412.93
평균	7,964,810,114	6,978,123,392	986,686,723	14.14
중앙값	4,291,711,976	5,263,002,155	-514,140,979	-25.81
표준편차	10,603,029,656	8,223,256,101	7,472,886,054	79.99
이상치 값(-값)	-23,844,278,853	-17,691,644,913	-21,431,971,438	-225.82
이상치 값(+값)	39,773,899,081	31,647,891,696	23,405,344,883	254.10
이상치 해당 영화	2편	2편	2편	1편

주 : 특이치(혹은 이상치, outlier)=평균±(3×표준편차)

2) 특이치 조정 분석

전술한 것처럼, 평균값과 중앙값의 차이가 크게 난다는 것은 특정 영화 몇 개로 인해 매출액의 변화가 크게 이루어지고 있다는 것을 의미한다. 이는 다시 말해 시장의 일반적인 추세에서 벗어나 예외적으로 아주 크게 높거나 아주 작은 값이 존재한다는 것이다. 따라서 지나치게 크거나 지나치게 작은 값을 제외하고 다시 분석해 볼 필요가 있다.

예를 들어 2013년 개봉된 한국영화 중 총비용이 가장 많이 든 영화의 경우 542.9억 원을 기록했는데, 본 분석에서 블록버스터로 규정하는 총비용 80억 원 이상의 영화와 비교해 보면 542.9억 원은 이를 상당히 웃도는 경우라고 할 수 있다. 이에 따라 분석 결과의 왜곡을 최대한 방지하기 위해서 이러한 이상값을 가지고 있는 특이치(outlier)들의 영화를 제외하고 조사 결과를 다시 살펴볼 필요가 있다는 것이다.

따라서 본 조사에서는 전년도 한국영화 투자 수익성 분석과 같은 방식으로 특이치를 조정하였다. 사회과학에서 널리 사용되는 특이치 산출방법〈(이상값)=평균±(3×표준편차[9]))〉에 따른 것으로, 허용 범위를 초과하는 데이터를 산출하여 이 값을 제외한 뒤 다시 조

9) 표준편차(standard deviation)란 각 값들이 평균에서 얼마나 떨어져 있는지 측정해 주는 값으로, 이 값이 0일 때는 관측값이 모두 동일한 크기이나 표준편차가 클수록 평균에서 떨어진 값이 많이 존재한다는 것을 의미한다. 즉, 표준편차가 클수록 평균을 중심으로 멀리 퍼져 있는 것이며, 작을수록 평균에 모여 있는 특징을 가지게 되어 해당통계의 수치들이 고른지 아닌지를 판별하는 요소가 된다.

정된 값으로 한국영화의 특성값을 살펴보았다.

조정된 산출 방식을 사용한 결과, 매출액 기준으로는 상위 영화 2편, 총비용 기준으로는 상위 영화 2편, 수익 기준으로는 상위 영화 2편, 투자 수익률 기준으로는 상위 영화 1편을 제외하게 되었다. 특이치 조정값의 분석 결과는 〈표 I-3-2〉와 같다. 분석 결과 2013년 한국영화 전체의 평균 매출액은 79.6억 원에서 67.6억 원으로, 평균 비용은 69.8억 원에서 57.2억 원으로, 수익은 9.9억 원에서 0.6억 원 수준으로 모두 감소하였다. 특이치를 제외한 매출액 최대값은 456.0억 원에서 385.2억 원으로, 비용 최대값은 542.9억 원에서 182.6억 원으로, 이익 최대값은 322.9억 원에서 174.3억 원으로 크게 축소되었다.

〈표 I-3-2〉 극장 개봉 한국영화 특성(특이치 조정값)

(단위 : 원, %)

	매출액	비용	이익	투자 수익률
자료 수	61편	61편	61편	62편
최소값	158,700	67,200,159	-22,676,354,489	-99.99
최대값	38,522,646,976	18,262,248,923	17,432,177,257	200.52
차이	38,522,488,276	18,195,048,764	40,108,531,746	300.51
평균	6,758,446,471	5,721,740,638	59,872,653	1.05
중앙값	3,573,870,596	4,788,311,858	-699,342,938	-26.11
표준편차	8,339,184,822	4,078,232,216	5,445,614,981	69.10
이상치 해당 영화	2편	2편	2편	1편

주 : 특이치(혹은 이상치, outlier)=평균±(3×표준편차)

4. 손익 분기점(BEP)에 따른 한국영화 투자 수익성 분석

손익 분기점(BEP : Break Even Point)이란 투자한 금액과 벌어들인 수입이 일치하는 지점을 말한다. 즉 손실도 이익도 생기지 않는 지점을 말하며, 매출액이 손익 분기점 아래로 감소하면 손실이 나고 반대로 매출액이 손익 분기점을 넘기면 이익을 가져오게 된다. 손익 분기점에 정확히 일치하는 상황에서는 원가와 수입이 같게 되고, 결과적으로 손실도 이익도 생기지 않아 손익이 제로상태가 된다.

예를 들어 어떤 영화로 인해 벌어들인 총수입이 손익 분기점을 상회할 때는 그만큼의 순이익이 생기고, 총수입이 손익 분기점을 밑돌면 순손실이 생기게 된다. 전술했듯이 2004년부터는 전국 관객 수와 총제작비에 대한 간이 조사가 실시되어 이에 대한 전수 자료를 확보할 수 있게 되었다. 이에 2004년부터는 극장 개봉한 한국영화 각각에 대해서도 손익 분기점 개념을 적용하여 총매출과 총비용을 가지고 손익 분기점을 구하였다.

손익 분기점이 중요한 이유는 작품별로 실제 비용을 회수할 수 있는 매출액이 어느 정도인지 판단할 수 있게 해주는 기본적인 기준이 되기 때문이다. 바꿔 말하면 투자한 비용을 회수하기 위해 동원되어야 할 관객 수가 어느 정도인지를 가늠해 볼 수 있는 잣대가 된다는 것이다. 극장 수입을 제외한 부가시장이나 해외 수출 등의 수입 부분도 중요하지만, 한국 영화시장의 경우 부가시장이 침체되어 있어 극장 매출액이 손익 분기점을 계산하는 주된 항목이 된다. 〈표 I-4-1〉에서는 전체영화 및 손익 분기점 이상 영화, 손익 분기점 미만 영화에 대한 투자 수익률을 나타내었다.

〈표 I-4-1〉 손익 분기점 이상 영화 및 손익 분기점 미만 한국영화 투자 수익률

(단위 : 백만 원)

		전체 영화					손익 분기점 이상					손익 분기점 미만				
		2009	2010	2011	2012	2013	2009	2010	2011	2012	2013	2009	2010	2011	2012	2013
매출액	평균	2,083	4,391	4,522	6,264	7,965	9,396	9,266	12,443	13,924	16,756	767	2,302	2,145	2,515	3,569
	표준편차	5,176	4,900	6,029	8,764	10,603	10,174	5,665	7,405	11,345	10,834	1,556	2,516	2,614	3,155	7,305
비용	평균	2,398	4,933	5,303	5,527	6,978	6,323	6,172	6,764	7,286	9,116	1,691	4,403	4,865	4,666	5,909
	표준편차	3,684	3,393	4,625	4,136	8,223	6,663	2,995	2,709	4,735	3,654	2,260	3,448	5,000	3,553	9,604
순제작비	평균	1,463	2,820	3,223	3,055	4,092	3,441	2,876	3,270	3,351	4,574	1,106	2,797	3,209	2,911	3,851
	표준편차	2,181	2,480	3,582	2,414	5,964	4,003	1,698	1,468	2,251	2,226	1,424	2,767	4,017	2,501	7,155
P&A 비용 등	평균	935	2,113	2,080	2,472	2,886	2,882	3,296	3,494	3,935	4,542	585	1,606	1,656	1,755	2,058
	표준편차	1,567	1,353	1,466	2,057	2,593	2,736	1,509	1,404	2,615	1,903	896	902	1,204	1,216	2,509
평균 편당 투자 수익률(%)		-13.1	-11.0	-14.7	13.3	14.1	48.6	50.1	84.0	91.1	83.8	-54.7	-47.7	-55.9	-46.1	-39.6
영화 편수 (분석 편수)		118편	60편	65편	70편	63편	18편	18편	15편	23편	21편	100편	42편	50편	47편	42편

손익 분기점에 따른 투자 수익성 분석 내용을 살펴보면, 2013년 극장 개봉한 한국영화 중 분석대상이 되는 63편[10] 중 손익 분기점을 넘긴 '손익 분기점 이상' 영화는 21편(33.3%), 손익 분기점을 넘기지 못한 '손익 분기점 미만' 영화는 42편(66.7%)으로 집계되었다.

10) 2013년 개봉한 한국영화 182편 중 총비용 10억원 미만이고 전국 개봉 스크린 수가 100개 미만인 작품 119편은 조사대상에서 제외함

2013년도 '손익 분기점 이상' 영화와 '손익 분기점 미만' 영화를 비교할 때 평균 비용은 각각 91.2억 원과 59.1억 원으로 32.1억 원의 차이가 발생하였는데, 순제작비는 각각 45.7억 원과 38.5억 원으로 오차 규모가 7.2억 원 정도였지만 P&A 비용 등 부문에서 각각 45.4억 원과 20.6억 원을 기록해 24.8억 원이라는 큰 차이가 발생했음을 확인할 수 있다.

전년도와 비교해 보면 '손익분기점 이상' 영화 편수는 2편 감소(23편→21편)하였지만, 비중 면에서 0.4%p(32.9%→ 33.3%) 증가하였다. 그리고 평균 편당 투자수익률에서 '손익분기점 이상' 영화는 91.1%에서 83.8%로 다소 감소하였지만, '손익분기점 미만' 영화가 -46.1%에서 -39.6%로 많이 호전되면서 전체적인 한국영화 평균 수익률은 13.3%에서 14.1%로 소폭 증가하였다.

1) 손익 분기점(BEP) 이상 한국영화의 투자 수익성

2013년 '손익분기점 이상 영화'들의 특징을 살펴보면 〈표 I-4-2〉와 같다. '손익 분기점 이상 영화'의 경우 최대 매출액을 기록한 영화의 매출액은 439.2억 원이고, 최대 비용이 소요된 영화의 비용은 182.6억 원이며, 최대 투자 수익률을 거둔 영화의 수익률은 312.9%로 나타났다. 그리고 '손익 분기점 이상 영화'의 평균 매출액은 167.6억 원으로 전년 139.2억 원에 비해 28.4억 원이 증가하였고, 평균 비용도 91.2억 원으로 전년 72.9억 원에서 18.3억 원이 늘어났다. 평균 투자 수익률은 83.8%로 전년 91.1%에 비해 7.3% 감소한 것으로 나타났다.

〈표 I-4-2〉 손익 분기점 이상 한국영화 투자 수익률

(단위 : 원, %)

	매출액	비용	이익	투자 수익률
자료 수	21편	21편	21편	21편
최소값	4,521,137,991	4,183,063,532	0	0.00
최대값	43,922,794,075	18,262,248,923	33,286,133,922	312.9
차이	39,401,656,084	14,079,185,391	33,286,133,922	312.9
평균	16,756,191,910	9,116,216,910	7,639,975,000	83.8
중앙값	14,081,979,414	8,857,666,859	4,871,562,887	40.6
표준편차	10,834,268,301	3,654,127,943	8,770,156,729	79.6

2) 손익 분기점(BEP) 미만 한국영화의 투자 수익성

'손익 분기점 미만 영화'에 대한 수치는 〈표 I-4-3〉에 나타나 있다. '손익 분기점 미만'의 경우, 최대 매출액을 기록한 영화의 매출액은 456.0억 원이고, 최대 비용이 소요된 영화의 비용은 542.9억 원이며, 최대 투자 수익률을 거둔 영화의 수익률은 -6.3%로 나타났다. '손익 분기점 미만'의 평균 매출액은 35.7억 원으로 전년 25.2억 원대에 비해 10.5억 원 증가하였고, 평균 비용도 59.1억 원으로 전년 46.7억 원에서 12.4억 원 늘어났다. 그리고 평균 투자 수익률은 -39.6%로 전년 -46.1%에 비해 6.5% 정도 개선된 것으로 나타났다.

〈표 I-4-3〉 손익 분기점 미만 한국영화 투자 수익률

(단위 : 원, %)

	매출액	비용	이익	투자 수익률
자료 수	42편	42편	42편	42편
최소값	158,700	67,200,159	-22,676,354,489	-99.9
최대값	45,595,008,372	54,285,524,314	-56,424,120	-6.3
차이	45,594,849,672	54,218,324,155	22,619,930,369	93.7
평균	3,569,119,216	5,909,076,632	-2,339,975,416	-39.6
중앙값	1,653,380,979	3,940,518,035	-1,628,148,632	-52.9
표준편차	7,305,345,435	9,603,742,707	3,594,134,499	29.2

5. 제작비 수준에 따른 한국영화 투자 수익성 분석

본 절에서는 실제 투자 금액이라고 할 수 있는 제작비의 관점에서 한국영화의 투자 수익성을 살펴보도록 한다. 최근 다양성 영화의 증가로 인해 국내 제작비의 수준이 더욱 다양해지고 있다. 이 가운데, 기존 상업영화의 종류가 저예산 다큐멘터리 및 블록버스터 제작의 증가 활성화로 인해 재편되어 새로운 국면에 접어들었다. 따라서 제작비 수준별로 어떠한 성과를 내고 있는지 분석하는 것은 좀 더 세부적인 한국영화 수익성을 파악하는 데 유용하다고 할 것이다.

본 분석에서는 총비용 10억 원 미만의 영화를 '저예산 영화', 10억 원 이상 80억 원 미만의 영화를 '일반 상업영화', 80억 원 이상의 영화를 '블록버스터 영화'로 구분하였다. 그리고 순제작비에 따른 투자 수익성 분석의 경우에는 순제작비 10억 원 미만의 영화를 '저

예산 영화', 10억 원 이상 60억 원 미만의 영화를 '일반 상업영화', 60억 원 이상의 영화를 '블록버스터 영화'로 구분하였다.

이렇게 총비용 기준, 순제작비 기준으로 나누어 살펴본 투자 수익성 분석은 다음과 같다.

1) 총비용 규모 기준에 따른 한국영화 투자 수익성

총비용 규모 기준에 따른 투자 수익률 분석은 〈표 I-5-1〉에 나타나 있다. 구간별로 총비용 10억 원 미만의 저예산 영화는 63편 중 7편(11.1%), 총비용 10억 원 이상 80억 원 미만의 중간예산 영화는 38편(60.3%), 80억 원 이상의 블록버스터 영화는 18편(28.6%)을 차지했다.

평균 상영일수의 경우 저예산 영화는 28일, 일반 상업영화는 40일, 블록버스터 영화는 87일로 조사되었고, 평균 전국 개봉 스크린 수는 저예산 영화 141개, 일반 상업영화 420개, 블록버스터 영화 873개로 조사되었다. 평균 투자 수익률은 저예산 영화가 -67.6%, 일반 상업영화가 -18.0%, 블록버스터 영화가 35.2%로 산출되었다. 특히 투자 수익률 부문에서 저예산영화와 블록버스터 영화는 극히 상반된 결과를 가져왔는데, 저예산 영화에서 절반 이상의 손실이 발생한 반면 블록버스터 영화는 압도적인 수익률을 기록하면서, 두 부문의 수익률 차이가 100%를 초과하는 것으로 산출되었다.

〈표 I-5-1〉 총비용 규모 기준 한국영화 투자 수익률

		저예산 영화 (총비용 10억원 미만)	일반 상업영화 (총비용 10~80억원 미만)	블록버스터 영화 (총비용 80억원 이상)
상영 편수(비율)		7편(11.1%)	38편(60.3%)	18편(28.6%)
상영일수(일)	평균	28	40	87
	표준편차	21	23	36
개봉스크린 수(개)	평균	141	420	873
	표준편차	77	187	189
전국 관객 수(명)	평균	46,854	850,909	5,354,394
	표준편차	56,190	1,044,530	3,425,271
객단가(원)	평균	3,430	3,151	3,220
	표준편차	608	193	227

		저예산 영화 (총비용 10억원 미만)	일반 상업영화 (총비용 10~80억원 미만)	블록버스터 영화 (총비용 80억원 이상)
매출액(원)	평균	195,647,881	3,586,659,845	20,228,912,662
	표준편차	204,540,620	3,949,653,566	12,210,414,836
비용(원)	평균	604,512,274	4,372,393,264	14,957,735,761
	표준편차	324,636,231	1,936,241,922	11,794,076,269
이익(원)	평균	-408,864,393	-785,733,419	5,271,176,901
	표준편차	238,543,986	3,052,148,520	12,494,418,210
투자 수익률(%)	평균	-67.6	-18.0	35.2
	표준편차	18.9	58.0	92.1

2) 순제작비 규모 기준에 따른 한국영화 투자 수익성

순제작비 규모 기준 투자 수익률 분석은 〈표 I-5-2〉에 나타나 있다. 순제작비 규모 기준의 투자 수익률을 따로 살펴보는 이유는 광고 홍보비, 배급비 등 영화제작에 간접적으로 영향을 미치는 비용들의 비중이 커짐에 따라, 순수한 제작 관련 비용의 기준으로 투자 수익성을 바라볼 필요가 발생했기 때문이다. 순제작비 규모 기준에 따른 투자 수익성 또한 세 구간으로 나누어 분석을 진행하였으며, 순제작비 10억 원 미만의 저예산 영화는 14편(22.2%), 10억 원 이상 60억 원 미만의 일반 상업영화는 41편(65.1%), 60억 원 이상의 블록버스터 영화는 8편(12.7%)로 집계되었다.

평균 상영일수에 따라 살펴보면 저예산 영화는 26일, 중간예산 영화는 54일, 블록버스터 영화는 86일로 산정되었고, 평균 전국 개봉 스크린 수는 저예산 영화가 202개, 일반 상업영화가 553개, 블록버스터 영화가 897개로 산출되었다. 이는 소위 대작 영화일수록 많은 스크린을 확보하고 오랫동안 상영하고 있는 현상을 보여주고 있다. 평균 투자 수익률은 저예산 영화 -53.9%, 일반 상업영화 32.7%, 블록버스터 영화는 -6.2%를 기록했다. 총비용 규모 기준에서는 블록버스터 영화가 가장 높은 수익률을 기록하였지만, 순제작비 규모 기준에서는 일반 상업영화의 수익률이 가장 높게 나타난 것이다. 이는 일반 상업영화에서 크게 흥행한 작품이 배급수수료 등의 비용이 증가하면서 총비용 규모 기준에서는 블록버스터 영화에 편입되었기 때문에 발생한 현상으로 분석된다.

〈표 I-5-2〉 순제작비 규모 기준 한국영화 투자 수익률

		저예산 영화 (순제작비 10억원 미만)	일반 상업영화 (순제작비 10~60억원 미만)	블록버스터 영화 (순제작비 60억원 이상)
상영 편수(비율)		14편(22.2%)	41편(65.1%)	8편(12.7%)
상영일수(일)	평균	26	54	86
	표준편차	15	32	42
개봉스크린 수(개)	평균	202	553	897
	표준편차	100	257	170
전국 관객 수(명)	평균	111,688	2,145,139	4,940,911
	표준편차	138,652	2,862,168	3,192,592
객단가(원)	평균	3,308	3,172	3,165
	표준편차	434	237	63
매출액(원)	평균	534,761,321	8,087,972,697	20,336,187,268
	표준편차	610,751,930	9,708,192,959	13,079,889,866
비용(원)	평균	1,160,414,750	6,095,036,665	21,684,932,990
	표준편차	639,291,273	2,559,495,520	15,533,699,952
이익(원)	평균	-625,653,429	1,992,936,032	-1,348,745,722
	표준편차	461,959,428	7,728,017,002	11,644,265,795
투자 수익률(%)	평균	-53.9	32.7	-6.2
	표준편차	29.8	88.7	53.7

Ⅱ. 2013년 한국영화 투자 수익성 기타 분석

1. 한국영화 매출 구조

영화로 인한 매출 총액은 크게 1차 시장이라고 할 수 있는 극장 수입과 극장에서 간판을 내린 뒤에 벌어들이는 2차 부가시장에서의 수입을 합산한 결과라고 할 수 있다. 지금까지 국내 영화산업에서는 극장의 흥행 성적을 뒤에 오는 부가판권 시장의 판권료를 결정하는 바로미터로 활용해 왔다. 그러나 최근 온라인 상영을 비롯한 디지털 영역에 새로운 매체들이 출현하면서 극장 상영 이후의 부가시장 상영 순서는 전통적인 방식을 따르지 않게 되었고, 1차 시장 및 2차 시장의 계약도 이전과는 다른 방식을 취하게 되었다. 여전히 국내시장은 1차 시장인 극장에 의존하는 형태로 가고 있으나, 극장 매출액을 포함하여 DVD/블루레이, TV, 디지털, 해외 판매, 기타 등 모든 부가시장에서의 매출 구조를 간이 분석해 볼 필요가 있다(〈표 II-1-1〉 참조)

2013년 극장 개봉된 한국영화의 세부 매출 내역을 조사하여 분석한 결과, 극장 매출의 비중은 83.98%로 2011년 최고점을 찍은 이후 비중이 점차 축소되는 경향을 보이고 있다. 이는 최근 IPTV를 포함한 디지털온라인시장 규모가 확대되고, 글로벌 프로젝트 제작이 많아지면서 해외 매출이 다시 증가함에 따라 상대적으로 극장 매출의 비중이 줄어들고 있기 때문으로 분석된다. 특히 2013년에는 〈설국열차〉, 〈미스터고〉, 〈이별계약〉 등 글로벌 프로젝트의 해외 수출액 급증으로 인해 해외 수출 부분의 비중이 많이 증가하였다. 한편 다른 부가시장인 DVD/블루레이, TV(공중파, 케이블, 위성), 디지털(IPTV 등) 등 부문은 비중이 조금씩 줄어들었다.

극장 매출 비중이 점차 완화되고 있는 분위기지만, 영화산업 주요 해외 국가에 비해 여전히 한국 영화 시장은 지나치게 극장 매출액에 의존하는 경향이 있다. 극장 매출액 비중이 커지면서 극장 개봉을 위한 마케팅비 등의 비용이 증가하게 되고 이는 수익률 악화로 연결될 수 있다. 따라서 영화산업의 지속적인 발전을 위해서는 다른 부문과의 균형적인 성장이 필요하다.

〈표 II-1-1〉 2004~2013년 한국영화 매출 구조

(단위 : %)

구분	2004	2005	2006	2007	2008	2009	2010	2011	2012	2013
극장	77.32	78.55	75.42	81.92	87.20	88.13	85.41	88.16	85.13	83.98
DVD/블루레이	8.72	4.14	4.15	2.27	1.24	0.86	0.46	0.27	0.15	0.06
TV(공중파, 케이블, 위성)	4.77	4.31	8.73	6.55	4.22	2.57	4.76	1.90	0.55	0.27
디지털(IPTV 등)	0.28	0.35	1.17	1.30	3.62	4.12	4.34	7.14	10.58	8.92
해외 수출	7.95	12.30	9.01	6.98	2.91	3.17	3.11	1.56	3.14	5.90
기타	0.96	0.35	1.51	0.98	0.81	1.15	1.92	0.97	0.45	0.87
합계	100	100	100	100	100	100	100	100	100	100

〈그림 II-1-1〉 2004~2013년 한국영화 매출 구조

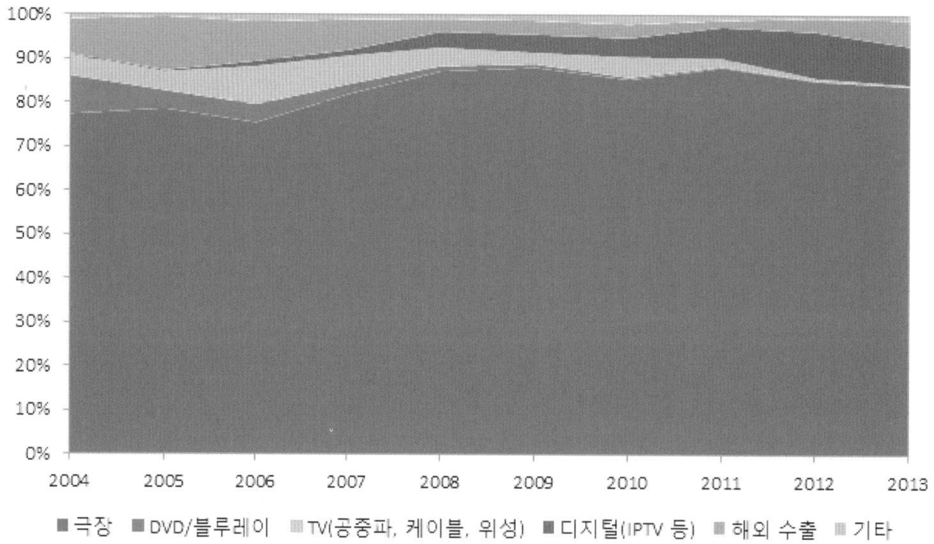

〈그림 II-1-2〉 2013년 한국영화 매출 구조

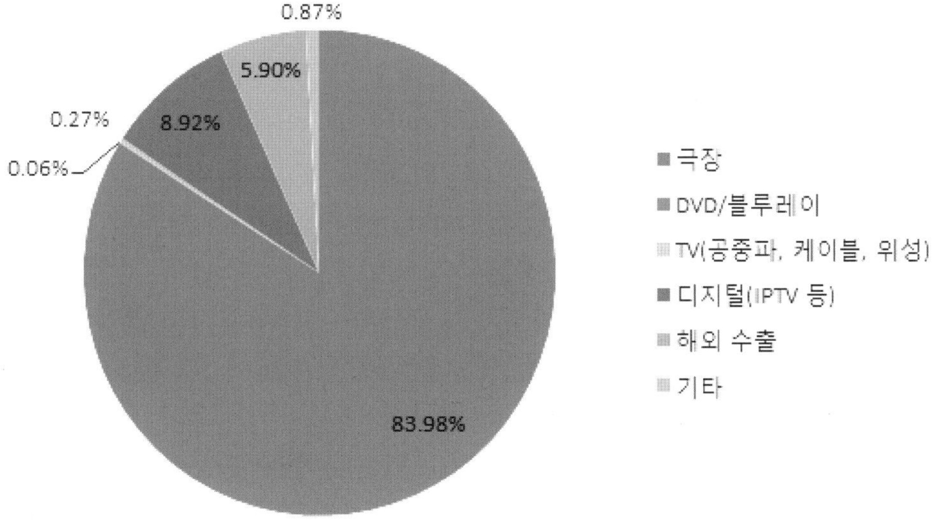

2. 한국영화 원가 분석

2013년 한국영화 원가 분석에 대한 결과를 논하기 앞서, 먼저 영화와 관련된 회계처리 방식에 관해 이해해야 할 필요가 있다. 우선, 영화제작과 관련된 회계처리는 일반 기업회계 방식과 차이가 나며, 연 단위의 재무제표가 나오는 것이 아니라 프로젝트별 회계처리가 이루어진다. 또한 영화 제작비의 원가 분석에서는 제작 프로세스나 인력의 고용 계약 방식 등 여타의 제작시스템과 연동하여 표준화된 비용처리 기준을 설정하여야 하나 국내에서는 현실적으로 표준안대로 따르기 어렵다는 한계점이 존재한다.

예를 들어, 영화 제작비 중 인건비에는 시나리오를 비롯한 모든 스태프(연출, 제작, 녹음 등 각 부분의 감독급에서 써드급까지), 배우 출연료(주연급에서 엑스트라까지) 등이 포함되어 있다. 그런데 제작사와 스태프 계약의 경우 각 부문별로 계약 방식을 보면 시나리오, 연출, 제작부는 대부분 개인별, 팀별 계약을 통해 이루어지는 반면, 녹음, 현상, 편집 등은 각 회사에 전체적으로 용역을 주는 방식으로 집행되고 있다. 또한 영화 마케팅도 자체적으로 하기보다는 영화 홍보 · 마케팅만을 전문적으로 하고 있는 회사에 외주를 주는 경우가 많아지고 있다. 따라서 영화 작품마다(case by case) 이러한 개별적인 계약 방식에 따라 원가 분석을 할 경우 동일한 기준을 적용하기 힘들다는 결론에 도달한다.

특히, 일반적으로 이루어지는 영화제작 단계(기획 · 개발 - 프리프로덕션 - 프로덕션 - 포스트프로덕션)에서 기획 · 개발 과정과 프리프로덕션 과정을 명확히 구분하기 어렵고, 이에 따라 해당 비용이 기획 · 개발 과정에서 발생한 비용인지 프리프로덕션 과정에서 발생하여 처리해야 하는 비용인지 명확하지 않다는 문제가 있다. 또한 기획 · 개발 과정의 비용을 프리프로덕션 비용에 포함하여 회계처리를 한다고 하더라도 몇 가지 항목 분류에 있어서는 회사마다 다른 양식을 사용하고 있어 회계처리 기준이 달라진다.

따라서 본 절에서 언급되어지는 원가 분석의 결과는 앞서 언급한 영화 프로젝트 회계처리상의 어려움을 감안하여 전체적인 경향치를 살펴보는데 의미를 두어야 한다. 본 연구에서는 주요 영화사들이 실제 사용하는 원가표 양식(정산 보고서)을 기준으로 하되, 업계(투자사, 제작사, 배급사) 관계자들이 가장 필요로 하는 원가 항목을 수요 조사하여 참고하였다.

그러나 배포한 원가표를 회수한 결과, 여전히 일원화된 혹은 본 연구에서 정해놓은 형식의 원가표보다 회사의 내부 규정에 따른 형식으로 자료가 주어진 경우가 많았다. 따라서 회사마다 사용하고 있는 각기 다른 계정들을 통일하여 하나로 모으는데 어려움이 있었다. 또한 수거된 자료들 중에는 상위 계정만 존재할 뿐, 하위 계정의 내용이 없어 계정의 세부 내역까지 추측할 수 없는 경우도 많아 전체적으로 회계처리의 어려움이 있었음을 먼저 밝힌다.[11)]

영화의 총제작비(총제)는 크게 순제작비(순제)와 순제작비를 제외한 P&A 비용 등으로 구분된다. 본 연구에서는 전년도 조사와 마찬가지로 순제작비를 기획개발비, 인건비, 진행비, 기재비, 후반작업비, 경상비, 예비비로 구분하였다. 그리고 P&A 비용 등은 배급비와 광고 홍보비(P&A비용), 수수료, 기타비용으로 구분하여 정리하였다. 이러한 구분은 영화진흥위원회에서 발간한 『영화산업 회계처리 기준안』과 본 연구에 조언을 준 업계관계자(투자사, 제작사, 배급사, 극장)들에 의해 정립된 원가표를 참고한 것이다.

먼저 영화 제작 자체에 들어가는 순제작비를 구성하는 비용들의 평균 금액의 비율을 살펴보면 다른 해와 마찬가지로 2013년에도 인건비(42.97%)가 가장 높게 나타났다. 전년도와 비교하면 후반작업비의 비중이 급증하였고 다른 항목들은 상대적으로 축소되었는데, 이는 〈설국열차〉, 〈미스터 고〉 등 블록버스터 영화의 후반작업비가 급증하여 나타난 현상으로 분석된다.(〈표 II-2-1〉 참조).

---

11) 박영은 외(2005), 『2004년 한국영화 수익성 분석과 영화산업 수익성 향상 방안』 원가표 양식안 참고, 영화진흥위원회.

〈표 II-2-1〉 한국영화 순제작비 원가 내역 추이(평균)

(단위 : 백만 원, %)

구분	평균(단위:백만 원)					순제작비 대비(단위:%)				
	2009	2010	2011	2012	2013	2009	2010	2011	2012	2013
기획 개발비	133	170	257	221	221	5.43	6.52	7.14	6.49	4.77
인건비	1,015	1,279	1,486	1,493	1,986	41.51	49.00	41.26	43.77	42.97
진행비	392	394	449	556	666	16.03	15.08	12.46	16.31	14.42
기재비	508	489	901	687	931	20.78	18.73	25.00	20.15	20.14
후반 작업비	343	194	414	377	721	14.04	7.45	11.48	11.04	15.59
경상비	47	76	90	74	94	1.93	2.92	2.49	2.16	2.04
예비비	7	8	6	3	3	0.28	0.30	0.17	0.08	0.07

2013년도에도 순제작비 외 비용에서 가장 많은 비중을 차지하고 있는 것은 예년과 마찬가지로 P&A 비용(Print & Advertisement)(58.87%)이었다. 전년도와 비교하면 P&A 비중은 다소 줄어든 반면, 수수료와 기타비용의 비중은 약간 늘어났다. 이는 2013년 극장 및 부가시장 매출액이 증가함에 따라 국내배급수수료, 제작관리수수료, 부가시장 제작비용 등도 함께 늘어났기 때문으로 추정된다(〈표 II-2-2〉 참조).

〈표 II-2-2〉 한국영화 P&A 비용 등 원가 내역 추이(평균)

(단위 : 백만 원, %)

구분	평균(단위:백만 원)					P&A 비용 등 대비(단위:%)				
	2009	2010	2011	2012	2013	2009	2010	2011	2012	2013
P&A 비용	1,120	1,547	1,692	1,845	1,967	67.95	70.82	70.40	62.42	58.87
- 배급비	387	452	384	417	407	23.50	20.69	15.99	14.11	12.18
- 광고 홍보비	733	1,095	1,308	1,428	1,560	44.45	50.13	54.41	48.31	46.69
수수료	420	536	627	860	1,007	25.46	24.53	26.09	29.08	30.13
기타 비용	109	102	84	251	367	6.59	4.65	3.51	8.50	11.00

한편, 2013년 한국영화 제작에 들어간 P&A 비용의 분포를 살펴보면, P&A 비용 등이 30억 원 이상 들인 영화의 비중이 34.92%로 가장 많았고, 다음으로 20~30억 원 미만(25.40%), 5억원 미만(12.70%) 등의 순서를 차지했다.(〈그림 II-2-1〉 참조).

〈그림 II-2-1〉 한국영화 P&A 비용 분포도

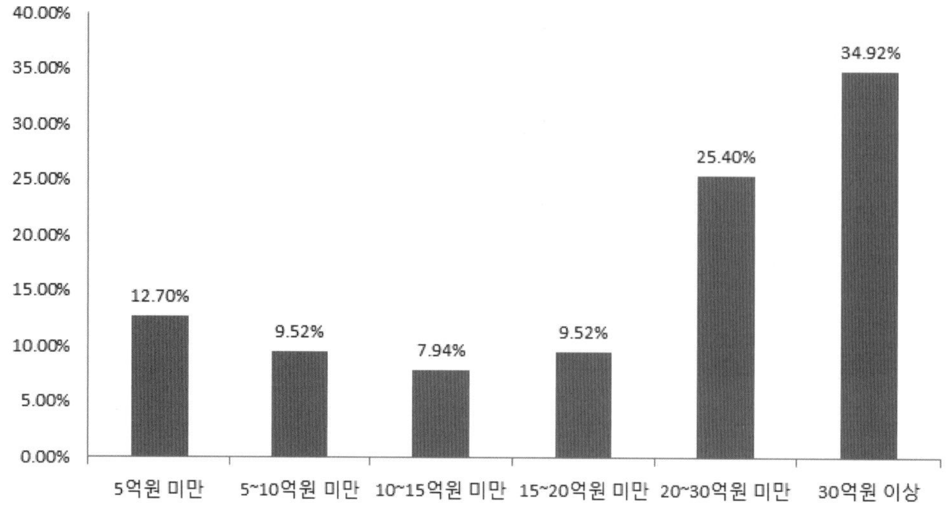

1) 한국영화 총비용 대비 원가 분석

본 절에서는 총비용 대비 각각의 세부 원가 항목들의 금액 및 비중을 살펴보고자 한다. 원가표는 크게 두 부분으로 나누어 왼쪽 부분은 원가 항목의 대분류로 구성하였고, 오른쪽 부분에는 세부 항목을 포함한 소분류로 구성하여 각각의 비중을 표시하였다. 또한 지난 4년간의 수치를 함께 포함하여 추이를 비교하도록 구성하였고, 특히 2007년 이후 전수추정이 가능해짐에 따라 실제 비용을 추산하여 함께 제시하였다.

총비용 대비 원가 항목들을 분석한 결과, 2013년은 전년과 비교하여 순제작비의 경우에는 후반작업비의 비중이 많이 증가한 가운데, 인건비와 기재비도 조금씩 상승하였고, 기획개발비와 진행비는 약간 줄어들었으며, 경상비와 예비비는 동일한 수치를 기록하였다. P&A 비용 등에서는 P&A 비용과 수수료는 조금씩 줄어들었고, 기타비용의 비중이 다소 증가한 것으로 나타났다. 원가 항목 중 많은 비중을 차지한 내역을 살펴보면 인건비(25.20%), P&A 비용(24.35%), 수수료(12.46%) 등의 순임을 알 수 있다. 또한 세부 항목별로는 광고 홍보비(19.31%), 출연료(13.11%), 스텝료(12.09%) 등의 순으로 많은 비중을 차지하고 있다(〈표 II-2-3〉 참조).

〈표 II-2-3〉 한국영화 총비용 대비 원가 분석

원가 구분	금액(2013년) 단위: 백만원	총비용 대비				
		2013	2012	2011	2010	2009
기획 개발비	12,306	2.80%	3.59%	4.34%	3.73%	3.31%
인건비	110,767	25.20%	24.20%	25.07%	28.01%	25.32%
진행비	37,163	8.45%	9.01%	7.58%	8.62%	9.77%
기재비	51,921	11.81%	11.14%	15.19%	10.71%	12.68%
후반 작업비	40,197	9.14%	6.10%	6.98%	4.26%	8.56%
경상비	5,260	1.20%	1.20%	1.51%	1.67%	1.18%
예비비	176	0.04%	0.04%	0.10%	0.17%	0.17%
순제 비용 합계	257,790	58.64%	55.28%	60.77%	57.17%	60.99%
P&A 비용	107,047	24.35%	27.91%	27.61%	30.33%	26.51%
수수료	54,789	12.46%	13.01%	10.24%	10.51%	9.93%
기타 비용	19,996	4.55%	3.80%	1.38%	1.99%	2.57%
P&A 비용 등 합계	181,832	41.36%	44.72%	39.23%	42.83%	39.01%
총비용 합계	439,622	100%	100%	100%	100%	100%

원가구분	금액(2013년) 단위: 백만원	총비용 대비				
		2013	2012	2011	2010	2009
기획비	4,523	1.03%	1.50%	1.81%	1.19%	1.32%
판권/ 저작권비	1,317	0.30%	0.48%	0.19%	0.39%	0.18%
시나리오	3,976	0.90%	0.90%	1.18%	1.29%	1.13%
기획 진행비	2,490	0.57%	0.71%	1.16%	0.86%	0.68%
스텝료	53,124	12.09%	10.49%	11.57%	14.86%	12.17%
출연료	57,643	13.11%	13.71%	13.50%	13.15%	13.15%
프로덕션 진행비	31,793	7.23%	7.67%	5.63%	6.61%	7.50%
기타 진행비	4,324	0.98%	1.17%	1.83%	1.83%	2.03%
보험료	1,046	0.24%	0.17%	0.12%	0.18%	0.24%
필름	575	0.13%	0.20%	0.47%	1.16%	1.36%
촬영 기자재	11,793	2.68%	2.94%	3.23%	2.38%	2.78%
조명 기자재	7,737	1.76%	1.84%	1.97%	1.72%	2.02%
특수 기자재	3,190	0.73%	0.72%	1.64%	0.45%	0.50%
미술비	12,005	2.73%	2.26%	5.35%	1.88%	2.69%
세트	16,621	3.78%	3.18%	2.53%	3.12%	3.32%
현상/ DI	2,475	0.56%	0.44%	0.41%	0.59%	0.43%
편집	2,278	0.52%	0.61%	0.44%	0.37%	0.69%
녹음	2,786	0.63%	1.22%	0.81%	0.93%	1.06%
음악	4,085	0.93%	0.69%	0.91%	0.57%	0.89%
컴퓨터 그래픽	25,681	5.84%	2.64%	4.05%	1.40%	5.13%
후반작업 진행	2,892	0.66%	0.50%	0.36%	0.40%	0.37%
경상비	5,260	1.20%	1.20%	1.51%	1.67%	1.18%
예비비	176	0.04%	0.04%	0.10%	0.17%	0.17%
순제 비용 합계	257,790	58.64%	55.28%	60.77%	57.17%	60.99%
배급비	22,157	5.04%	6.31%	6.27%	8.86%	9.17%
광고홍보비	84,890	19.31%	21.60%	21.34%	21.47%	17.34%
국내배급수수료	42,414	9.65%	10.08%	7.81%	7.82%	8.18%
지방배급수수료	3,660	0.83%	1.01%	0.58%	0.97%	0.37%
해외배급수수료	2,703	0.61%	0.39%	0.28%	0.39%	0.30%
제작관리수수료	6,012	1.37%	1.53%	1.57%	1.33%	1.08%
금융비용	3,025	0.69%	0.29%	0.31%	0.33%	0.92%
부가시장 제작비용	115	0.03%	0.67%	0.03%	0.09%	0.02%
해외 비용	7,654	1.74%	0.59%	0.57%	0.44%	0.72%
기타 비용	9,202	2.09%	2.25%	0.47%	1.13%	0.91%
P&A 비용 등 합계	181,832	41.36%	44.72%	39.23%	42.83%	39.01%
총비용 합계	439,622	100%	100%	100%	100%	100%

2) 한국영화 순제작비 대비 원가 분석

전년도에 이어 2013년의 분석에서도 순수 영화 제작 측면만을 고려하기 위해 순제작비 기준으로 원가 분석을 실시하였다. 총비용 대비 원가 분석과 순제작비 대비 원가 분석을 함께 비교분석하여 그 차이를 살펴봄으로써, P&A 비용 증가에 따른 영향이 어떠한지를 함께 볼 수 있다. 총비용 대비 분석과 마찬가지로 표를 크게 두 부분으로 나누어 왼쪽 부분은 원가 항목의 대분류로, 오른쪽 부분은 원가의 세부 항목을 포함한 소분류로 구성하여 각각의 비중을 표시하였다. 지난 4년 간의 수치를 포함하여 추이를 비교하도록 구성하였고, 특히 2007년 이후 전수 추정이 가능해짐에 따라 실제 비용을 추산하여 함께 제시하였다.

총비용에서 차지하는 순제작비의 비중은 58.64%로 전년도 55.28%에 비해 3.36% 증가하였다. P&A 비용 등은 총비용에서 차지하는 비중이 41.36%를 기록해 전년에 비해 다소 감소하였다.

2013년의 경우 순제작비 대비 지출 항목의 상세 내역을 살펴보면 많은 비중을 차지하는 항목이 인건비(42.97%), 기재비(20.14%), 후반 작업비(15.59%), 진행비(14.42%) 등의 순서임을 알 수 있다(〈표 II-2-4〉 참조).

〈표 II-2-4〉 한국영화 순제작비 대비 원가 분석

원가 구분	금액 (2013년) 단위: 백만원	총비용 대비					원가구분	금액 (2013년) 단위: 백만원	총비용 대비				
		2013	2012	2011	2010	2009			2013	2012	2011	2010	2009
기획 개발비	12,306	4.77%	6.49	7.14%	6.52%	5.43%	기획비	4,523	1.75%	2.70%	2.98%	2.08%	2.17%
							판권/ 저작권비	1,317	0.51%	0.88%	0.32%	0.68%	0.30%
							시나리오	3,976	1.54%	1.62%	1.93%	2.26%	1.85%
							기획 진행비	2,490	0.97%	1.29%	1.91%	1.50%	1.11%
인건비	110,767	42.97%	43.77	41.26%	49.00%	41.51%	스텝료	53,124	20.61%	18.98%	19.04%	25.99%	19.95%
							출연료	57,643	22.36%	24.79%	22.22%	23.01%	21.56%
진행비	37,163	14.42%	16.31	12.46%	15.08%	16.03%	프로덕션 진행비	31,793	12.33%	13.88%	9.26%	11.56%	12.31%
							기타 진행비	4,324	1.68%	2.13%	3.01%	3.21%	3.32%
							보험료	1,046	0.41%	0.30%	0.19%	0.31%	0.40%

원가 구분	금액 (2013년) 단위: 백만원	총비용 대비					원가구분	금액 (2013년) 단위: 백만원	총비용 대비				
		2013	2012	2011	2010	2009			2013	2012	2011	2010	2009
기재비	51,921	20.14%	20.15	25.00%	18.73%	20.78%	필름	575	0.22%	0.37%	0.78%	2.04%	2.23%
							촬영 기자재	11,793	4.57%	5.32%	5.31%	4.17%	4.55%
							조명 기자재	7,737	3.00%	3.33%	3.23%	3.01%	3.32%
							특수 기자재	3,190	1.24%	1.30%	2.69%	0.78%	0.83%
							미술비	12,005	4.66%	4.09%	8.81%	3.28%	4.40%
							세트	16,621	6.45%	5.74%	4.17%	5.45%	5.45%
후반 작업비	40,197	15.59%	11.04	11.48%	7.45%	14.04%	현상/ DI	2,475	0.96%	0.80%	0.67%	1.02%	0.70%
							편집	2,278	0.88%	1.10%	0.73%	0.65%	1.12%
							녹음	2,786	1.08%	2.22%	1.34%	1.63%	1.74%
							음악	4,085	1.59%	1.25%	1.49%	1.00%	1.45%
							컴퓨터 그래픽	25,681	9.96%	4.77%	6.67%	2.44%	8.42%
							후반작업 진행	2,892	1.12%	0.90%	0.59%	0.71%	0.61%
경상비	5,260	2.04%	2.16	2.49%	2.92%	1.93%	경상비	5,260	2.04%	2.16%	2.49%	2.92%	1.93%
예비비	176	0.07%	0.08	0.17%	0.30%	0.28%	예비비	176	0.07%	0.08%	0.17%	0.30%	0.28%
순제 비용 합계	257,790	100%	100%	100%	100%	100%	순제 비용 합계	257,790	100%	100%	100%	100%	100%

3) 손익 분기점 이상/미만 한국영화의 원가 분석

본 절에서는 2013년 극장 개봉된 한국영화들 중에서 손익분기점(BEP)을 넘긴 영화들과 그렇지 못한 영화들의 원가 항목 사이에 어떠한 차이가 있는지 분석해 보았다. 2013년 개봉된 영화들 중 손익분기점 이상 및 미만 영화들을 살펴보면, 손익분기점 이상 영화들은 P&A 비용, 인건비, 수수료의 순서대로 많은 비중을 차지하고 있으나, 손익분기점 미만 영화들은 인건비, P&A 비용, 기재비 순서대로 많은 비중을 차지하고 있음을 확인할 수 있다.

여기서 주목할 특징을 살펴보면, 손익분기점 미만 영화는 손익분기점 이상 영화보다 순제작비의 모든 항목에서 비중이 높게 나타났고, P&A 비용, 수수료, 기타 비용 등 항목은 모두 낮게 나타났다. 이러한 부분은 손익 분기점 이상 영화의 흥행으로 인한 국내외 영화배급활동이 활발하게 이루어져 P&A 비용이 증가하고, 더불어 해당 영화의 수익금 발생에 따른 각종 수수료(국내배급수수료, 지방배급수수료, 해외배급수수료, 제작관리수수료)와 기타 비용(홈비디오 제작비용, 해외비용 등)이 증가하면서 나타난 현상으로 분석된다.

〈표 II-2-5〉 손익 분기점 이상 영화와 손익 분기점 미만 한국영화의 원가 구성비

(단위 : %)

구분	손익 분기점 이상 영화(단위 : %)					손익 분기점 미만 영화(단위 : %)				
	2009	2010	2011	2012	2013	2009	2010	2011	2012	2013
기획 개발비	2.71	2.65	3.85	3.07	2.74	3.57	4.30	4.49	3.86	2.79
인건비	23.25	25.16	20.69	21.12	23.59	26.29	27.94	26.72	25.63	26.06
진행비	7.95	6.22	5.79	7.91	8.05	11.07	9.87	8.30	9.51	8.63
기재비	10.72	9.06	11.00	8.92	9.58	13.99	11.13	16.94	12.56	13.44
후반 작업비	9.35	2.60	5.81	4.18	4.69	7.56	5.27	7.41	7.54	12.67
경상비	0.87	0.91	1.39	1.00	1.05	1.41	2.16	1.55	1.31	1.30
예비비	0.24	–	0.08	0.09	0.00	0.10	0.30	0.11	0.00	0.07
P&A 비용	25.53	33.82	29.64	28.14	25.90	28.89	30.97	27.46	29.76	23.70
수수료	15.10	16.10	19.28	19.70	19.69	5.92	7.08	6.13	7.69	6.81
기타 비용	4.28	3.48	2.47	5.87	4.71	1.20	0.98	0.89	2.14	4.53

3. 영화 장르별 한국영화 투자 수익성 분석

2013년 극장 개봉된 한국영화 중 분석대상이 되는 63편을 장르별로 나누어 투자 수익성을 살펴보았다. 여기서 유의할 점은 영화 장르를 나누는 기준이 명확하지 않다는 점이다. 영화사에서 영화마케팅의 컨셉을 어떤 방향에 맞추는가에 따라 영화의 장르 및 성격이 구분되는 경향이 강해졌기 때문이다. 따라서 이 부분은 전반적인 현황을 파악하는 선에서 이해할 필요가 있다. 본 조사에서 장르 구분은 먼저 영화사에서 영화 개봉 시 내세웠던 장르를 기본으로 하고, 영화 전문가와 국내 유수의 영화잡지 또는 주요 포털 사이트의 영화정보에서 규정하고 있는 기준을 참고하였다. 총 10개로 나눈 장르 분석 결과는 〈표 II-3-1〉과 같다.

2013년 극장 개봉된 한국영화 중 분석대상이 되는 63편을 장르별로 구분해 보면 드라마(20편), 범죄/수사/추리/스릴러(11편), 액션(10편)의 순서대로 많이 제작되어, 2012년과 마찬가지로 드라마가 가장 많은 편수를 차지하였다. 한편, 이익과 투자 수익률은 장르별 평균 이익과 장르별 평균 투자 수익률을 기준으로 순위를 매겼다. 제작 편수가 장르별로 큰 편차를 보이기 때문이다. 그 결과 2013년도에 가장 높은 평균 이익과 평균투자수익률을 거둔 장르는 사극/시대극으로 174.3억 원의 이익과 113.7%의 투자수익률을

기록하였다.

〈표 II-3-1〉 장르별 한국영화 투자 수익률

(단위 : 백만원)

장르	편수	구분	상영일수 (단위:일)	전국 개봉 스크린 수 (단위:개)	전국 관객 수 (단위:명)	매출 (단위: 백만 원)	평균 비용 (순위)	평균 이익 (순위)	평균 투자 수익률 (순위)
공포	3편	합계	114	1,012	1,732,087	6,257	2,251 (9)	-165 (7)	-7.3% (7)
		평균	38	337	577,362	2,086			
다큐멘터리	1편	합계	14	15	2,280	11	67 (10)	-56 (6)	-84.0% (10)
		평균	14	15	2,280	11			
드라마	20편	합계	994	9,061	27,068,553	96,468	5,066 (6)	-243 (8)	-4.8% (6)
		평균	50	453	1,353,428	4,823			
로맨틱 코미디	4편	합계	179	1,796	3,729,615	14,537	4,446 (7)	-812 (9)	-18.3% (8)
		평균	45	449	932,404	3,634			
멜로/ 로맨스	3편	합계	60	407	79,744	14,334	3,104 (8)	1,674 (3)	54.0% (3)
		평균	20	136	26,581	4,778			
범죄/수사/ 추리/ 스릴러	11편	합계	664	6,200	26,397,417	99,192	5,809 (5)	3,208 (2)	55.2% (2)
		평균	60	564	2,399,765	9,017			
사극/ 시대극	1편	합계	175	1,190	9,164,151	32,759	15,327 (1)	17,432 (1)	113.7% (1)
		평균	175	1,190	9,164,151	32,759			
애니메이션	1편	합계	67	459	931,344	4,852	6,842 (4)	-1,990 (10)	-29.1% (9)
		평균	67	459	931,344	4,852			
액션	10편	합계	643	8,277	39,151,559	150,511	14,127 (2)	924 (4)	6.5% (5)
		평균	64	828	3,915,156	15,051			
코미디	9편	합계	367	4,528	20,784,859	82,862	8,560 (3)	647 (5)	7.6% (4)
		평균	41	473	2,309,429	9,207			

4. 등급별 한국영화 투자 수익성 분석

국내 영화 등급 기준에 따라 영상물등급위원회로부터 영화등급을 부여받고 개봉된 한국 영화들의 수익성 차이에 대하여 비교 분석해 보았다. 국내 영화 등급은 전체 관람가, 12세 관람가, 15세 관람가, 청소년 관람불가, 제한 상영가로 나뉜다. 그러나 이 중 제한상영가 등급은 실질적으로 국내에 제한상영관이 없는 관계로 상영이 불가하여 본 조사에서도 제외했다. 2013년 극장 개봉된 한국영화 중 분석대상이 되는 63편은 모두 전체 관람가, 12세 관람가, 15세 관람가, 청소년 관람불가에 속한다.

등급별 영화 제작 현황을 보면 15세 관람가(32편), 청소년 관람불가(19편), 12세 관람가(6편), 전체 관람가(6편)의 순서이었다. 전년도에 이어 2013년에도 15세 관람가 영화가 가장 많은 편수를 차지하였다.

영화 등급별 투자 수익성 분석에서도 평균 이익과 평균 투자 수익률을 기준으로 순위를 매겨보았다. 등급별 분석에서는 평균 이익과 평균 투자 수익률의 순위가 동일하게 나타났다. 15세 관람가가 1위, 12세 관람가가 2위, 청소년 관람불가가 3위, 전체 관람가가 4위를 차지하였다(〈표 II-4-1〉 참조).

〈표 II-4-1〉 등급별 한국영화 투자 수익률

(단위 : 백만원)

장르	편수	구분	상영일수 (단위:일)	전국 개봉 스크린 수 (단위:개)	전국 관객 수 (단위:명)	매출 (단위:백만원)	평균 비용 (순위)	평균 이익 (순위)	평균 투자 수익률 (순위)
전체 관람가	6편	합계	245	1,522	1,538,894	7,169	3,168 (4)	-1,973 (4)	-62.3% (4)
		평균	41	254	256,482	1,195			
12세 관람가	6편	합계	240	2,040	4,311,822	29,275	4,601 (2)	278 (2)	6.1% (2)
		평균	40	340	718,637	4,879			
15세 관람가	32편	합계	2,077	21,938	106,808,861	401,762	10,150 (1)	2,405 (1)	23.7% (1)
		평균	65	686	3,337,777	12,555			
청소년 관람불가	19편	합계	715	7,175	16,382,032	63,578	3,590 (3)	-244 (3)	-6.8% (3)
		평균	38	378	862,212	3,346			

2013년 한국영화 투자수익성 분석

A1. 귀사가 제작·배급한 한국영화의 매출 내역을 기록해주세요(2개 이상의 영화를 제작·배급하였을 경우에는, 아래 표를 복사하여 영화 별로각각 작성해주세요).

영화 명		
정신여부	(1) 정산 중	(2) 정산 완료
정산일	1차 정산 기준 년 월 일	
개봉일	년 월 일	
종영일	년 월 일	
개봉 스크린 수	전국 기준 개	
기획개발 원천소스	만화( ), 소설( ), 창작( ), 각본( ), 해당 없음( )	
장르	공포( ), 다큐멘터리( ), 드라마( ), 로맨틱코미디( ), 멜로/로맨스( ), 범죄/수사/추리/스릴러( ), 사극/시대극( ), 애니( ), 액션( ), 코미디( ), SF( )	

구분	매출 내역			
총 매출액	극장	극장 입장권 매출액(부금 정산 전)		백만 원
		극장 입장권 매출액(부금 정산 후)		백만 원
		극장 관객 수(서울)		명
		극장 관객 수(전국)		명
	부가시장 (판권 판매+RS)	디지털	IPTV(PPV/VOD+Flat)	백만 원
			디지털케이블(PPV/VOD+Flat)	백만 원
			온라인 상영(VOD+Flat)	백만 원
			기타	백만 원
		DVD/ 블루레이	DVD/블루레이	백만 원
			기타	백만 원
		TV	공중파 TV(DMB 방송 포함)	백만 원
			케이블TV(Basic+프리미엄)	백만 원
			위성방송TV(DMB 방송 포함)	백만 원
			기타	백만 원
		해외	판권+Overage(교포판권 포함)	백만 원
		기타	PPL	백만 원
			OST	백만 원
			항공판권/KTX	백만 원
			기타 부가판권	백만 원
부가판권 합계				백만 원
매출 총 합계(극장 매출(부금 정산 후) + 부가판권 매출 합계)				백만 원

A2. 귀사가 제작·배급한 한국영화의 비용 내역을 기록해주세요(2개 이상의 영화를 제작·배급하였을 경우에는, 아래 표를 복사하여 영화 별로 각각 작성해주세요).

영화 명			
제작기간	Pre	년 월 ~ 년 월	
	production	년 월 ~ 년 월	
	post	년 월 ~ 년 월	
구분		순제 비용 내역	
순제 비용	기획 개발비	기획비	백만 원
		판권/저작권비 (원작, 원안, 스토리 판권 구매, 리메이크 판권, 번역, 판권 구매 대행, 법적 자문 등)	백만 원
		시나리오 (각본료, 각색료, 윤색료 등)	백만 원
		기획개발진행비 (시나리오작가, 연출감독, 프로듀서의 각본, 각색, 콘티 진행비 등)	백만 원
	인건비	스텝료	백만 원
		출연료 (주/조연, 단역, 엑스트라, 동물 등)	백만 원
	진행비	프로덕션 진행비 (숙박, 식대, 유류비 등)	백만 원
		기타 진행비 (헌팅 등 프리단계 진행비, 기타 파트별 진행비 등)	백만 원
		보험료(사람, 장비 보험 등)	백만 원
	기재비	필름(네거티브 필름, 사운드 필름 등)	백만 원
		촬영 기자재 (카메라, 렌즈, 스테디캠, 지미짚, 달리, 크레인 등)	백만 원
		조명 기자재 (기본 조명, 탑차, 전차, 조명크레인 등)	백만 원
		특수 기자재 (와이어, 강우기 등 특효장비 등)	백만 원
		미술비(의상, 분장, 소품 등)	백만 원
		세트(세트제작, 임대, 전기료 등)	백만 원
	후반 작업	현상/ DI	백만 원
		편집	백만 원
		사운드	백만 원
		음악	백만 원
		컴퓨터그래픽(CG)	백만 원
		기타 후반작업 진행	백만 원
	경상비		백만 원
	예비비		백만 원
순제 비용 합계			백만 원

영화 명			
구분		P&A 비용 등 내역	
P&A 비용 등 합계	P&A 비용	배급비 (프린트현상, 입회비, 배송비, 필름소각비 등)	백만 원
		광고홍보비 (대행사, 프로모션, 홍보물, 매체광고비 등)	백만 원
	수수료	국내배급수수료	백만 원
		지방배급수수료	백만 원
	기타 비용	금융비용(총제작비용의 이자)	백만 원
		디지털 관련 제작비용	백만 원
		DVD/블루레이 제작비용	백만 원
		해외 비용	백만 원
		기타 비용 (송금 수수료, 지급 수수료, 외부 감사 수수료, 금융 관련 수수료 등)	백만 원
P&A 비용 등 합계			백만 원

♣ 본 조사에 응해 주셔서 대단히 감사합니다 ♣

담당자	- 정책연구부 산업정보팀장 윤 하 (전화 : 051-720-4821 / 팩스 : 051-720-4849 / 이메일 : ducer@kofic.or.kr) - 정책연구부 객원연구원 김다정 (전화 : 051-720-4821 / 팩스 : 051-720-4849, 이메일 : research@kofic.or.kr)
담당 기관	영화진흥위원회 정책연구부